Über den Autor:

Don J. Snyder war Professor an der *Colgate University* im Staate New York und lebt heute als Zimmermann in Scarborough, Maine.

Don J. Snyder

DER GRATWANDERER

Aus dem Amerikanischen
von Klaus Binder
und Jeremy Gaines

BASTEI LÜBBE TASCHENBUCH
Band 61 452

1. Auflage: Juni 2000

Vollständige Taschenbuchausgabe

Bastei Lübbe Taschenbücher ist ein Imprint der
Verlagsgruppe Lübbe

Titel der amerikanischen Originalausgabe: THE CLIFF WALK.
A Memoir of a Job Lost and a Life Found.
© 1997 by Don Snyder
© für die deutschsprachige Ausgabe 1998 by
Beltz Quadriga Verlag, Weinheim und Berlin
Lizenzausgabe: Verlagsgruppe Lübbe GmbH & Co. KG,
Bergisch Gladbach
Lektorat: Manuela Runge
Titelillustration: Bastei-Archiv
Umschlaggestaltung: Manfred Peters
Satz: hanseatenSatz-bremen, Bremen
Druck und Verarbeitung: Cox & Wyman, Ltd.
Printed in Great Britain
ISBN 3-404-61452-6

Sie finden uns im Internet unter
http://www.luebbe.de

Der Preis dieses Bandes versteht sich einschließlich
der gesetzlichen Mehrwertsteuer.

Prolog

Vor einigen Tagen habe ich mich einer der reichen Frauen aus der Gegend hier offenbart. Das war, als ich nach einer längeren Pechsträhne auch noch im Winslow Homer Cottage einbrechen mußte. Dabei hat sie mich überrascht. Ich hatte dort einen kleinen Auftrag als Maler zu erledigen, und der Schlüssel, den mir der Besitzer gegeben hatte, war einfach weg. Und gerade, als ich die Verandatür aufhebeln wollte, kam sie wie ein Mittelstürmer durch die Büsche gerauscht. »Ich suche jemanden, der meine Fenster reparieren kann!« rief sie in einem Ton, der keine Widerrede duldete. Dann stand sie schwer atmend vor mir.

Was denn an ihren Fenstern kaputt sei, wollte ich wissen, und sie antwortete, die einen ließen sich nicht hochschieben, andere wiederum blieben nicht oben. Sie glaube nicht, daß viel daran zu tun sei. Diesen Satz hatte ich schon öfter gehört. Die meisten dieser alten, mit Schindeln verkleideten Holzhäuser entlang der Küste von Maine zeigen die Folgen der nordatlantischen Winter, denen sie Jahr um Jahr ausgesetzt sind, erst bei genauerem Hinsehen. Man will nur rasch ein kleines Brett oben unter dem Dachvorsprung streichen, klettert also die Leiter hinauf, und schon sieht man, daß dies Brett völlig morsch ist. Man reißt es herunter, und an den Enden der Dachbalken regnet es Sägespäne. Am Schluß sieht man sich dann die ganze Fassadenverkleidung von Grund auf neu aufbauen, und gleichzeitig muß man einem auf der Sonnenbank gebräunten Typen erklären, warum ein Anstrich eben nicht fünfzig, sondern einige tausend Dollar kosten wird.

So sprach ich gleich übers Geld, denn ich habe die Erfahrung gemacht, daß viele der Reichen hier glauben, nur ihren Ärzten, Rechtsanwälten und Steuerberatern stünde ein Entgelt für ihre Arbeit zu, das zum Leben reicht. »Ich nehme fünfzehn Dollar die Stunde«, stellte ich klar.

»Geht in Ordnung«, erwiderte die Frau.

»Dann komm ich mal vorbei und schau mir die Sache an.«

Am Ende des Tages folgte ich ihr durch die mit Wein bewachsene Laube. Sie schritt zügig vorweg und war ganz in Weiß gehüllt, mehrere Schichten übereinander. Die oberste Schicht war ein Tuch, dessen Fransen sich in ihrem silbergrauen Haar verfingen. Sie wirkte auf mich wie eine der ziellosen Frauen aus den Stücken von Tennessee Williams.

Das Frühjahr hatte gerade begonnen, und in ihrem Haus ruhten noch die Sofas unter ihren weißen Hüllen wie leblose Körper. Die Zimmer waren riesig groß, mit schönen Holztäfelungen aus Eiche oder Nußbaum, es gab aus Feldsteinen gemauerte Kamine, und die Decken waren aus gestanztem Zinn. Alles schimmerte in einer Orgie aus Sonnenlicht, das durch die raumhohen Fenster fiel. Seit einem Jahr arbeitete ich nun als Maler, und ich hatte inzwischen schon einige dieser Häuser gesehen. Die reiche Frau wollte mich anheuern, weil ich gut arbeitete. Man wußte, ich nahm mir die Zeit, den alten Anstrich abzuschmirgeln, räumte nach der Arbeit zusammen und tauchte auch nicht mit einem riesigen Kassettenrecorder auf.

Normalerweise hütete ich mich davor, diesen Sommergästen viel von mir zu erzählen, denn ich konnte regelrecht hören, wie ich, zu einer pittoresken Gestalt geworden, durch ihre Erzählungen geistern würde, wenn sie sich zu Hause in St. Louis oder Chicago auf ihren Partys unterhielten: *Ach wissen Sie, ich habe da einen Zimmermann in Maine gefunden, wirklich einer von der alten Sorte!* Diesmal war es jedoch anders. Sie sprach mich darauf an, daß sie zufällig gesehen habe, wie meine vier Kinder am Homer Cottage vorbeigekommen seien und wie ich ihnen der Reihe nach einen Pinsel in die Hand gedrückt und sie auch ein Stück hätte streichen lassen. »Ich habe sofort gespürt, daß dies vier Kinder sind, denen es gutgeht«, sagte sie. Das gab mir Vertrauen, und ich erzählte ihr, daß mir erst in letzter Zeit richtig bewußt geworden wäre, wieviel man versäumt, wenn man seinen Kindern nicht genügend Aufmerksamkeit schenkt. Erst vor ein paar Tagen sei wieder so eine Situation gewesen. Wir hätten es eilig gehabt, weil wir zu einem Konzert der fünften Klasse gehen wollten. Ich wäre in der Küche dabeigewesen, das Geschirr vom Abendessen wegzuräumen, hätte wie jeden Abend meinen kleinen Tanz mit Schwamm und Wischtuch zum Rhythmus der Nachrichten aufgeführt – bei besonders schlechten Nachrichten scheuere ich die kupfernen Topfböden! – und dabei hin und wieder auch ins Nachbarzimmer geschaut. Unsere Dreijährige habe da gestanden, in ihrer King-Lion-Unterhose, mit weißen Rüschensöckchen und schwarzen Lackschuhen. Jede Rippe hätte ich zählen können, als sie die Arme in die Höhe streckte, damit ihr die zehnjährige Schwester das blauweiße Matrosenkleid über den Kopf streifen konnte *(Halt still, Cara!)*. Dazwischen habe die neunjährige Schwester rosafarbene Schleifen in ihre Zöpfe gebunden *(Hör mit dem Rumgehampel auf, Cara!)*, und ihr siebenjähriger Bruder der Kleinen die Knie verpflastert, denn sie hatte den Tag damit verbracht, das Zweirad auszuprobieren *(Halt doch still, Cara!)*.

»Und dieser Anblick ließ mich an Weihnachten denken, daran, wie es war, als wir alle zusammen den Baum geschmückt haben«, erzählte ich. »Das sind die Situationen, in denen man begreift, wofür man arbeitet, und auch den Grund spürt, aus dem man lebt. Ich habe Glück gehabt, habe gerade noch im richtigen Augenblick den Blick gehoben, sonst wäre mir das alles entgangen.« Meine kleine Geschichte schien sie zunächst nicht sonderlich zu interessieren. Ohne den Schritt zu verlangsamen, lief sie vor mir her. Doch als wir am Fuß der Treppe angelangt waren, blieb sie stehen und wandte sich mir zu. Ich sei ein glücklicher Mensch, meinte sie. Auch ihr Vater sei handwerklich sehr begabt gewesen, habe aber nie die Geduld aufgebracht, ihr irgend etwas davon beizubringen. »Darum bin ich jetzt so hilflos«, stellte sie ohne Selbstmitleid fest. »Ich kann nicht einmal meine eigenen Fenster reparieren.«

Die ersten beiden Tage war ich bei der Arbeit allein, sie blieb verschwunden, abgetaucht in ihr eigenes Leben. Ich kann es nicht lassen, in diesen immer wieder erstaunlichen Häusern herumzulaufen und mir vorzustellen, wie diese reichen Menschen leben. Fast überall findet man Pokale von Golf- oder Tennisturnieren. Und in vielen Häusern gibt es sogar noch den kleinen Kasten mit verglaster Oberfläche, mit Leitungen, Klappen und einer Glocke, die einst die Bediensteten in die einzelnen Zimmer rief. Sehr oft auch stand in irgendeiner Ecke eines der Massagegeräte herum, wie sie alte Menschen benutzen, weil sie etwas gegen ihr Fett tun wollen. Als ich durch die leeren Räume ihres Hauses streunte, wurde mir klar, daß dies das Haus ihres Vaters gewesen sein muß, der mit eiserner Faust über all das hier geherrscht hatte. In verschiedenen Räumen fand ich Bilder von ihm: ein verschlossener Mann mit finsterer Miene. Seine Tochter hatte sein Arbeitszimmer und seinen Arbeitstisch mit solcher Sorgfalt instand gehalten, daß mir sofort das Zimmer gegenüber von Ford's Theatre einfiel, das Sterbezimmer von Abraham Lincoln. Und immer mehr erschien sie mir als Museumswärterin, nicht als Bewohnerin dieses Hauses. Am meisten verrieten mir die Familienfotos, die sie als kleines Mädchen mit einem reizenden Lächeln zeigten, das sich aber, je älter sie wurde, immer mehr verlor: Fotos, auf denen auch ihr Vater zu sehen war, mit immer anderen Frauen an seiner Seite.

Bis sie wieder auftauchte, hatte ich ziemlich viel von ihrer Geschichte rekonstruiert, und im Lauf der nächsten Tage gewöhnten wir uns an, jeden Nachmittag, bevor ich nach Hause fuhr, eine Weile auf der Veranda, die sie »Rattan-Veranda« nannte, zu sitzen und uns ein wenig zu unterhalten. Von dort konnte man hinter den hohen Hecken Fahrradfahrer hören und das dumpfe Aufprallen der Tennisbälle auf den Aschenplätzen. Eines Nachmittags erzählte sie mir, daß ihr Vater fünfmal verheiratet gewesen sei, und jede seiner Frauen habe – als Teil der Scheidungsabfindung – einen Anteil an diesem Haus überschrieben bekommen. Sie und ihre Kinder und Enkelkinder dürften im Jahr gerade mal eine Woche hier verbringen. »Ich eröffne die Saison, und gleich nach dem Wochenende von Memorial Day verschwinde ich wieder. Bevor die schwarzen Fliegen wieder Besitz von diesem Haus ergreifen.«

Mir gefiel ihre Gelassenheit, und ich sagte ihr, daß sie mich an meine Frau erinnere.

An meinem letzten Tag stellte sie einen Scheck aus, und während sie ihn mir gab, wiederholte sie, daß ich mich glücklich schätzen könne, Frau und Kinder zu haben. Da habe ich ihr die Wahrheit gesagt: daß ich nämlich wie so viele andere Menschen in diesem Land meine Stelle verloren hätte, und damit auch das Geld und all die anderen Privilegien und Vergünstigungen, von denen ich glaubte, daß sie mir in der Summe ein sicheres Leben versprächen. Vor dieser Kündigung sei mein Leben genau so verlaufen, wie ich es mir vorgestellt hätte, weshalb ich dann, als plötzlich Schluß mit all dem gewesen sei, zwei Jahre damit verbracht hätte, mich selbst zu bemitleiden und nach Schuldigen zu suchen.

Zunächst hätte es mich getröstet, wenn ich in den Nachrichten hörte, daß das Leben in den Vereinigten Staaten schwer geworden sei. Dann aber sei mir klar geworden, daß das Leben für viele Menschen immer schon hart gewesen sei, für Menschen, denen ich mich zuvor immer überlegen gefühlt hätte. Das einzig Neue sei doch, daß mittlerweile auch Menschen wie ich, denen es bis dahin so lange gut gegangen war, schlechte Erfahrungen machen mußten. Die ganze Zeit über hätte ich meine Familie damit tyrannisiert, daß ich stets gewußt hätte, was für sie am besten und was am schlechtesten sei.

Nichts erzählt habe ich ihr davon, daß ich so viele Jahre immer nur dummes Zeug geredet hatte: bis ich einen Punkt erreichte, an dem ich für alles eine Lüge parat hatte. Ich meine damit nicht die harmlosen Ausflüchte, zu denen wir hin und wieder alle einmal greifen. Nein, ich meine die Lügen, mit denen wir uns selbst betrügen. Für mich gehen diese Lügen auf lang vergangene Herbstnachmittage zurück, als ich noch der kleine Sunnyboy war, der aus der Umkleidekabine ins kalte Licht trat, der mit seinen Stollenschuhen, den Helm, mal über den Kopf gestülpt, mal unter den Arm geklemmt, über den Parkplatz ging, hinüber zum Übungsplatz, vorbei an den High School-Flegeln, die auf den Treppen hinter der Schreinerwerkstatt mit zusammengezogenen Schultern hockten und nichts wichtiger fanden als ihre Kippen; jemandem wie mir schenkten sie höchstens einen gelangweilten, überlegenen Blick. Für Typen wie mich hatten sie nur Verachtung übrig, denn sie wußten, daß ich noch immer an all die Dinge glaubte, die sie längst durchschaut hatten. Und ich blickte auf sie herab und dachte, diese Kerle mit ihren Du-kannst-mich-mal-Sonnenbrillen und ihren verdammten Treterstiefeln werde ich weit hinter mir lassen. Denn ich war, so dachte ich jedenfalls, auf dem Weg in ein außergewöhnlich gutes Leben.

Ihre Namen aber habe ich bis heute nicht vergessen. Percy Sergeant. Wayne Lavasseur. Paul Gaudette. Und ich betrachte sie jetzt als Überlebende einer Art Reise durch die Nacht, von der ich nie gedacht hätte, daß auch ich sie eines Tages kennenlernen würde. Wir sind groß geworden in einer Zeit, als Amerika einen neuen Anstrich bekam, als das Land immer noch ein Kaninchen aus dem Zylinder zaubern konnte. Später wurde der Zauberer langsamer, und man konnte bei seiner Show die kleinen Falltüren und Klappen erkennen. Vielleicht macht sich die Desillusionierung aus diesem Grund in der Mittelschicht derart breit, nicht weil sie generell zunehmen würde, sondern weil es jetzt auch Menschen wie mich erwischt. Wir fallen, und wir fallen sehr unsanft.

An diesem letzten Tag in ihrem Haus sagte ich ihr, ich könne ihr zeigen, wie sie ihre Fenster selbst reparieren könne, wenn diese wieder kaputtgehen sollten. Sie schaute mir in die Augen. Das war kein großes Angebot, aber ihr gefiel die kleine Geste. Sie ging noch schnell in die Küche und zog sich eine Schürze über, dann stiegen wir drei Treppen hoch. Sie suchte sich das Fenster aus, an dem Bleistiftmarkierungen zu sehen waren und ein kleiner Schriftzug auf einem der Nut- und Federbretter direkt neben dem Fenster. Dort hatte ihre Mutter jeden Sommer ihre Größe markiert – ich nehme an, das wird noch in jenen guten Tagen gewesen sein, bevor sie durch ihren Vater erfuhr, wie hart das Leben auch sein kann. Ihre Augen strahlten, als sie entdeckte, wie simpel der Mechanismus der Schiebefenster funktionierte: ein Seil, an dessen einem Ende ein Eisengewicht festgebunden und dessen anderes Ende im Fensterrahmen befestigt war. »Das hätte ich nie gedacht«, rief sie aus. Ich wies sie darauf hin, daß die Beschläge aus massivem Messing gefertigt waren wie bei edlen Schiffen und daß die Verbindungen noch alle von Hand gemacht seien. Ich stand da, sah ihr zu und stellte mir vor, wie sicher sie sich in diesem Haus gefühlt haben mußte – bevor die Schwierigkeiten begannen.

Als ich am späten Nachmittag ging, hielt sie den Hammer noch immer in der Hand.

1. Kapitel

Allmählich sprach sich meine Kündigung in der Universität herum, und so kam eines Morgens nach dem Unterricht ein Student zu mir und erklärte mir, was Sache war. Er war ein kluger Kerl, ich mochte ihn. Zunächst sagte er, daß es ihm leid tue, ging dann aber bald zum Angriff über. »Noch so einer aus der Nachkriegsgeneration, der keine Arbeit hat«, sagte er kopfschüttelnd. »Jedes Mal, wenn einer von euch seine Stelle verliert, dann geht er hin und schnappt mir einen der Jobs im Einkaufszentrum weg, und ich kann sehen, wo ich im Sommer was finde.« Ich konnte gar nicht glauben, was ich da hörte.

Bisher hatte ich immer Glück gehabt, ich konnte mir nicht vorstellen, daß das nun vorbei sein sollte – abgestürzt auf der Gratwanderung zwischen dem Werdegang, der mir vorschwebte, und dem Leben, wie es wirklich war. Mein ganzes Leben hatte ich damit verbracht, irgendwelchen Leuten die Hand zu schütteln, ihnen Dinge zu versprechen und den richtigen zur richtigen Zeit anzulächeln, damit ich vorankam.

Passiert ist es Anfang März 1992. Ich war 41 Jahre alt, verheiratet, hatte drei Kinder, das älteste davon war sechs, und im Juni erwartete meine Frau das vierte Kind. Wir hatten ein ruhiges Leben in einer kleinen Stadt im Staat New York, lebten in einem großen Haus, und wir mußten uns nicht sonderlich anstrengen, um uns das alles leisten zu können.

Seit ich die Plattenbausiedlungen meiner Kindheit in Bangor, im Bundesstaat Maine, hinter mir gelassen hatte, habe ich immer dieses sichere und privilegierte Leben geführt. Mit einem Football-Stipendium war ich auf einem hochkarätigen privaten College gelandet, von dort, wiederum ausgestattet mit einem dicken Stipendium, gelang mir dann der Sprung an die Universität. Ich kann mich nicht entsinnen, je das Gefühl gehabt zu haben, dafür dankbar sein zu müssen. Ich befand mich auf der Überholspur und hatte keine Probleme damit, ließ meine Großväter, Onkel und Cousins weit hinter mir. Die verbrachten ihr Leben als typisch amerikanische Arbeiter, ohne irgendwelche Ambitionen, die über ihre Niedriglohnjobs, ihre TV-Show am Samstagabend und die zwei Wochen Jahresurlaub hinausgegangen wären. Ich wollte ihrem Leben entkommen, und ich rannte wie einer, der vor dem Feuer flieht.

Zurückgeschaut habe ich nie. Ich startete durch, von einer vielversprechenden Stelle zur nächsten. Und selbst wenn ich gerade eine gute Stelle hatte, suchte ich nach einer noch besseren; manchmal habe ich mich einfach nur beworben, weil ich wissen wollte, wieviel ich einem Fremden wert war; ich wollte einfach hören, wie großartig man mich findet. So habe ich doch tatsächlich eine gute Stelle an der University of Maine aufgegeben, obwohl ich dort sehr glücklich war, um ans English-Department der Colgate University zu wechseln, weil ich dort mehr Geld verdienen konnte, als meine beiden Onkel zusammen nach Hause brachten, bevor sie in Rente gingen. Man hätte einen Werbespot auf den Wiesen und Spielfeldern von Colgate University drehen können, so üppig und grün waren sie, als wir dort Ende August 1989 eintrafen.

Meine Studenten nannten die Uni liebevoll Camp Colgate oder auch Colgate Country Club, und sie erzählten mir, warum sie diese und keine andere Universität für ihr Studium gewählt hatten. Ich müsse nur aus meinem Bürofenster schauen. Hier gebe es gute Skipisten, eine hervorragende Squashanlage, Hallentennisplätze und einen preisgekrönten Golfplatz mit achtzehn Löchern sowie eine Anlage zum Tontaubenschießen, beide vom Unigelände mit dem Fahrrad leicht zu erreichen. Die Universität gelte akademisch als eine der zwanzig besten im Land, wenn man nach dem Abschluß auf eine Law School wolle. Colgate sei für seine Partys berühmt, die rauschendsten Feste, wenn man vom Alkoholkonsum pro Kopf ausgehe.

Meine eigenen Gründe, nach Colgate zu kommen, waren nicht wesentlich ernsthafter: Die Universität hatte den gleichen Rang wie die Ivy League Universitäten, auch wenn sie nicht wirklich dazugehörte. Aber da fehlte nicht viel. Und dann war da diese lange Liste von Vergünstigungen, die man als Professor kaum ausschlagen konnte. Für die Bibliothek hatte ich einen Bücheretat von einigen tausend Dollar. Es gab eine Hütte am Lake Saranac, in der ich mit meiner Familie die Wochenenden verbringen konnte und wo sogar für uns gekocht wurde. Wenn wir in der Stadt direkt am Unigelände ein Haus kaufen wollten, konnten wir zu niedrigen Zinsen einen günstigen Kredit aufnehmen. Es gab Extrazulagen, wenn man während der Sommerferien ein Projekt anbot. Bei Bedarf würde ich bezahlte studentische Aushilfskräfte einstellen können. Und außerdem: eine großzügige medizinische und zahnärztliche Krankenkasse und eine Lebensversicherung, einen gut ausgestatteten Rentenfond, der sich so rasch vermehren würde wie Zellen bei der Zellteilung. Und ein Studium ohne Studiengebühren: So würde meine Frau später Seminare belegen und ihren Magister in Pädagogik machen können, und meine Kinder würden, wo immer sie wollten in Amerika, das College ihrer Wahl besuchen. Und der Rabatt im Uni-Buchladen, der neue Macintosh und das bezahlte Freisemester nach drei Jahren. Vor allem aber: viel, viel Zeit. Fünf Wochen frei um Weihnachten, zehn Tage während der Frühjahrspause; drei Monate im Sommer, zusammen fast 18 Wochen bezahlter Urlaub im Jahr. Wenn man die Wochenenden noch dazurechnete, hatte ich nochmal zusätzlich zehn freie Wochen.

Rundum ein Traum. Im ersten Semester hatte ich pro Woche neun Stunden Unterricht zu geben, im zweiten Semester nur sechs. Und so haben wir uns schließlich in einer Stadt, in der Gewaltverbrechen unbekannt waren, ein Sechs-Zimmer-Haus gekauft, an einer Allee gelegen und nur wenige Schritte vom Universitätsgelände und der Grundschule entfernt. Im Gegensatz zu den Leuten in dieser Stadt, die nichts mit der Universität zu tun hatten und kaum mehr als den Durchschnittslohn verdienten, hatten wir dank meines Gehalts allen Grund, uns wie Gott in Frankreich zu fühlen.

Im ersten Winter in Colgate lag fast den ganzen Dezember hindurch Schnee, und der Campus verwandelte sich in eine Märchenlandschaft. Wir zogen die Kinder auf ihren Schlitten quer durch die Stadt, und die Große lernte Skifahren. Colleen brachte ihnen bei, wie man aus Schnee die schönsten Engel machen konnte. Einmal, als ich während einer Fachbereichssitzung im dritten Stock der Lawrence Hall den Kopf wandte und aus dem Fenster schaute, sah ich meine Familie, wie sie auf dem Vorplatz gerade einen riesigen Schneemann baute.

Die Winternächte in Colgate werde ich nie vergessen. Sie waren sehr romantisch, so kalt und klar, daß Colleen und ich abends, bevor wir ins Bett gingen, oft draußen standen und zu den Sternen schauten. Nur in einem Punkt gab es Spannungen zwischen uns, was damit zusammenhing, daß meine Frau immer sehr ehrlich ist. Sie war ein Kind aus Maine, ihr lag nichts daran, andere zu beeindrucken. Eines Morgens stand ich im Aufenthaltsraum des Fachbereichs und unterhielt mich mit einigen meiner feministischen Kolleginnen, als Colleen mit den Kindern erschien. Die Frauen kamen miteinander ins Gespräch, und als eine meiner Kolleginnen erzählte, sie sei direkt nach der Geburt ihres Kindes wieder zur Arbeit gegangen, weil sie keine Lust gehabt hätte, ihre Tage mit Windelnwechseln zu verbringen, sagte Colleen kühl, an den schlimmsten Tagen seien das maximal zehn, und für das Wechseln einer Windel brauche man doch höchstens anderthalb Minuten. Meine Kolleginnen schauten sie an, als sei sie nicht ganz dicht, ein Wesen aus einer fremden Welt. Später bat ich Colleen, vorsichtiger zu sein; eines Tages, wenn ich eine bessere Stelle an einer vielleicht noch bedeutenderen Uni haben wollte, sei ich vielleicht auf ein Empfehlungsschreiben dieser Frauen angewiesen.

Das beste an der Arbeit aber waren die Studenten. Sie waren so nett, so eifrig bemüht, mir alles recht zu machen, daß auch ich mehr als meine Pflicht tat. So war ich Mentor von mehr Studenten als alle anderen meiner Kollegen. Ich lud die jungen Leute zu uns nach Hause zum Abendessen und zum Anschauen von Videos ein, und ich zeigte in meinen Seminaren meine leidenschaftliche Liebe zur Literatur. Mit dem Erfolg, daß meine Seminare zu den beliebtesten der gesamten Universität zählten. Das war eigentlich nicht schwer, denn damals haben die meisten Professoren für Literatur absurde Theorien zum besten gegeben, während ihre Studenten tapfer gegen das Einschlafen ankämpften. Ich wurde für meine Bemühungen auch belohnt; jedes Frühjahr wählte mich die Student Honor Society zum »Professor des Jahres«, und die Studenten schrieben mir nette Briefe, in denen sie das Engagement lobten, mit dem ich ihnen die Literatur nahebrachte.

Genau solch einen Brief erhielt ich im März 1992, in meinem dritten Jahr, gleichzeitig mit dem Schreiben, in dem mir der Dekan des Fachbereichs meine Kündigung mitteilte.

Die Bedingungen dieser Kündigung hätten nicht fairer sein können. Ich sollte das dritte Studienjahr noch zu Ende führen und ein viertes dazu, mit einer Gehaltserhöhung und allen Vergünstigungen; außerdem sollte ich ein zusätzliches Stipendium von dreitausend Dollar erhalten, wenn ich den Debattierklub betreuen würde. In der Zwischenzeit würde der Dekan mich mit einem offiziellen Schreiben anderen Universitäten nachdrücklich empfehlen; darin werde stehen, daß man mir nur darum habe kündigen müssen, weil das English-Department zu viele Professoren auf Lebenszeit beschäftige.

Seit meinem ersten Job als Gemüsepflücker im Alter von dreizehn Jahren habe ich in all den Jahren, in denen ich gearbeitet habe, niemals eine Kündigung erhalten. So konnte ich im ersten Moment nur an ein Mißverständnis glauben. *Sie haben den Brief an den Falschen geschickt.* Sie wissen nicht, daß Colleen gerade Vorhänge für das Haus genäht und die Kinderzimmer gestrichen hat, daß wir unser Sparkonto um die letzten neuntausend Dollar erleichtert haben, um die Gußeisenrohre durch kupferne zu ersetzen und den Asbest aus dem Keller entfernen zu lassen. *Sie haben den Brief an den Falschen geschickt.* Sie wissen nicht, daß wir unser viertes Kind erwarten und mein Vater krank und gebrechlich ist und irgendwann auf meine Hilfe angewiesen sein wird.

Ich las den Brief wieder und wieder. Dann ging ich hinüber zur Universität, lief den Hügel zum Büro des Dekans hinauf und wartete, bis er Zeit hatte, mich zu empfangen. Mein Selbstvertrauen war so groß, daß ich glaubte, ich könne das alles in Ordnung bringen.

Vielleicht aber war es auch Hochmut, weil ich bisher immer Erfolg gehabt habe. Ich würde es perfekt formulieren. Ich würde ihm meine Leistungen vor Augen führen. Ich würde den richtigen Eindruck hinterlassen, und man würde die Entscheidung schließlich widerrufen. So, als sei nichts gewesen.

Ich schaute den Sekretärinnen beim Telefonieren zu, sah, wie sie in die Tasten ihrer Computer hämmerten. Gut, dachte ich, ich werde wie folgt vorgehen: Ich werde dem Dekan sehr besonnen darlegen, daß ich der einzige Professor im Fachbereich Englisch bin, der die Erstsemester unterrichtet; der einzige, der jedes Semester Allgemeine Pädagogik für Fortgeschrittene anbietet, der freiwillig mehrere Teile des obligatorischen Übersichtsseminars leitet. Niemand berate mehr Studenten als ich, keiner unterstütze mehr unabhängige Studienprojekte. Der Dekan kennt mich nicht persönlich, also muß ich ihm klarmachen, *wer ich bin*. Mit drei Buchveröffentlichungen, mit einer glänzenden Promotion, mit den Empfehlungen in meiner Akte darf ich mich ruhig etwas aus dem Fenster lehnen.

Er war sehr freundlich und hatte es eilig. Er versprach mir, glanzvolle Briefe zu schreiben, er werde genau schildern, wie beliebt ich bei den Studenten sei und wie sehr meine Kollegen mich schätzten; gleichzeitig sah ich, wie er zur großen Wanduhr schaute, und ich dachte: Nimm dir ruhig Zeit. So einfach lasse ich mich nicht abservieren. Wir werden einen Moment brauchen, vielleicht den Rest des Nachmittags, denn ich habe viel über mich und meine Arbeit hier zu erzählen, über all das, was ich getan habe, während du bloß in deinem Büro Computergolf gespielt hast.

Und ich stellte ihm meine Verdienste dar, lang und breit. Aber mir entging nicht, wie unbewegt sein Lächeln blieb. Und da ahnte ich, daß ich bereits von der Bildfläche verschwunden war. Ich hörte, wie meine Stimme etwas zu schrill wurde, als ich ihm erklärte, mein Vater sei krank und wir erwarteten noch ein Kind. Und als ich nichts mehr zu sagen wußte, reichte er mir die Hand. Ich war außer Atem.

Sein aufgesetztes Lächeln. Meine Verlegenheit. »Es tut mir leid«, sagte er und begleitete mich zur Tür.

Abends las ich Nell und Erin vor dem Schlafengehen aus »Der kleinste Engel« vor. Als sie eingeschlafen waren, versuchte ich, den finanziellen Aspekt der Kündigung zu durchdenken. Bei unserem monatlichen Aufwand von knapp 2.000 Dollar würden wir bei fortlaufenden Bezügen wohl so um die 140 Dollar im Monat zusammensparen können. Da ich bis zum definitiven Ende am 1. August 1993 meinen Gehaltsscheck noch siebzehnmal empfangen würde, wären das 2.380 Dollar. Vor meinem letzten Scheck jedoch würde ich Colgate 5.000 Dollar zurückerstatten müssen, die Anzahlung für das Haus, die die Universität uns geliehen hatte. Also ein Minus von fast 3.000 Dollar, die Kosten für den Umzug noch gar nicht mitgerechnet.

Ich wartete, bis auch Colleen eingeschlafen war, und lief dann durch das ganze Haus, von Zimmer zu Zimmer: Im Schein einer Taschenlampe machte ich eine Bestandsaufnahme unserer Besitztümer, überlegte, was wir veräußern und damit erwirtschaften könnten. Waschmaschine und Trockner würden 400 Dollar bringen. Wie Colleen es genossen hat, eine richtige Waschküche zu haben, mit dem großen Fenster, durch das die Nachmittagssonne fiel! Im Eßzimmer stand der Tisch, den ich aus unbehandelten Brettern gezimmert hatte. Der würde vielleicht noch zwanzig Dollar bringen, nachdem die Platte nun voller Farbflecken war – die Kinder hatten dort ihre Ölkreiden ausprobiert. Auch im Spielzimmer gab es einen Tisch im Wert von vielleicht zwanzig Dollar. Ich richtete den Strahl der Taschenlampe in die Ecke der Decke, die ich ausgebessert hatte. Ich hatte etliche solcher Reparaturen ausgeführt, hatte viel gemacht an diesem Haus. Aber was ich anpackte, mußte auch am gleichen Tag fertig werden, andernfalls habe ich gar nicht erst angefangen, schließlich war ich ein vielbeschäftigter Mann. Auf den Fensterbänken standen überall Sämlinge; Colleen hatte sie zusammen mit den Kindern gesät, um die Pflänzchen im Sommer in den Garten zu setzen. Ich ging in die Hocke und las die kleinen Namensschilder, die Erin und Nell gekritzelt hatten. Wie lange sie wohl daran gearbeitet haben mochten, wie oft sie Fehler gemacht, ausradiert und neu begonnen hatten, wie geduldig ihre Mutter gewartet und sie immer wieder ermuntert haben mußte, bis die Namen schließlich richtig waren. Im Gästezimmer stand ein Sekretär aus Kirschbaumholz. Der würde vielleicht weitere vierhundert bringen. Er war von meinem Vater, der ihn als junger Mann benutzt hatte. Und für Colleen war er längst mehr als ein Gebrauchsmöbel geworden, sie wollte ihn an die Kinder vererben. Die zwei Sofas im Wohnzimmer, jedes hundertfünfzig Dollar, schätzte ich. Und die beiden Ohrensessel mußten doch wenigstens fünfundsiebzig bringen. Einer davon stand in der Nähe des Kamins, dort hatte Colleen einen Winter lang gesessen und Jack die Brust gegeben.

Im ersten Stock traf ich in jedem Zimmer auf Spuren von Colleen: Da waren die Mobiles, die sich über den Betten der Kinder drehten, die gestickten Wandbehänge, die mit Schablonen bemalten Schreibtische. Ich folgte dem hellen Lichtstrahl meiner Taschenlampe durch die Dunkelheit und fühlte mich immer mehr wie ein Einbrecher, wie ein Fremder im eigenen Haus. Colleen und die Kinder hatten in diesen Zimmern *gelebt* – und ich, ich hatte sie nur durchschritten.

Ich kam auf eine Summe von etwa vierzehnhundert Dollar. Und wenn wir sehr vorsichtig lebten, dann würden wir unsere Ausgaben im Monat von vierhundert auf vielleicht zweihundert Dollar verringern können. Damit hätten wir weitere 3.400 Dollar, so daß uns zum Zeitpunkt des Umzugs, nach Rückzahlung der 5.000 an Colgate, vielleicht noch 2.000 Dollar blieben.

Am nächsten Tag ging ich zur Personalstelle und erfuhr dort, daß ich meine Rentenbeiträge einlösen konnte: 16.800 Dollar, abzüglich 3.200 Steuerabgaben für die frühzeitige Auflösung. So würden sich zu unseren möglichen Ersparnissen noch einmal 13.600 Dollar addieren, insgesamt stolze 15.600 Dollar. Immerhin. Ich blieb noch siebzehn Monate Angestellter von Colgate University, und zum bitteren Ende hin hätten wir 15.600 Dollar als Notfinanzierung. Doch würde ich dann ja eine neue Stelle antreten, und monatliche Gehaltszahlungen würden wieder auf das Konto fließen. Wenn wir obendrein das Haus für die Summe verkaufen könnten, für die wir es erworben hatten, müßten wir uns eigentlich keine Sorgen machen.

Aber als es dann darum ging, Colleen von meiner Kündigung zu erzählen, konnte ich irgendwie nie den richtigen Augenblick finden, nie waren wir im richtigen Zimmer für eine solche Eröffnung. Da stand sie, mit ihrem wundervoll runden Schwangerschaftsbauch und ihrem Glauben an mich, und da stand ich: gekündigt.

In der Nacht, in der ich es ihr endlich sagte, war es sehr kalt – zu kalt, um auf der Eisbahn, die ich hinter dem Haus angelegt hatte, Schlittschuh laufen zu können. Ich ging nach oben ins Schlafzimmer und fand Colleen – sie war über ihrem Buch eingeschlafen. Ich kniete mich neben sie, legte meine Wange so nahe an ihr Gesicht, daß ich ihren Atem spüren konnte. Gegen Ende ihrer Schwangerschaften fand ich es schön, wenn ich, während sie schlief, ihr Nachthemd aufhob und zusah, wie sich das Baby in ihrem Bauch bewegte. In jener Nacht flatterten ihre Lider bei jeder Bewegung des Babys. Ich saß lange Zeit neben ihr, bevor ich sie vorsichtig weckte.

»Ist irgendwas mit den Kindern?« fragte sie mich.
»Laß uns Schlittschuh laufen gehen«, sagte ich.
»Wie spät ist es?«
»Sehr spät«, sagte ich, »mitten in der Nacht.«

Sie schloß die Augen und winkte, ich solle sie in Ruhe lassen.

»Soll ich dir eine heiße Schokolade machen?«

Sie seufzte.

»Wenn ich dich nach unten trage, gehst du dann mit mir Schlittschuh laufen?«

»Wenn du mich nach unten trägst, wirst du nie wieder Schlittschuh laufen«, erwiderte sie.

Als wir schließlich auf dem Eis standen, mußte ich unwillkürlich daran denken, als ich sie zum ersten Mal gesehen habe. Das war vor zehn Jahren gewesen. Unter dem Sternenhimmel tanzten wir unsere Olympia-Nummer: zwei russische Eistänzer nach zu viel Wodka. Damit haben wir die Kinder immer zum Lachen gebracht. Im Schein des Strahlers wirbelte ich sie herum. Nur wir beide, ohne den Rest der Welt, das war es, was ich an solchen Augenblicken so sehr liebte. Alle anderen Menschen mit ihren langweiligen Leben waren längst eingeschlafen; ihre Kleider lagen auf dem Stuhl für den nächsten Tag bereit, der sich vom vorherigen nicht unterscheiden würde. Wir aber waren wach und unterwegs. »Jetzt, meine Liebe, die Nachricht«, sagte ich schließlich. »Ich bin gefeuert worden.«

Sie wandte sich mir zu. Ob ich das ernst meine. Ich war überrascht, als ich an ihrer Stimme hörte, wie enttäuscht sie war. Von Beginn unserer Beziehung an war *sie* es gewesen, die eher das Abenteuer liebte, die es an immer neue Orte zog. 1987 hatten wir unser weniges Geld gespart und wollten damit ein Haus anzahlen, da war sie es gewesen, die das Geld lieber für eine Reise nach Irland ausgeben wollte. Unser zweites Kind war gerade zur Welt gekommen, das erste gerade achtzehn Monate alt, aber wir flogen über den Atlantik und überlegten in der stockdunklen Nacht, ob wir statt in Shannon nicht lieber in Dublin von Bord gehen sollten.

Ich fühlte, wie sie ihre Hand aus meiner löste. Der Bann war gebrochen, sie glitt von mir weg. »Jetzt werden wir Zeit genug haben, uns auf die Winterolympiade vorzubereiten«, rief ich ihr zu.

Zuerst sagte sie nichts. Dann lief sie wieder auf mich zu und sagte, auch ihr Vater habe, als sie ein kleines Kind war, seine Stelle verloren. Er habe sich so geschämt, daß er so getan habe, als ginge er jeden Tag zur Arbeit, und einige Monate lang habe er seine Familie damit in die Irre führen können.

»Alle Männer, die in meiner Kindheit und Jugend um mich herum waren, ähneln deinem Vater«, erklärte ich. »Alle waren sie sich einig darin, daß große Unternehmungen des Lebens, Politik und Wahlkämpfe, Religion, ja sogar die Liebe, bedeutungslos seien, wenn sie nur einen Job hätten.«

Sie drehte sich um und lief wieder in die Dunkelheit hinein. Vielleicht, so dachte ich, ist dies ja wirklich die erste schlimme Angelegenheit, die uns in den zehn Jahren, in denen wir einander kennen, widerfährt. Die in der Tiefe der Nacht heulenden Sirenen galten immer jemand anderem.

Ich lief auf sie zu und nahm wieder ihre Hand. Mir würde doch so viel Zeit bleiben, um eine andere Stelle zu finden. Ich zog sie an mich. »Wohin willst du als nächstes?« fragte ich. Sie ließ ihren Kopf auf meine Schulter sinken und sagte nichts. Ich schaute durch die

Zweige eines Baumes in ein Sternbild, dessen Namen ich nicht kannte. Ich fragte, wie es heiße, und sie wußte den Namen. Es hatte Colleen allerhand Anstrengung gekostet, mich dazu zu bringen, meine Umgebung mit einiger Aufmerksamkeit zu betrachten. Daß ich mir dort, wo wir zusammen gelebt hatten, die Namen von Blumen und Bäumen merkte und dies Wissen auch an die Kinder weitergeben konnte. Ich hatte ihr stets zugehört, dennoch ihrem Wunsch nie nachgegeben, im Hier und Jetzt zu leben, so wie es kleine Kinder tun; ich blieb, wo immer ich mich befand, in meiner eigenen Welt, sie war riesig groß, voller Pläne und etwas vager Ideen. In ihren Augen aber und verglichen mit etwas so Vielfältigem wie dem Sternenhimmel über uns waren das nur langweilige Abstraktionen. Das mag sein, ich weiß es nicht. Vielleicht hat das mit meiner Fluchtgeschwindigkeit zu tun, ich war einfach zu schnell, um aufmerksam genug zu sein.

»Ich weiß, für dich ist das immer nur ein Job«, sagte sie nachdenklich.

Da wußte ich, worum es ging – für mich war alles hier nur eine weitere Station auf dem langen Bogen von Leistungen und Verdiensten, Colleen dagegen hatte sich hier ein Zuhause eingerichtet.

Es würde alles gut werden. »Ich mache mir überhaupt keine Sorgen«, beruhigte ich sie.

»Aber die Kinder sind so glücklich hier«, meinte sie. Sie schaute auf unser Haus. »Erin und Nell fühlen sich in ihrer Schule so wohl, Jack hat hier Laufen gelernt ... Und das neue Baby ... Ich weiß nicht. Vielleicht will ich einfach nicht über einen Umzug nachdenken.«

»Wir haben auch noch ein ganzes Jahr Zeit, bis wir daran denken müssen«, beruhigte ich sie.

»Und ich habe gedacht, daß auch du hier glücklich bist«, sagte sie sanft. »Du kamst mir wirklich glücklich vor.«

»Bin ich auch gewesen«, erwiderte ich. »Und ich werde anderswo wieder glücklich sein. Aber das alles liegt weit vor uns. Du mußt jetzt nicht daran denken.«

»Ich werde jeden Tag daran denken«, versicherte sie. Und das war, wie ich inzwischen weiß, der Unterschied zwischen uns. Ich würde mich an die Arbeit setzen, würde das nächste Jahr einfach hinter mich bringen und dann weiterziehen, ohne noch einmal zurückzublicken oder irgendeinem meiner Bekannten hier einen Brief zu schreiben. Aber Colleen würde von jetzt an bei jedem Treffen mit ihren Freundinnen und Freunden daran denken, daß sie diese würde verlassen müssen.

Sie war schon an der Veranda, als ich ihr nachrief: »Ich meinte damit, es ist keine so große Sache. Colleen, ich habe meine Stelle verloren. Mehr nicht. Ich finde schon eine bessere.«

Als sie die Hintertür öffnete, fiel Licht aus der Küche auf die Schneehaufen. Ich sah, wie sie in der Tür stehenblieb, und ich dachte, sie würde jetzt auf mich warten oder mir sagen, ich solle nun auch schlafen gehen. Statt dessen stand sie nur einen Augenblick lang mit gesenktem Kopf in dem Viereck aus gelbem Licht. Dann ging sie hinein und zog die Tür hinter sich zu.

Ich blieb draußen und lief noch eine Weile allein

Schlittschuh. Es gibt Leute, die nachts wach bleiben und ihr Leben Revue passieren lassen, die Summe dessen schätzen, was sie in dieser Welt besitzen, die Summe dessen, wofür sie hart gearbeitet haben, sich aber auch klarmachen, wie leicht sie das alles verlieren könnten. Das war meine Sache nicht. Zumindest damals nicht.

2. Kapitel

Cara kam im Juni zur Welt. Sie war ein sehr schönes Baby, und eine Zeitlang kümmerten wir uns um nichts anderes und genossen die glückliche Trance, in die so ein kleines Wesen, wenn es schließlich da ist, eine Familie versetzen kann. Sie schaute uns durch klare wissende Augen an, und mir ging es dann wie einem Marinekapitän, der aus dem Mittagsschlaf aufschreckt und glaubt, das Torpedo, das gerade den Bug seines Schiffs abgerissen hat, sei nur ein Schwarm Thunfische. »Vier Kinder unter sieben Jahren«, sagte damals einer meiner eher praktisch denkenden Kollegen zu mir. Und ich wiederholte nur, was ich bei solchen Gelegenheiten schon öfter gesagt hatte: »Wir hoffen immer noch auf Zwillinge.«

Noch konnte ich mir solche Hochnäsigkeiten leisten. Colgate hatte mir ja ein weiteres Jahr Arbeit gegönnt. Mir blieben doch ein ganzer Sommer, der Herbst, der Winter und dann noch mal Frühling und Sommer, um eine neue Stelle zu finden. Das konnte ja gar kein Problem sein.

Im Juli habe ich dann das Haus zum Verkauf angeboten, ganz nebenbei, so als hätten wir in einem Motel gelebt. Und ich überließ es Colleen, den Mädchen klarzumachen, daß es nichts weiter bedeuten würde, wenn sie im nächsten Sommer die einzige Schule, die sie bislang kennengelernt hatten, hinter sich lassen müßten und damit auch die Freunde; obwohl sie doch alt genug waren und diese sicher vermissen würden. Erin, die älteste, feierte im September ihren siebten Geburtstag. Wir haben eine kleine Feier daraus gemacht, und als alle nach Hause gegangen waren und Colleen die Kleineren oben ins Bett brachte, lag ich mit Erin im Wohnzimmer auf dem Fußboden und malte ihr aus, wieviel schöner die neue Stadt, in der wir dann leben würden, sein werde, und unser nächstes Haus wäre bestimmt auch viel größer. »Aber Daddy, ich mag *dieses* Haus«, sagte sie traurig.

»Ja, ich weiß, daß du es magst, Liebe«, versicherte ich ihr. »Aber warte nur, bis du das neue Haus erst einmal gesehen hast.«

Das munterte sie etwas auf, und sie schaute mir in die Augen und fragte: »Du weißt schon, wie es aussieht?«

»Na ja, so genau auch noch nicht.«

»Woher willst du dann wissen, daß es schöner sein wird als unser Haus hier?«

»Ich weiß es, weil die Arbeit, die Daddy hier hatte, eigentlich keine so tolle Arbeit war, lange nicht so toll, wie neue Arbeit sein wird.«

Damals hatte ich schon angefangen, mich um neue Stellen zu bewerben, und ich ging ganz sicher davon aus, daß meine neue Stelle nur eine bessere sein konnte. Stellenangebote für Universitätsprofessuren sind in den Fachzeitschriften zu finden, und das war mir wichtig, denn so mußte ich nicht die gewöhnlichen Stellenanzeigen oder »Hilfe gesucht«-Spalten in den Tageszeitungen durchstöbern.

Im Spätherbst waren dann dreiundzwanzig Stellen ausgeschrieben worden, auf die ich mich bewerben konnte. Und ich habe mich auf alle dreiundzwanzig beworben, auch wenn ich der Meinung war, daß drei oder vier davon unter meinem Niveau lagen.

Das Studienjahr lief großartig. Wie jeder, der – ganz gleich auf welcher Stufe – junge Menschen unterrichtet, erlebte auch ich immer wieder jenes Erfolgsgefühl, wenn es während der Arbeit bei einem Studenten plötzlich Klick macht. Ich sah das jedesmal wieder als einen Wink des Schicksals. Es konnte nur Schicksal sein, daß sich unsere zufälligen Wege auf der Erde genau in dem Augenblick kreuzten, in dem das Leben des Studenten gerade einen kleinen Schubs brauchte, um ein Stück Erfüllung zu finden. Es ist, als hüte man etwas – im Grunde so wie eine Hausfrau, die, während sie noch den Mantel über die Lehne des Küchenstuhls wirft, eine Topfpflanze etwas mehr zum Licht dreht, nicht viel, gerade eine halbe Drehung. Sie tut das, ohne nachzudenken, aber es genügt, um die Pflanze zum Gedeihen zu bringen. Ich denke, darin liegt der Grund, daß man bei manchen Tätigkeiten noch von Berufungen spricht. Und diese Berufung, die ich bislang allenfalls wie ein sanftes Wehen und Rascheln im Gras vernommen hatte, wandelte sich während meiner letzten Monate in Colgate allmählich in eine starke Brise.

Da war zum Beispiel die Sache mit Dan, einem großen, starken Kerl, einem Footballspieler, der stets etwas Besseres zu tun hatte, als sich um sein Studium zu kümmern. Einmal rutschte er um zwei Uhr morgens auf einem Tablett aus der Mensa die Skipiste der Uni herunter und fuhr prompt gegen eine der eisernen Liftverankerungen; sein Kopf sah aus wie eine geplatzte Wassermelone. Lange mußten wir alle fürchten, daß er den Unfall nicht überlebt. Doch nach zwei Monaten, die Dan im Krankenhaus verbracht hatte, rief mich sein Vater an. Dan, sagte er, habe nach mir gefragt. Ob ich ihn nicht besuchen könnte und ihm (worüber ich am meisten erstaunt war) »Revolutionary Roads«, den Roman von Richard Yates, mitbringen könnte, den ich doch so nachdrücklich empfohlen hätte. Das ist Schicksal, dachte ich.

Dan, der nur von einer Karriere als Filmemacher geträumt hatte, war es gelungen, alle Professoren im Fachbereich Kunst zu vergraulen, deren Empfehlungsschreiben seiner Bewerbung um einen Studienplatz an einer Filmhochschule Gewicht gegeben hätten. Als sein Mentor bestärkte ich ihn darin, sich dennoch nicht entmutigen zu lassen und sich bei der University of California in Los Angeles, an der es auch die beste Filmhochschule des Landes gibt, zu bewerben. Bis dahin war noch keiner meiner Studenten dort angenommen worden, doch ich fühlte mich *berufen*, gerade diesem Studenten zu helfen, und saß zwei Wochen über einem Empfehlungsbrief, bis jeder Absatz wirklich saß. Und als seine Bewerbung dort akzeptiert wurde, kamen Dans Eltern nach Colgate, um sich bei mir zu bedanken. Beim gemeinsamen Abendessen beugte sich der Vater zu mir und sagte, mit meiner Kündigung habe die Universität einen fürchterlichen Fehler begangen. »Das ist doch immer das gleiche in dieser Welt«, regte er sich auf, »Perlen vor die Säue. So müssen Sie das begreifen: Perlen vor die Säue geworfen.«

Er hat ja so recht, dachte ich, Perlen vor die Säue, so ist das. Der Ausdruck hatte den richtigen Klang; ich mochte den Trotz in mir. Und so gesehen tangierte mich die Kündigung überhaupt nicht. Ich hatte vielmehr das Gefühl, meine Kollegen seien mir irgendwie unterlegen, arme phantasielose Geschöpfe, die aus ihrem Trott nie herauskamen. Da war ich ganz anders. Ich war nur auf der Durchreise, unterwegs zu einem anderen Ort, wo die Farben heller waren.

Und so machte ich meine letzten Monate in Colgate zu einer Zeit der subversiven und rachsüchtigen Handlungen. Ich ging eines späten Nachmittags ins Büro der Fachbereichsvorsitzenden, um ihr zu verkünden, daß wir fürchterlich hinterherhinken würden. Wir, so sagte ich ihr, unterrichteten unsere Studenten so, als wollten sie die gleichen Fachidioten werden wie wir selbst und nicht wirkliche Menschen in einer wirklichen Welt, in der die Literatur und besonders die Dichtung ihnen Einsicht, Trost und Erlösung von der Traurigkeit des Lebens geben könnte. »Es ist Mord«, sagte ich, während ich sie am Arm packte und sie mit mir den Flur entlang bis zum Treppenhaus zog. Dort hing seit Beginn der Abschlußprüfungen ein Poster des Studentenverbandes: SOBALD IHR DIE PRÜFUNG HINTER EUCH HABT, BRINGT EURE BÜCHER INS ANTIQUARIAT UND KOMMT ZU UNS IN DIE KNEIPE!!!

»Sehen Sie, das ist es, wogegen wir kämpfen müssen«, erklärte ich überzeugt.

Es gibt viele gute Menschen, die in den Universitäten tätig sind, und sie war eine davon. Als ich ihr erklärte, wir seien Mittäter beim Mord der Literatur, hörte sie mir bereitwillig zu.

Ich erinnere mich auch an die Party, die ein Kollege zum Valentinstag gab. Ich öffnete gerade den Kühlschrank, um mir eine Dose Bier zu nehmen, als ich einige Professoren darüber klagen hörte, wie überlastet sie doch seien. »Ich kenne eine Krankenschwester«, so der eine, »die mehr verdient als ich.« Ich war an diesem Tag überhaupt nicht in Partylaune. Am Morgen hatte mir einer meiner Studenten eine Prüfungsaufgabe gezeigt, die er gerade hatte lösen müssen. Oben auf der Seite stand der Name des Professors und danach das Datum: Februar 1982. Dieser Kollege hatte also mehr als zehn Jahre lang dieselben Prüfungsunterlagen benutzt. »Zuerst habe ich nur den Kopf geschüttelt und gelacht«, hatte der Student gesagt. »Dann aber mußte ich daran denken, wie hart mein Vater arbeitet, um mir diesen Studienplatz zu finanzieren. Da wurde ich wütend.«

Ich trat in den Kreis der Kollegen. »Ich bin noch keinem Professor begegnet, der so hart arbeitet wie eine Krankenschwester«, entgegnete ich. Einer von ihnen, ein durchaus netter Typ, versuchte mir deutlich zu machen, daß er achtzig Stunden in der Woche arbeite. »Das ist ja eine ganze Menge«, sagte ich, »und wieviel Stunden Unterricht geben Sie in der Woche?«

»Sechs«, antwortete er.

»Sechs«, wiederholte ich. »Und Sprechstunden?«

»Drei.«

»Drei«, sagte ich. »Zusammen neun. Dann haben Sie einundsiebzig Stunden, um sich mit dem zu beschäftigen, was Sie interessiert.« Ich sah, wie sich die anderen beiden davonschlichen. »So viel zu den Krankenschwestern«, sagte ich durch eine Rauchwolke hindurch, während er nach einer Antwort suchte. Aber es machte mir gar nicht so viel Spaß, ihm auf die Füße zu treten, wie ich gedacht hatte. Je länger ich ihn so vor mir stehen sah, desto eher empfand ich Mitleid mit ihm. »Ist ja auch egal«, meinte ich dann versöhnlich.

Abends im Bett erklärte ich Colleen mein Verhalten, und sie sagte leise: »Das sind einfach Menschen, die jeden Tag zur Arbeit gehen und ihr Bestes geben. Was willst du dir eigentlich beweisen?«

»Nichts, gar nichts«, antwortete ich. »Obwohl, er ist gerade befördert worden, und mich hat man rausgekickt. Also weiß ich gar nicht, wovon ich spreche. Oder?«

Colleen sah mich nur an. »Ich weiß nicht, aber irgendwie wirst du immer verbitterter«, sagte sie. »Das ganze letzte Jahr, seit dem Augenblick, in dem du die Kündigung erhalten hast, bist du immer wütender geworden, und ich mache mir Sorgen um dich.«

Dabei hätte ich es belassen sollen, aber ich meinte mich ständig verteidigen zu müssen, und es fiel mir schwer, jemand anderem das letzte Wort zu lassen. »Wenn wir schon dabei sind«, sagte ich, »ich bin der Meinung, wir sollten, wenn wir nach Maine zurückgehen, auf keinen Fall ein Haus in der Nähe deiner Eltern mieten.«

Wir hatten mittlerweile beschlossen, in unsere Heimat zurückzukehren, und wir hatten uns oft darüber unterhalten, uns ein Haus in der Nähe von Colleens Eltern zu suchen. Wir beide hatten mit den Kindern vergnügt über diese neue Nähe zu den Großeltern gesprochen, und jetzt konnte ich mir nicht vorstellen, überhaupt nur einen einzigen Tag dort zu verbringen.

»Warum?« fragte Colleen.

Ich dachte eine Sekunde nach und erwiderte dann, daß ich lieber am Meer leben wollte.

»Wie alle, die für den Sommer nach Maine kommen«, sagte sie. »Das ist doch viel zu teuer.«

»Mag sein, aber ich glaube, wir haben es verdient.« In diesem Augenblick nahm mir die Vorstellung, wieder in einem Arbeiterviertel leben zu müssen, ohne eine Stelle, einfach den Atem. Mein Gott, wenn dann unerwartet Nachbarn vorbeikämen, nur so, um reinzuschauen, und sie würden mitbekommen, daß ich an normalen Werktagen zu Hause bin?

Im Frühling organisierten einige meiner Studenten eine Unterschriftenaktion, um meine Wiedereinstellung durchzusetzen. Damit hatte ich nicht gerechnet. Mehr als dreihundert Studenten haben die Liste unterschrieben und sie dem Universitätspräsidenten überreicht. Bald tauchten im Studentenzentrum und im Buchladen Plakate auf, und nachdem in einer Unizeitung zu lesen war, ein Student habe den sehr begehrten Literaturpreis, den er erhalten hatte, aus Protest gegen meine Kündigung zurückgegeben, hingen große Bettücher mit den Forderungen der Studenten aus den Fenstern des Wohnheims. Ich tat, als würde ich das alles nicht sehen, und wenn mich Studenten nach meinen Plänen fragten, erklärte ich, wir seien ganz glücklich darüber wegzuziehen. »Wir fahren zurück in unsere Heimat, nach Maine«.

In einer warmen Frühlingsnacht wachte Cara hungrig auf: Ich machte ihr ein Fläschchen und trug sie dann auf dem Arm im Universitätsgelände spazieren. Als wir unter einer großen Trauerweide hindurchgingen, schlug sie die Augen weit auf. Manchmal macht man mit Kleinkindern doch allerhand merkwürdiges Zeug – in jener Nacht hielt ich sie hoch, damit sie meinen in großen Lettern auf die Bettücher geschriebenen Namen sehen könne. Plötzlich war ich tief gerührt von dem, was die Studenten für mich getan hatten, und nachdem ich meine Tochter wieder in ihr Bettchen gelegt hatte, war ich entschlossen, ihnen irgendwie zu zeigen, wie gut mir ihre Geste getan hatte.

Was könnte ich Besseres tun, dachte ich, als ihnen das Geschenk der Literatur zu hinterlassen. Damit meine ich das Erhabene an der Literatur. Die Kraft, die sie ausstrahlt, wenn sie nicht durch den Ballast der akademischen Literaturtheorien und der stets aufs neue wiederholten Professorenvorträge heruntergezogen wird.

Ich kam auf die Idee, mich von den Maskenbildnern im Fachbereich Theater in Walt Whitman verwandeln zu lassen. Es war eine äußerst überzeugende Verkleidung, und als meine Studenten ins Seminarzimmer kamen, hing ich träge im Stuhl, eine Flasche Whiskey zwischen den Beinen, das zerrissene Innenfutter meines armseligen Smokings hing auf den Boden herab. Niemand sagte ein Wort, bis ich mich ihnen vorstellte. Ich hörte, wie ein Student einen anderen fragte: »Lebt denn Whitman noch?« Ich hatte eines seiner großen Gedichte über den Bürgerkrieg auswendig gelernt und stand nun auf, um es vorzutragen. Dann ging ich zur Tür und trat sie auf. Auf der Schwelle stehend rief ich: »Die Literatur lebt nicht an solchen Orten! Sie lebt auf den Lippen sterbender Soldaten! Sie lebt in der Leidenschaft junger Männer und Frauen –« Den Rest weiß ich nicht mehr, aber man kann sich vorstellen, wie es war. Als ich mich umwandte, stand ein großer Footballspieler auf und begann zu applaudieren. Einige der Studenten kletterten auf ihre Tische und jubelten ihrem sich verabschiedenden Professor zu. Andere klatschten Beifall. Ich schaute den Flur entlang. Drei meiner Kollegen standen im Vestibül des Fachbereichs und schauten in meine Richtung. Seht euch ruhig mal einen richtigen Lehrer an, triumphierte ich. Ihr könnt in dieser Kleinstadt verrecken. Ich dagegen greife nach den Sternen!

Mein Arbeitsproblem löste das freilich nicht. In jenem Frühling haben vierzehn der dreiundzwanzig Universitäten, bei denen ich mich beworben hatte, meine Bewerbung abgelehnt. Sobald eine neue Ablehnung ins Haus geflattert kam, hatte ich nichts Eiligeres zu tun, als sie aus der Welt zu schaffen. Ich las den Brief einmal durch, stopfte ihn dann im Küchenmülleimer ganz nach unten, nahm die Mülltüte heraus und versenkte sie in den Container hinter dem Haus der Freien Künste auf dem Universitätsgelände, wo mein Unterricht in diesem Semester stattfand.

Eines Morgens, einige Tage, bevor die Studenten ihren Abschluß feierten, sah ich neben dem Container, in einem Wagen ohne Kennzeichen, einen Typen in weißem Hemd und Krawatte sitzen. Ich grüßte ihn, als ich meine Tüte hineinwarf. Eine Stunde später bekam ich Besuch vom Chef des Universitätssicherheitsdienstes. »Das ganze Semester haben wir versucht, die Person zu erwischen«, sagte er. »Schließlich haben uns die Windeln davon überzeugt, daß es sich nicht um Müll von Studenten handeln konnte.«

Ich entschuldigte mich und erklärte mich auch bereit, ein möglicherweise fälliges Verwarnungsgeld zu zahlen. »Man hat mir gekündigt, wissen Sie, ich bin nur noch drei Tage hier, und ich will aus der Stadt abhauen, ohne jemanden verprügelt zu haben.«

Meine Worte überraschten mich selbst fast ebenso wie ihn. Er wich erschrocken zurück. »Nein, nein«, sagte ich. »War nur ein Scherz.« Aber das glaube ich nicht. Zum ersten Mal mußte ich mir eingestehen, daß ich mich verkehrt verhielt. Der Teil von mir, der stets am guten Leben hatte teilhaben wollen und bereit war, dafür jedes notwendige Zugeständnis zu machen, hatte erkannt, daß mein zukünftiges Leben als *angestellter* Universitätsprofessor wohl auch davon abhing, welchen Eindruck ich in Colgate hinterließ. Ich sollte mit Würde gehen. Das wußte ich. Ich hätte denen die Hand schütteln sollen, die mich entlassen hatten.

Aber ich begann mir zunehmend in der Rolle des

zornigen Außenseiters zu gefallen. Als eines Abends einige Studenten vorbeischauten, um sich zu verabschieden, erzählte ich ihnen von dem Vorfall am Container. Es war schon ziemlich spät, und wir standen auf der Terrasse, wo wir in der Ferne den Lärm der Abschlußfeten hören konnten. Ich stand im Zentrum der Aufmerksamkeit, erzählte meine kleine Geschichte und schmückte sie reichlich aus, bis ich mich plötzlich lügen hörte: »Ihr wißt ja, was Hawthorne über das Dasein des Außenseiters sagte. Wenn man Außenseiter ist, so heißt es bei ihm, dann ist jede Stunde, die man damit verbringt, wieder in den inneren Zirkel zu gelangen, vertane Zeit. Man sollte sich besser Gedanken darüber machen, wie man als Außenseiter überleben kann.«

Das Zitat war reine Erfindung, aber ich trug noch dicker auf und äußerte Tiefgründiges über die Tatsache, daß uns unser Umgang mit Müll entweder als Außenseiter oder als Mitläufer definiert. »Ich kenne in der University Avenue einen Professor, der eine kleine Karre hat, auf der seine Mülltonnen stehen«, sagte ich verächtlich. »Kaum zu glauben, oder?«

»Das ist gar nichts«, erwiderte einer der Studenten, »da, wo ich lebe, fahren wir in die Vororte, und die Reichen bezahlen uns dafür, daß wir den Müll mitnehmen, den sie nicht am Straßenrand zum Abholen bereitstellen dürfen. *Hier haste dreißig Dollar. Schaff' das Zeug weg, klar?* Wir nehmen es mit, lassen es auf dem Dorfplatz stehen, fahren zurück in die Stadt und lachen uns halb tot.«

Er lachte auch jetzt, obwohl sein Gesichtsausdruck eher sagte: *Mann, du hast so lange in deinem Elfenbein-*

turm gehockt, daß du keinen blassen Schimmer hast, wie es draußen zugeht! Und ich lachte mit, obwohl ich wußte, daß der Witz auf meine Kosten ging.

Den Tag, an dem die Studenten ihren Abschluß feierten, habe ich damit begonnen, daß ich mich im Erdgeschoß ins Bad einschloß und zum ersten Mal seit zehn oder zwölf Jahren die Stellenangebote in der *New York Times* durchging. In der Zeit, in der ich in meinem Elfenbeinturm gehockt hatte, hatte sich die Arbeitswelt völlig neu strukturiert: Computerfachleute an einem Ende, Krankenpfleger, Verkäufer und Gefängniswärter am anderen. »Einkaufszentren, Gefängnisse oder Krankenhäuser«, murmelte ich vor mich hin. Was sollte ich eigentlich mit diesen ärgerlichen Stellenanzeigen? Ich würde meine nächste Stelle sowieso in den Fachzeitschriften finden. Ich knäulte die Seiten zu Bällen und versuchte sie als Abpraller von der Duschkabine in den geflochtenen Papierkorb zu plazieren. »Was ist denn überhaupt ein Systemanalytiker?« schrie ich.

»Was sagst du, Daddy?« fragte die Stimme einer meiner Töchter aus einer anderen Welt.

Ich kroch auf allen vieren leise zur Tür und riß sie plötzlich auf: »Buh!«

»Daddy!« schrie Nell.

Ich küßte sie und sagte: »Daddy wird Systemanalytiker, Schatz. Er wird viel Geld machen, und wir werden alle sehr sehr glücklich werden.«

»Müssen wir dann trotzdem umziehen?« fragte sie.

Wie jedes Jahr war bei den Abschlußfeierlichkeiten herrliches Wetter. Am Ende der Zeremonie bin ich draußen über den großen grünen Rasen gelaufen und habe noch mal beobachtet, was sich hier jedes Jahr von neuem wiederholt. Jüngere Geschwister und ältliche Verwandte standen mit den Absolventen vor den Kameras Modell, dann legten die Väter ihre Anzugjacken sorgfältig zusammen und packten nach und nach ihre Limousinen oder Vans voll – Vorbereitungen auf die lange Heimreise zurück in die Welt der Arbeit. Ich gab meinen Hut und meine Robe im Fachbereichszelt ab und ging nochmals zur Lawrence Hall hinauf, um meine letzten Bücher zu holen. Ich stand gerade auf meinem Schreibtisch, um die obersten Regalbretter leerräumen zu können, da hörte ich eine junge weibliche Stimme, die mich von der Tür aus ansprach. »Ich wollte mich verabschieden.« Und als ich mich ihr zuwandte und sie ansah, sagte sie noch: »Viel Glück«.

Ich folgte wie die meisten meiner männlichen Kollegen dem ungeschriebenen Gesetz, daß wir uns nie allein mit einer Studentin in einem Raum mit geschlossener Tür aufhielten. Ganz schön heiß hier drin, sagte ich immer, bevor ich die Tür aufstieß.

Ich kletterte vom Schreibtisch herunter.

»Lassen Sie die Tür bitte offen. Es ist so heiß hier drin«, sagte ich.

Sie trug eine schwarze, fast durchsichtige Bluse mit einer, wie meine Großmutter gesagt hätte, »sehr tiefen Halslinie«.

»Ich muß riechen wie eine Brauerei«, sagte sie. »Irgendwer hat mir Bier über den Rock gekippt.«

Sie hielt ihren Abschlußhut in der Hand und spielte mit der Quaste. »Ja«, sagte ich, »das ist ein großer Tag. Genießen Sie ihn.«

Ich erinnerte mich, daß sie ein Medizinstudium beginnen wollte, und sie schien wirklich überrascht und gerührt, daß ich das noch wußte. Mit einem ironischen Lächeln erklärte sie mir jedoch, sie habe das Projekt beerdigt. »Als ich im zweiten Jahr in Organischer Chemie durchgefallen bin, muß ich wohl meine Pläne geändert haben.«

»Und was werden Sie statt dessen tun?« fragte ich.

Sie werde ins Geschäft ihres Vaters einsteigen. Viele Studenten hatten mir im Lauf der Jahre ihre Lebensläufe gegeben, sie war die erste, die mir eine Geschäftskarte hinhielt. Darauf stand unter dem hellblauen Namenszug des Fordhändlers ihr Name in schwarzer Schrift.

»Toll«, sagte ich.

Sie zuckte die Achseln: »So toll auch wieder nicht.«

»Aber Sie werden Erfahrungen sammeln können.«

»Jede Art von Arbeit ist besser, als zu Hause zu wohnen; die ersten paar Tage kommen Mama und ich noch miteinander aus, und dann wird es wieder so sein, als wäre ich noch auf der High School.«

Ich lächelte.

»Aber wenn Sie mal ein Auto kaufen wollen ...«

»Ja, okay, das ist schön«, bedankte ich mich.

Sie zuckte wieder mit den Achseln und ließ ihren Blick rasch durch das Büro schweifen. Wir schauten einander kurz in die Augen. »Ich hoffe, auch für Sie geht alles in Ordnung«, sagte sie und schaute mich mit derart offen gezeigtem Mitgefühl an, daß ich mich kurz fragte, ob es im Büro nicht noch etwas gab, irgendeine Kleinigkeit, die ich ihr geben könnte.

»Danke, das ist sehr nett«, antwortete ich.

Ich erwartete, daß sie sich nun verabschieden und für immer aus meinem Leben treten würde, aber sie fragte, ob ich nach Maine zurückfahre.

»Das werden wir«, sagte ich.

»Werden Sie auch den Soldaten wiedersehen?« fragte sie.

Ich verstand nicht, worauf sie hinaus wollte. Aber sie wollte mich an etwas erinnern, was ich in einem meiner Seminare erzählt hatte: daß ich in Bangor mit einem Jungen aufgewachsen bin, der dann in die Army ging. Wir hatten zusammen die 7. Klasse besucht, und der Lehrer erwischte uns während des Physikunterrichts, wie wir einander Gesichter schnitten. Zur Strafe mußten wir uns beide vor die Klasse stellen und den ganzen Unterricht hindurch Grimassen schneiden. Jahre später, als wir beide auf die High School gingen, wo er sich auf eine Karriere in der Bauindustrie vorbereitete und ich mich auf die Universität, lebten wir in völlig verschiedenen Welten und sprachen auch nie miteinander. Nur wenn wir einander im Flur begegneten, schnitten wir wie auf Verabredung wieder die blöden Fratzen. Er wurde dann in Vietnam eingesetzt, und ich ging zur Uni.

»Was ist aus ihm geworden?« fragte sie.

»Ich weiß es nicht«, antwortete ich. »Bevor er zur Grundausbildung fuhr, haben wir im Stadtpark neben dem Paul-Bunyon-Denkmal zusammen ein Sixpack Bier getrunken. Er kletterte auf meine Schultern und legte die sechs Dosendeckel auf den Sims über den Riesenstiefeln von Paul Bunyon.«

Eine Weile herrschte Stille im Zimmer, und ich hatte schon fast vergessen, daß sie noch anwesend war, bis sie mich fragte, ob er im Krieg gefallen sei. »Ich weiß es nicht«, gab ich zu. Ich hatte die Geschichte im Laufe der Jahre zwar schon einige Male erzählt, mich aber noch nie gefragt, was aus ihm geworden ist. Ihre Frage machte mich verlegen, denn ich mußte ihr sagen, daß ich mir nicht sicher sei, ob er den Krieg überlebt hat.

Ich bedankte mich dafür, daß sie vorbeigeschaut habe. Sie blieb kurz in der Tür stehen und zuckte mit den Achseln: »Übrigens, den Tag, an dem Sie als Whitman in die Klasse kamen, den werde ich nie vergessen.«

3. Kapitel

Wer seinen Haushalt einpackt und umzieht, preßt das Leben in geometrische Formen. Aber wenn es nur die Würfel und Quader der Umzugskisten wären! Da hat man einen Lampenschirm in der einen Hand, unter dem einen Arm einen Stapel LPs von Cat Stevens und unter dem anderen einen Fußball, und plötzlich sieht man, wie sich zwischen diesen Punkten in der Landschaft der eigenen Vergangenheit ein Dreieck aufspannt. Und als ich die Frisierkommode aus Rattan die Rampe des Miet-Lkws hochtrug, war mir, als träte ich wie Alice durch den Spiegel und ins Bauernhaus in Iowa. Die Kommode hatte ich acht Jahre zuvor von einem jungen Pärchen erworben, die eines verregneten Morgens alles, was sie besaßen, verkauften, weil ihnen der Hof über den Kopf gewachsen und sie einfach pleite waren. Als ich das Tischchen dann in einer Ecke des Lkws untergebracht hatte, sah ich mich plötzlich in der Universitätswohnung des Colby College. Dort hatte ich unterrichtet, als Nell zur Welt gekommen war. Ein eiskalter Winter. Dreißig Grad unter Null waren es, als sie die erste Nacht bei uns in der Wohnung verbrachte. Jede Nacht haben wir sie in drei Moltontücher gewickelt und dann noch unsere Pullover über ihre Wiege gepackt. Wenn Colleen aufstand, um ihr die Brust zu geben, hatte Nell immer durch alle drei Tücher gepinkelt. So rasch wie möglich wechselte Colleen Windeln und Tücher, wusch sie mit einem warmen Lappen, wickelte sie wieder und stillte sie in unserem Bett. Sobald Nell satt war, schiß sie in die Windeln, und Colleen mußte sie von neuem wickeln.

Es war meine erste Stelle an einer Hochschule gewesen. Seither haben wir einen weiten Weg zurückgelegt. Es kamen bessere Stellen, wir hatten die Chance, im Ausland zu leben. Und so waren wir mit Erin, noch bevor sie eingeschult wurde, durch siebzehn Bundesstaaten gezogen, hatten Atlantik und Irische See überquert und waren auch über den Mississippi gezogen. Hätten wir jeden Ort, an dem wir uns kurz niedergelassen haben, mit einem Stern markiert und ihn »unser Heim« genannt, dann wäre daraus ein Sternbild geworden, das man sich bizarrer nicht vorstellen könnte. Und wenn wir dieses Sternbild nach dem bewegenden Impuls hätten nennen wollen, dann hätte es *Begierde* heißen müssen.

Wie einer, der Feuerholz trägt, belud ich meine Arme und verstaute unsere gesamte Habe im Lkw. *Begierde wonach*? Das Leben rast davon, und ab und an stellt man sich diese Frage, findet dann aber keine Zeit, sie zu beantworten. Begierde nach mehr Geld, mehr Sicherheit, mehr Status, mehr Anerkennung? Oder war das alles nur ein Versprechen, die Aussicht auf noch mehr?

Wahrscheinlich von allem etwas. Ich genoß gesellschaftliche Anerkennung, gehörte zu einer Kaste etwa gleich alter, umtriebiger Söldner, die überall dort hinzogen, wo es etwas zu tun und Geld dafür gab, die Orte ihr »Zuhause« nannten, auch wenn sie zu Land und Leuten überhaupt keine Beziehung hatten; worauf es ankam, war allein die Chance weiterzukommen.

Bis ich alles im Lkw hatte, war der Tag fast vergangen. Nell, die mittlerweile sechs Jahre alt war, wollte unbedingt, daß ich die Kiste mit der Weihnachtskrippe fand. Seit dem Winter hatte sie uns mit der Frage verfolgt, wo denn der Esel steckte; im Grunde aber wollte sie nur bei mir sein. Ich wiederum wollte die Packerei alleine erledigen. Aber kaum hatte ich damit angefangen, wurde mir klar, daß es viel schöner gewesen wäre, wir hätten ein Familienfest daraus gemacht. Zum Teufel mit all den tiefsinnigen Fragen nach mir selbst; zum Teufel mit all den melancholischen Aspekten dieses Umzugs. Die Kinder hätten die kleineren Sachen tragen und wir hätten die Bestandsaufnahme gemeinsam machen können.

Die meisten großen und sperrigen Gegenstände, mit denen wir gelebt hatten, waren sowieso nicht mehr in unserem Besitz. Ich war auf die Idee gekommen, alles im Hinterhof zum Verkauf aufzustellen, so daß wir mehr oder weniger unbelastet dorthin fahren könnten, wo ich die nächste Anstellung finden würde. Wir hatten unseren gesamten Hausrat auf das reduziert, was jetzt vor mir aufgetürmt war. So waren wir an unseren Ausgangspunkt zurückgekehrt; auch damals, kurz nach der Hochzeit, hatten wir kaum etwas gehabt, und mir war es schwergefallen, mich all den Lockungen des gewichtigbeschwerenden Hausrats zu entziehen.

Am Tag zuvor hatte ich dem Geschäftsführer des Rentenfonds am Telefon erklärt, daß wir nun nichts mehr besäßen, was ich nicht alleine heben und forttragen könnte. Ich weiß noch, daß ich ihm das voller Stolz mitteilte, zugleich aber auf seine Reaktion wartete.

»Wie Flüchtlinge«, sagte er lakonisch.

Ich stellte mir vor, daß für ihn erst Kühlschrank, Herd, das ausladende Sofa, für das man, um es fortzuschleppen, mindestens zwei Männer und einen Jungen brauchen würde, also die gewichtigeren Einrichtungsgegenstände zusammen mit dem Rentenvertrag die Verankerungen bilden, die in den unberechenbaren Strömungen eines Erwachsenenlebens Halt bieten. Alle Welt weiß doch, daß man so lange ein kleines Kind bleibt, wie man keine Dinge besitzt, die schwerer als man selbst sind.

Schließlich hatte ich alles im Lkw, und mir blieb nur noch eins zu tun: Ich wollte das Vogelhaus fertig bauen. Eigentlich war es fast ein Vogelhotel – ganze Familien von Purpurschwalben sollte es verlocken, im Frühling auf ihrem Weg nach Norden bei uns Station zu machen. Ich hatte mir große Mühe damit gegeben, zwölf Kammern hatte es, ein Dach aus Zedernholzschindeln und eine umlaufende, von weißen Säulen gestützte Veranda. Begonnen hatte ich es, um meinen großen Töchtern eine Freude zu machen, nun mochte ich es dem Geographieprofessor, der unser Haus gekauft hatte, nicht als Baustelle zurücklassen.

Eineinhalb Meter wollte ich den fünf Meter langen

Zedernholzpfosten, der das Vogelhaus tragen sollte, im Boden versenken. Während ich das Loch grub, braute sich ein Unwetter zusammen.

»Zu spät«, rief der Nachbar herüber, und ich glaubte seine Schadenfreude zu hören. »Um diese Zeit kommen nur noch Spatzen.«

Es begann zu regnen, und er verzog sich ins Haus. Aber sicher wird er beobachtet haben, wie ich dann die Teile zusammenlas, nachdem eine Windböe das Ganze umgefegt hatte. Im strömenden Regen stellte ich das Vogelhotel wieder auf und konnte schließlich mein Werk von der Veranda aus bewundern: ein Denkmal unseres kurzen Aufenthalts in der Maple Avenue. Dann ging auch ich ins Haus und riß mir im Badezimmer neben der Küche die nassen Kleider vom Leib.

Als ich im Spiegel meinen nackten Körper sah, hielt ich inne. Wann habe ich mich zuletzt genauer angeschaut? War es damals, vor vier Jahren, als ich mich für das Bewerbungsgespräch in Colgate umgezogen hatte? Weißliche Haut. Muskeln, die sich inzwischen unter Fettpolstern versteckten. Sitzende Tätigkeit, kaum Bewegung im Freien, das sah man mir an. Plötzlich durchfuhr mich ein Schreck, und noch immer vor dem Spiegel stehend fragte ich mich, ob mich mein langer Versuch, all die anderen Snyders hinter mir zu lassen, die ihren Lebensunterhalt noch mit ihren Händen verdient hatten, so verweichlicht hatte, daß nun möglicherweise alles zu spät war. Hatte ich meine Chance verspielt? Ich schnitt eine Grimasse, ließ die Schultern hängen, schob meinen Bauch nach vorne und zwang mich, noch einmal in den Spiegel zu schauen: »Hallo allerseits. Gestatten, Professor Weißbrot.«

Die Krippe fand sich schließlich in einem alten Seesack; zusammen mit den abgelegten Babykleidern, die Colleen dort hineingestopft hatte, war sie über den Winter gekommen. So stand der Esel vor mir auf der Ablage über dem Armaturenbrett, als wir nach Osten fuhren. Wir waren zu dritt, neben mir mein Sohn in seinem Batman-Umhang und Nell, die für die Musik zuständig war. Jedes Mal, wenn ich die Flasche Kaopektin, die zwischen meinen Oberschenkeln steckte, in die Hand nahm und einen Schluck daraus trank, verzog sie angewidert ihr Gesicht. Seit dem Fiasko mit dem Vogelhaus befand sich mein Magen in Aufruhr. Doch als wir endlich nach Massachusetts hineinfuhren, konnte ich schon wieder mit den Kindern singen. Ich setzte einen Preis aus: Wer würde zuerst das Schild WILLKOMMEN IN MAINE entdecken? »Wir werden den ›Preis der Neil R. Grabois Ehrenprofessur für das Nomadenleben‹ vergeben. Hier ist das erste Monatsgehalt«, sagte ich und legte drei Vierteldollarmünzen auf das Armaturenbrett.

»Wer ist dieser Neil ...?« fragte Nell.

»Der längst vergessene Präsident der Colgate University«, erklärte ich.

»Ich vermisse Colgate«, sagte Jack.

Ich schaute zu ihm hinüber und sah die Traurigkeit in seinen Augen. Und an allem war nur ich schuld. Das wußte ich, auch wenn er es nicht wußte. »Na«, tröstete ich ihn, »vermiß es nur nicht zu sehr, sonst übersiehst du am Ende noch das Schild.«

Dann sahen wir es, das riesige WILLKOMMEN IN MAINE-Schild. Darunter hatte jemand »HEIMAT DER NCAA EISHOCKEY CHAMPIONS« geschrieben. Das erschien uns wie ein persönlicher Willkommensgruß. Ich bog vom Highway auf einen Parkplatz und wartete, bis Colleen den Kombi hinter mir einparkte. Bei ihr im Wagen war die Kamera. Sie gab mir einen Kuß und arrangierte uns für ein Gruppenfoto. Ich bat sie, darauf zu achten, daß auch die wilden Blumen und die Sardinenfabrik im Hintergrund zu sehen waren. Die All-you-can-eat-Buden und die Fabrikverkaufsstellen im Einkaufszentrum hatten wir nun hinter uns.

Wir tobten und alberten herum. Ein Pickup fuhr auf uns zu, der Fahrer stand auf der Hupe. Ich hob die Hand und winkte ihm ausgelassen zu. Der Fahrer schaute mich an und zeigte mir den Mittelfinger, dann war er schon vorbei. »Was soll der Scheiß?« brummte ich. Dann sammelte ich die Kinder ein, verfrachtete sie in den Kombi und bat Colleen, vorsichtig zu fahren. Ich hatte den Fahrer nicht genau gesehen. Wohl einer dieser Deppen, für die Maine berühmt ist, dachte ich mir. Einer von den Typen, die nur zwei Möglichkeiten haben: entweder sie landen im Knast oder sie werden Bulle. Ich sah den Kerl richtig vor mir, mit einem Messer am Gürtel seiner Jeans, die von seinen schmalen Hüften so weit nach unten rutschten, daß man, sobald er sich bückte, die Spalte seines Hinterns sehen würde. Er konnte mir nur leid tun, so wie all diese Kerle. Doch nachdem ich wieder in den Lkw geklettert war, blieb ich doch eine Weile unbeweglich hinter dem Steuer sitzen und schaute den Highway entlang. Wieder fühlte ich diese Angst, die ich schon vor dem Spiegel gespürt hatte, in mir hochkriechen.

Schließlich fuhr ich auf den Highway hinaus und malte mir in allen Einzelheiten aus, wie das wäre, wenn *ich* ihn nun einhole, wenn ich ihm den Finger zeigen, ihn vielleicht von der Straße drängen und ihm eine verpassen würde. Das beschäftigte mich die nächste halbe Stunde. Ich stellte mir vor, was ich zu ihm sagen würde, ließ die Szene vorwärts und rückwärts abspulen, änderte sie immer wieder, bis ich ihm wirklich alles gesagt hatte, was ich immer schon mal loswerden wollte, was ich einfach sagen *mußte*. So lange ich denken kann, würde ich ihm sagen, hätte ich daran gearbeitet, etwas Besseres zu werden als er und seinesgleichen. Ahnte der Kerl denn nicht, mit *wem* er es zu tun hatte? Ich hatte, bevor ich dreißig wurde und bevor ich Colleen begegnet war, meine Zeit nur damit verbracht, Gas zu geben, hatte alles daran gesetzt, daß ich es zu Außergewöhnlichem bringen würde und all die Kleinganoven und Arbeitstiere hinter mir lassen könnte. Ich wollte ein bedeutender Mensch werden. Und wie ließ sich das erreichen? Ich mußte einfach etwas Besonderes vollbringen. Und so habe ich tatsächlich für Schlagzeilen gesorgt. Meine Tat war sogar in der Abendschau zu bewundern, alle konnten das sehen. Mit siebenundzwanzig habe ich meine Stelle als Redakteur hingeschmissen und mich daran gemacht, die Ehre eines verstorbenen Soldaten zu retten, der im Koreakrieg gekämpft hatte. Die Armee hatte ihn während der Zeit von McCarthys Hexenjagden als Landesverräter verurteilt und eingesperrt. Ein Leben lang hatte er seine Unschuld beteuert und war schließlich gestorben, bevor er sie beweisen konnte.

Kurz vor seinem letzten und tödlichen Herzinfarkt habe ich mich mit ihm getroffen. Und dann begann ich zu kämpfen, kämpfte sieben Jahre gegen die US Army, das FBI, den CIA. Verbrachte meine Zeit damit, kreuz und quer durchs Land zu reisen, bis ich die Männer ausfindig machte, die 1955 vor dem Militärgericht gegen ihn ausgesagt hatten. Ich konnte die Hauptzeugen der Anklage dazu bewegen, vor die Öffentlichkeit zu treten und zu gestehen, daß sie damals alle von den Offizieren und Vorgesetzten unter Druck gesetzt worden waren. Man wollte dem Soldaten aus Maine einen Verrat anhängen. Dann übte ich Druck auf das FBI aus, und schließlich rückten sie tatsächlich ihre geheimen Dossiers über den Mann heraus, in denen er fälschlicherweise als Kommunist dargestellt worden war. Ich stöberte die Offiziere auf, denen man Vorwürfe machen mußte, und schließlich habe ich dafür gesorgt, daß der Verteidigungsminister gar nicht anders konnte, als ein öffentliches Hearing im Pentagon anzusetzen. Das alles tat ich, weil der tote Soldat einen Sohn hinterlassen hatte, der den Zweifel, ob sein Vater nicht doch eine Schuld auf sich geladen hatte, nie völlig verlor. Diesen Sohn nahm ich mit nach Washington zum Hearing; er sollte endlich die Wahrheit über seinen Vater erfahren.

War das wirklich der Grund, warum ich das alles getan habe? Die Frage bedrängte mich, als ich nach Maine hineinfuhr. Ich hatte eigentlich nie an meinen hehren Motiven gezweifelt. Auch nicht, als sich Hollywood für die Filmrechte an dem Stoff interessierte. Ich verkaufte das Buch, das ich über die Geschichte geschrieben hatte; den Erlös teilte ich mit der Witwe des Soldaten.

Aber jetzt bohrten Zweifel in mir. Hatte ich das nicht nur getan, weil ich mir selbst etwas beweisen mußte? Brauchte ich nicht den Beweis, daß ich ein gefeiertes Leben verdiente und mir jene bequeme Universitätsstelle auch wirklich zustand, die mir nach meinem öffentlichen und derart spektakulären Einsatz gewiß war? Natürlich hatte mich der Soldat beschäftigt, das Los seiner Familie bedrückt. Das war mir bitterernst gewesen. Doch jetzt auf dem Highway hinein nach Maine fiel mir ein, daß ich mir die Arena für meine öffentlichen Auftritte stets sehr sorgfältig ausgesucht hatte, immer darauf spekulierend, daß sie mir langfristig nutzen könnten.

Ich war derart in Gedanken, daß ich plötzlich nicht mehr wußte, ob ich tatsächlich angehalten und die Straßenmaut bezahlt hatte.

In Yarmouth hatten wir unbesehen ein Bauernhaus in jenem für Maine typischen Stil für den Sommer gemietet. Es war schön und großzügig, genau das, wovon ich die ganze Zeit geträumt hatte. Es war aber auch doppelt so teuer, wie ein Haus in der Nähe von Colleens Eltern gewesen wäre.

Als wir in die Einfahrt einbogen, standen zwei von Colleens Brüdern, ihre Mutter, ihr Vater und zwei Schwestern vor dem Haus, um uns zu begrüßen. Ich sah das Haus zum ersten Mal, und es kam mir vor wie das Sommerquartier eines erfolgreichen Mannes.

Ein Haus nicht weit vom Meer, ein Haus, in dem er seine Familie den Sommer über mit allen Bequemlichkeiten und standesgemäß versorgt wußte, genau für die Zeit, die er brauchte, um eine neue Stelle zu finden.

Ein alter Freund von mir, der in der gleichen Straße wohnte, schaute mit Pizza und Bier vorbei – gerade rechtzeitig, um mir zu helfen, die Matratzen ins dritte Stockwerk zu tragen. Und während wir durch die leeren Zimmer gingen, fragte er mich, warum ich eigentlich nach Maine zurückgekommen sei.

»Hier bin ich zu Hause«, antwortete ich.

»Schon, aber warum bist du von Colgate weggegangen?«

»Zu weit weg vom Atlantik«, sagte ich, und meine Stimme hallte von den leeren Wänden und Böden zurück. »Als wir von hier loszogen, dachten wir, es wäre für zwei Jahre. Nun sind wir seit vier Jahren fort. Zu lange.« Dieser Grund für unsere Rückkehr, gleich in der ersten Stunde improvisiert, wurde zu meiner Standardantwort, wenn mich irgend jemand fragte, warum Colleen und ich zurückgekehrt seien – von dem Ort, in den wir vor vier Jahren mit so viel Hoffnung gezogen waren. Und bald schon hatte ich den Satz so oft gesagt, daß ich mich selbst halb davon überzeugt hatte; die Kündigung konnte ich getrost vergessen.

Heute weiß ich, daß ich damals Grund genug gehabt hätte, mir wegen meiner Situation wirklich Sorgen zu machen. Nicht nur, weil ich während der ersten Wochen nach unserer Rückkehr eine nach der anderen meiner sieben weiteren Bewerbungen um eine Professur zurückerhielt. Alles Absagen. Zwei Antworten auf die Bewerbungen standen schließlich noch aus. Dennoch machte ich mir keine Gedanken, sorgte nur dafür, die Absagen schnell verschwinden zu lassen, bevor Colleen sie in die Hand bekäme. In der Scheune flog ein alter Ben Hogan-Golfsack herum, in dessen Tiefe landeten alle Ablehnungsbriefe, säuberlich zusammengefaltet.

Ich war ins Grübeln gekommen, dennoch sah ich die Dinge noch lange nicht realistisch. Allerdings konnte ich auch das Gefühl nicht wirklich loswerden, daß sich irgend etwas verändert hatte. Immer wieder mußte ich an die Geschichte denken, die der Student aus der Bronx in jener Nacht auf der Veranda erzählt hatte – wie er und seine Kumpels den Müll auf den Dorfplätzen der besseren Vororte abgeladen hatten. Das ließ mich nicht los. Nicht die Geschichte fesselte mich, es war der Student, an den ich denken mußte. Der Ton, in dem er mir die Geschichte erzählt hatte, der zufriedene Blick dabei, so als wollte er mich mit seiner Story von einer meiner lange gehegten Illusionen befreien.

Trotz alledem, es war Sommer in Maine, und es war gut, wieder dort zu sein. Ich stieg die Treppen hinauf und entdeckte im vorderen Schlafzimmer Colleen mit allen vier Kindern, schlafend, alle im gleichen Bett. Sie wirkten so ruhig und friedlich. Die drei Mädchen lutschten an ihren Daumen. Ich zog sie ihnen sacht aus dem Mund, hob dann Jack aus seiner Ecke des Betts. Um ihn herum hatte sich ein nasser Fleck auf dem Laken gebildet. Ich trug ihn ins Bad. Als ich ihn vor die Kloschüssel stellte, schwankte er schlaftrunken. Ich mußte plötzlich daran denken, daß ich fast ein bißchen erschrocken war, als er damals aus Colleens Leib rutschte und ich – nach unseren zwei Töchtern – sein Geschlecht sah. Er wog stolze fünf Kilo und hatte breite Schultern, einen dichten Schopf und rote Backen, und als ich ihn dann sah, da dachte ich, er sei gerade auf einem Zwischenstop, unterwegs zu einem Treffen irischer Politiker im Taschenformat. Es war eine schwere Geburt gewesen. Mit der Zange hatten sie ihn nicht holen können, und auch die Saugglocke half nichts, so daß der Arzt Hilfe holen mußte. Schlagartig war der Kreissaal voller Menschen gewesen, die Colleen umsorgten und ihr Mut machten durchzuhalten.

Ich brachte Jack zurück ins Schlafzimmer, legte Cara in ihre Wiege, so daß nun auf der Matratze auch Platz für mich war. Mir fiel auf, daß Colleen sich noch Zeit genommen hatte, ihre Wandbehänge aufzuhängen; vor der Geburt jedes Kindes hatte sie einen bestickt. Der Mond und die Sterne standen vor einem kobaltblauen Himmel. Ein Hummerfischer mit einem Schwarm weißer Möwen über dem Boot. Ich konnte mich nicht entsinnen, sie je beim Sticken gesehen zu haben, und so schien es mir immer, als seien diese Landschaften irgendwoher aus dem Nichts aufgetaucht.

Das war ihre Art, dieses noch fremde Zimmer für ihre Kinder irgendwie heimisch zu machen. Bevor ich mich zu ihr legte, schaute ich sie kurz an. Sie ist ganz im *Hier und Jetzt*, ist einfach für die Kinder da. Ich wollte nicht einer jener mitleiderregenden Männer mit einer Midlifecrisis sein; keiner jener Männer, die gegen eine unüberwindbare Straßensperre rasen und sich sofort umsehen, ob sie da nicht irgendwen finden, dem sie die Schuld dafür geben können. Oder ob sich nicht irgendeine große, in der Vergangenheit versteckte Wahrheit finden läßt – eine Wahrheit, die, genau betrachtet, eher einer Ausrede gleicht. Ich hatte meine Arbeit verloren. Und nun hatte ich nichts Eiligeres zu tun, als unsere Sachen in diesem gemieteten Haus unterzustellen, den Staub von den Schuhen zu schütteln, einen klaren Schnitt mit der Vergangenheit zu machen. Das war es doch, was den Erfolg garantiert hatte. Oder?

Ich war gerade eingeschlafen, als Cara zu weinen begann. Ich rappelte mich noch einmal auf und ging zu ihrer Wiege, denn ich wollte nicht, daß sie die anderen weckte. Im Lauf der Jahre lernt man das Weinen von Babys zu unterscheiden. Da ging es mir wie den Menschen im Büro, die alle dasselbe Telefonsystem benutzen, aber stets wissen, welcher Klingelton zum eigenen Gerät gehört und welchen man ignorieren kann. Caras Weinen war der Ruf nach Tröstung, sie wollte nur beruhigt werden. Das erschien mir immer der dringendste Ruf zu sein, aber er war auch am leichtesten zu besänftigen. Ich ging mit Cara im Arm hinunter, wollte ihr ein Fläschchen machen, sie, nachdem sie getrunken hatte, einige Augenblicke lang schaukeln und sie dann wieder in ihr Bettchen legen. Das hatte ich schon hundert Mal gemacht, und es hatte seit Jahren immer funktioniert. Doch als ich die Kühlschranktür öffnete und dabei auf Cara hinunterschaute, fühlte ich plötzlich mein Gewicht, wie es mich nach unten zog; gleichzeitig war mir, als sackte alles um mich herum im Zeitlupentempo in sich zusammen. Zum ersten Mal habe ich meine Tochter nicht eilends zurück ins Bettchen gebracht. Statt dessen ging ich mit ihr hinaus und zeigte ihr den Mond. Unter meinen nackten Füßen fühlte ich die Sandkörner auf den Kieferndielen, Sand, den irgendeiner unserer Vormieter vom Strand mit ins Haus geschleppt hatte.

Laß mich langsamer werden, dachte ich, als wir nach draußen gingen, *laß mich diesen Augenblick mit dir erleben, so wie deine Mutter es tut. Laß mich dir zeigen, wo wir sind, und nicht, wohin wir gehen.* Ich schritt durch die tiefen, wie Körper wirkenden Schatten. Sie drehten sich, verschränkten sich im Wind. Ich dachte an die Nacht, in der ich Cara über das Universitätsgelände getragen und ihr die großen Spruchbänder mit meinem Namen darauf gezeigt hatte. Damals hatte ich mir keine Fragen gestellt. Damals war der Autopilot noch eingeschaltet, und dementsprechend schien jene Nacht schon in ein anderes Leben zu gehören, das sich vor langer Zeit ereignet hatte und das gar nicht zu mir gehörte.

Wieder und wieder sagte ich mir, ich müsse mir diesen Übergang merken. Nie dürfte ich das weit entfernte Rattern der Güterzüge vergessen, und nie die Grillen und ihr Gezirpe, das sofort verstummte, wenn man zu nahe kam. Am Ende der Einfahrt huschte ein Stinktier über den Weg, es verschwand im hohen Gras wie ein Ladendieb hinter einer Reihe aufgehängter Mäntel. Cara war still geworden, eine weiche runde Gestalt, die sich an mich schmiegte. Ich schaute hinunter und ahnte ein Lächeln. Warum sollte sie mich nicht immer noch in Erstaunen versetzen? Da war ihre feine Stimme, die die ersten verständlichen Laute hervorbrachte, da waren ihre Füßchen, immer noch so klein, daß ich sie in einer Teetasse hätte waschen können.

Siebenundzwanzig Schritte bis zur Hauptstraße. Wir haben sie nicht überquert. Wir taten vielmehr, als sei auf der anderen Seite ein fremdes Land, eines, das zu betreten uns verboten war. Doch konnten wir von dort, wo wir stehengeblieben waren, die Lichter der Boote sehen, die vor Anker lagen. Der Geruch von Watt, Brackwasser und Salz zog den Hügel zu uns hinauf. Man hörte das Gurgeln einer Bilgepumpe, die Leckwasser ansaugte und ausspuckte. Ich hob Cara hoch, damit sie den Streifen Mondlicht auf dem Wasser sehen konnte.

Hinter dem Haus stieg der Garten steil an. Ich merkte, wie ich allmählich nach Luft schnappen mußte. Neunundachtzig Schritte bis oben. Auf leisen Sohlen wie ein Indianer, schlüpfte ich in den Wald. Ich fühlte einen Pilz, dann Moos, Tannennadeln, Blätter und modrige Rinde unter meinen Füßen. Ich rieb Caras Wange an den kühlen Blättern eines herunterhängenden Astes. Sie griff danach und behielt einige in der Hand und ließ sie für den Rest des Wegs nicht mehr los.

Der Riegel an der Scheunentür war naß vom Tau. Ich betrat die Scheune, drückte mich an den alten Winterreifen vorbei, streifte um eine halbe Rolle Isoliermatten herum, um fünf verrostete Kisten mit Angelzeug, eine lederne Kameratasche, die hier wie die alte Haut einer Schlange hängengeblieben war. Ich fand einen Baseballschläger, den ich schultern konnte, einen Hula-Hoop-Reifen, zusammengerollte Teppiche. Drei Korbstühle ohne Sitzflächen. Motten in den beiden Fenstern. Einen Maikäfer, der immer wieder gegen das Glas stieß. Eine Holzwerkbank.

Normalerweise hätte ich mich beeilt, wieder ins Bett zu kommen, um noch eine Handvoll Schlaf zu erhaschen, bevor es wieder hell wurde und ein neuer Arbeitstag begann. So wäre mir aber der Wetterhahn auf dem Dach nicht aufgefallen, dessen Pfeil nach Südwesten zeigte. *Hör zu,* sagte ich zu meiner Tochter, *laß dir zeigen, wohin du gehörst.* Ich fing im Süden an, zeigte dorthin, wo ihre Cousins und Cousinen schliefen und nannte ihre Namen, auch den der Großmutter, die dreißig Jahre als Krankenschwester gearbeitet hatte, und der Urgroßmutter, die vor zweiundsiebzig Jahren von Irland mit dem Schiff übers Meer gekommen war. Sie war am weitesten entfernt vom Leben meiner Tochter. Eine viertel Drehung nach Süden, und wir konnten den Großvater sehen, der im Hafen arbeitete, dort wo die Tankschiffe festmachten. Ihm, dem Vater ihrer Mutter, sah Cara ähnlich. Seine Tochter hatte ihn in seinem Enkelkind neu geschaffen. Nach Westen und Norden gab es einen weiteren Stamm von Tanten und Onkeln, von Cousins und Cousinen. Freunde gab es in allen Richtungen, und während ich ihre Namen nannte, drehte ich mich immer schneller im Kreis, bis aus ihrem Lächeln ein Lachen wurde. Umgeben von Verwandten war mir plötzlich, als sei ich wie ein Bumerang durch die Zeit geflogen: Ich fühlte mich plötzlich von all den Männern umgeben, vor denen ich weggelaufen war.

Ich dachte an meine Tante Francis, die im Alter von sieben Jahren während einer Landwirtschaftsmesse an Kinderlähmung erkrankte, an ihren Vater, meinen Großonkel Walter, einen Automechaniker, der sie wie eine Puppe aus dem Rollstuhl ins Bett oder ins Bad trug, sechzig Jahre lang. Sie wohnte ihr ganzes Leben unter seinem Dach, und noch mit neunundsiebzig hat er täglich Liegestütze gemacht, damit seine Arme stark genug blieben, um seine Tochter zu tragen. In seiner wehmütigen Traurigkeit wird es irgendeinen Bereich in ihm gegeben haben, in dem er sich über diese Nähe freute, und einen anderen, in dem er jedesmal wieder überrascht feststellte, daß das Kind, das er auf seinen Armen trug, inzwischen eine alte Frau geworden war. Noch zehn Minuten, bevor er starb, trug er sie vom Bett zu ihrem Rollstuhl.

In der mir fremden Langsamkeit dieser Nacht fühlte ich mich ihm verbunden; es war, als bilde er eine Art Brücke zur Zukunft meiner Tochter. Ich überlegte, ob sie eines Tages auch getragen werden müßte. Und ich konnte nur wünschen, daß sie nie gegen ihren Willen irgendwohin geschleppt würde, daß sie nie krank oder verwundet getragen werden müßte. Und wenn das doch nötig sein würde, dann, so wünschte ich ihr, sollte es sanft geschehen. Und ich ahnte, daß sie geprägt sein würde von dem, was sie in ihrem Leben zu tragen hätte – so wie Großonkel Walters Schultern durch die mehr als sechzig Jahre geformt wurden, in denen er seine Tochter geschleppt hat. Ich wünschte, daß Cara die Erinnerung an diese Nacht immer in sich tragen würde.

Als ich wieder auf sie herabsah, schlief sie. Nach

Westen zu konnte ich durch die dunklen Schatten von Bäumen und der Scheune auf der anderen Seite des Tals nur noch wenige Lichter schimmern sehen. Fenster wie kleine Lichtpunkte in der Dunkelheit. Die Menschen von heute wissen oft wenig über ihre Nachbarn, und wir hatten an so vielen Orten gelebt, daß ich mir die Namen kaum habe merken können. Doch heute nacht fühlte ich mich den um mich herum schlafenden Menschen irgendwie verbunden. Wie klein wir doch alle sind, hier im tiefen Dunkel der Nacht. Ich schaute meine Tochter an und hoffte, daß auch sie in ihrem Leben als erwachsene Frau solche Augenblicke erleben könnte – Augenblicke, in denen das, was in ihrer Reichweite lag, wichtig genug sein würde, um sie davon abzuhalten, nach mehr zu verlangen. Ich hoffte, sie würde sich nicht von jener Gier wegtragen lassen, die mich stets von Ort zu Ort getrieben hatte, nie zufrieden, immer in der Erwartung, das Leben könne meinen Vorstellungen noch viel genauer entsprechen.

4. Kapitel

Rentenguthaben nach Steuer   13.600,00 Dollar
plus Ersparnisse 3.401 Dollar = 17.001,00 Dollar
davon ab:
Vorauszahlung Sommermiete: 3.000,00 Dollar
Lkw-Miete: 546,30 Dollar
Telefon: 84,14 Dollar
Lebensmittel: 218,17 Dollar
Brennholz: 125,00 Dollar
Pkw-Anmeldung   61,50 Dollar
Verschiedenes: 114,98 Dollar

Guthaben, am 6. Juni: 12.850,91 Dollar

Als ich Ende der dritten Juniwoche in den Fachzeitschriften vier neue Stellenausschreibungen fand, wurde mein Kopf klarer. Ich hörte auf zu grübeln und kam wieder in Fahrt. Nun hatte ich sechs Eisen im Feuer. Ich vermutete, daß diese vier neuen Stellen in letzter Minute frei geworden waren – durch Krankheit oder Todesfälle; vielleicht waren auch unerwartet Mittel bewilligt worden. In jedem Fall würde die Zahl der Bewerber jetzt, wo die Würfel meist schon gefallen waren, gering sein, und die Ausschüsse, die die Bewerbungsgespräche zu führen hatten, würden alles daransetzen, die Prozeduren noch vor dem Sommer abgeschlossen zu haben. So schien es mir durchaus vorstellbar, daß ich innerhalb der nächsten zwei Wochen auf einer dieser Stellen würde landen können. Eine gemachte Sache!

Nur eines dämpfte meine Begeisterung etwas. Im hintersten Winkel meines Kopfes dämmerte mir durchaus, daß die einundzwanzig Bewerbungen, die ich in den fünfzehn Monaten seit meiner Kündigung in Colgate losgeschickt hatte, deswegen abgelehnt worden waren, weil ich weder eine Frau war, noch einer Minderheit angehörte. Da war nichts Exotisches in meinen Bewerbungsunterlagen, und natürlich wußte ich, daß weiße männliche Professoren in den Anglistik-Fachbereichen so häufig waren wie Weihnachtsmänner in den Einkaufszentren. Mit jedem Weißen, der eingestellt wurde und die rote Robe bekam, galten meine Unterlagen weniger. Es dämmerte mir allmählich, daß sich auf dem Arbeitsmarkt etwas Entscheidendes verändert haben mußte, seit ich zum letzten Mal eine Stelle gesucht hatte. Das war 1988 gewesen, und damals befand ich mich in der luxuriösen Position, daß ich Angebote von fünf anderen Universitäten ablehnen konnte, um bei Colgate zu unterschreiben.

Trotzdem war ich voller Hoffnungen. Die Tage waren lang, und wir verbrachten sie zusammen am Strand. Cara lernte dort laufen, Nell und Erin das Wellenreiten, und Jack brachte ich bei, wie man einen Baseball fängt. Meistens war irgendwer aus Colleens

Familie mit von der Partie, und gegen Abend verabredeten wir uns reihum, bei einer der Familien zum gemeinsamen Essen. Wenn es regnete, entzündeten wir ein Feuer im Kamin und spielten »Mensch ärgere dich nicht« oder »Monopoly«. Wenn ich bedrückte Gesichter sah, sauste ich zum Einkaufszentrum und kaufte Geschenke. Ich genoß den Augenblick, wenn ich, die Arme voller Pakete, in der Tür stand und alle auf mich losstürzten und vor Aufregung schrien. Erst waren es nur kleine Dinge, die ich mitbrachte, Plastikspielzeug, das oft keine Stunde überlebte. Allmählich aber wurden die Geschenke aufwendiger: Schmuck, Fußbälle, Puppen, ein Hockeybrettspiel, Strandkleider. Erst später entdeckte ich, daß Colleen das, was ich ihr mitbrachte, unten im Schrank versteckte und die Sachen später wieder gegen Bares tauschte. »Bewahre die Rechnungen auf«, sagte sie nur, wenn alle jubelten. Daß sie sich Sorgen machte wegen des Geldes, kam mir anfangs nicht in den Sinn, denn sie sagte zunächst nichts. Sie wollte mich nicht verletzen. Sie hat wohl geahnt, daß es meinem Selbstgefühl guttat, wenn ich mit meinen Trophäen für sie und die Kinder zu Hause auftauchte. Da war ich wieder der erfolgreiche Vater und Ehemann. Genau an diesem Bild bastelte ich auch, wenn ich die Absagebriefe vor ihr versteckte. Aber ich glaube, es tat mir auch einfach gut, daß ich irgendwo hingehen konnte.

Die sechsjährige Nell hatte es da schon schwerer. In jeder größeren Familie gibt es Zeiten, in denen man einem Kind näher ist als den anderen. Das kann alle möglichen Gründe haben. Bei Nell war es ihre geradezu übernatürliche Liebe zu Tieren, in allen Gestalten und Größen. An dieser Liebe war nicht zu rütteln. Wie oft träumte sie ganz lebhaft davon, wie ein Hund oder eine Katze oder ein Hamster ihr Zimmer in Beschlag nehmen würde. Damit hat sie es mir leichtgemacht. Zu ihr fand ich immer einen Draht. Jedes Schweigen zwischen uns ließ sich überbrücken, ich mußte nur ein Gespräch über Tiere beginnen. Während einer meiner Einkäufe entdeckte ich einen mechanischen Hund, klein, weiß und batteriebetrieben. Er konnte nicht nur die Beine bewegen, sondern auch bellen. Das Tier hat sie stundenlang entzückt. Sie nannte ihn Pup. Mit seinen Eß- und Pflegezeiten bestimmte das Tierchen ihren Tag, es schlief auf ihrem Kopfkissen. Das begann mir Sorgen zu machen. Was wäre denn, wenn das Ding plötzlich kaputtginge? Würde das nicht ihr kleines entschlossenes Herz brechen? Ich wünschte mir inständig, daß ich die Zeit verlängern könnte, in der ich nur für sie dasein, in der ich allein diese Tochter zum Lachen bringen konnte.

Dann regnete es drei Tage lang. Die Kinder vergingen vor Heimweh nach Hamilton im Staat New York. Also zog ich wieder los. Diesmal kaufte ich jedem Kind ein Fahrrad. Es war Jacks erstes Rad. Ich hoffte, es würde ihn aus seiner Einsamkeit reißen. Er hatte seinen besten Freund in Colgate zurücklassen müssen. Fast jeden Tag erzählte er mir oder seiner Mutter, er habe draußen hinter der Scheune oder unter seinem Bett Brian Murphys Stimme gehört. »Wenn du jetzt Fahrrad fahren lernst, dann wirst du eines Tages mit Brian zusammen fahren«, versprach ich ihm. Aber während einer unserer ersten Übungsfahrten stürzte er schwer. Durch eine Flut von Tränen und Gejammer schrie er mich an: »Säg das blöde Rad in der Mitte durch!«

Eines Nachmittags suchte ich nach einem unbefestigten Weg, der uns, wie ich von früher wußte, an einen besonders schönen Strand führen würde. Endlich hatte ich das Gefühl, den richtigen Weg gefunden zu haben. Doch als wir einbogen und langsam die Zufahrt entlangfuhren, sah ich kurz vor uns ein Torhaus mit einem uniformierten Sicherheitsmann davor, der seine Hand hob. Wir mußten umkehren. »Fahren wir eben zu einem anderen Strand«, sagte ich zu den Kindern, als wir wieder im Auto saßen.

»Und wann werden wir *dorthin* fahren?« brüllte Jack aus der dritten Reihe unseres Kombi. Wir hatten ihn dorthin gesetzt, um seine Schwestern für eine Weile von dem Quälgeist zu befreien.

Colleen sah mich an; ihr Blick sagte soviel wie: *Er ist auch dein Sohn.*

»Wie wärs mit McDonald's als Extratour?« schlug ich Colleen vor.

Abrupt wandte sie sich ab und starrte aus dem Fenster.

»Was? Kein Extra für die Kinder?« fragte ich.

»Wir sind sechs«, erwiderte sie. »Es ist teuer, und ...«

»Wir sind schon seit längerem sechs«, sagte ich ihr.

»Für das Geld könnte ich uns ein viel besseres Essen zubereiten.«

»Ach, komm doch mit uns«, versuchte ich sie zu überreden. »Wir können alle drinnen essen.«

Sie habe keinen Hunger. Ich schaute sie an. Ein

paar einzelne Strähnen ihres Haars umflossen ihre Wange, über die Schulter lag ihr dicker Zopf. Sie lehnte sich nach vorne, um die Geldbörse aus dem Handschuhfach zu holen, und ich konnte durch die Öffnung zwischen den Knöpfen der Bluse ihre Rippen sehen. Auch wenn sie das Gegenteil behauptete, sie hatte tatsächlich abgenommen.

»Komm mit, wenigstens ein Milchshake«, bat ich.

»Ich habe keinen Hunger«, wiederholte sie.

»Du mußt aber etwas essen. Du ißt gar nichts mehr.«

Sie seufzte und gab mir die Börse. »Du hast im Scheckbuch nicht eingetragen, wieviel du für die Fahrräder ausgegeben hast«, sagte sie.

Das saß. Ich hatte mir gerade vorgestellt, wie ich ihr Gesicht in die Hände nehmen und ihr sagen würde, daß noch immer alles in Ordnung sei.

»Sind wir schon *da*!?«

»He!« brüllte ich Jack an, »jetzt gib endlich Ruhe damit!« Ich schaute Colleen an, bis sie sich abwendete.

Ich ließ die Kinder hinten aussteigen, und während sie in das Lokal stürmten, ging ich an Colleens Fenster und bat sie noch einmal, mit uns ins Lokal zu kommen.

»Ich habe keinen Hunger«, beharrte sie.

»Das weiß ich«, erwiderte ich. »Die Fahrräder haben dreihundert irgendwas gekostet.«

»Das ist viel Geld«, fand sie. »Die Mädchen waren mit ihren alten Rädern glücklich.«

Ich sah sie an. »Gut.« Dann ging ich hinter den Kindern her. Ich wollte sie von irgend etwas überzeugen.

Vielleicht, so dachte ich, sollte ich unser restliches Geld auf einmal auf den Kopf hauen, uns an den Rand des Abgrunds bringen, bevor ich gerade noch rechtzeitig eine neue Stelle an Land ziehen und unsere Sparkonten wieder auffüllen würde. Dann würde auch Colleen wieder an mich glauben. Ja, das war es, was ich wollte: Sie sollte weiterhin an mich glauben.

Die nächsten Minuten, während wir bei McDonald's Schlange standen, waren wie eine Zäsur: der Beginn einer neuen Zeit der Verwirrung. Dicht gedrängt standen wir unter den goldenen Doppelbögen und dem riesigen Transparent mit der Aufschrift: »Frühstück im Vorbeifahren«.

»Na, da wird aber ein schöner Traum Wirklichkeit«, bemerkte ich lauter als beabsichtigt.

»Was?« fragte ein Typ hinter mir schroff.

»Ach, nichts.« Ich lächelte und schaute weg, dann wieder in seine Richtung. Ich sah, wie mißtrauisch er mich musterte, als ob er sich vor mir in acht nehmen müsse. Plötzlich hatte ich das eigenartige Gefühl, einfach nach hinten zu kippen. So als stünde ich auf einem Tisch, der leicht angehoben würde, und ich verlöre das Gleichgewicht. Oder als trüge ich Schuhe, deren Absätze völlig abgewetzt waren. Ich sah mich zu Hause die Post durchwühlen. Vielleicht würde wieder einer dieser Briefe da sein, in dem steht: »Wir danken Ihnen für Ihre Bewerbung ... Wir erlauben uns, Ihre Unterlagen zu behalten, für den Fall ...« Wieder würde ich ihn wie die anderen im Golfschlägersack versenken. Wir standen dichtgedrängt hinter den Glaswänden. Die Kinder waren am anderen Ende der Theke zu einer Kasse vorgestoßen. Ich las den Button auf der braunen Bluse der Kassiererin: WIR WOLLEN EUER ZUHAUSE FERN VON ZU HAUSE SEIN. Plötzlich kippte ich wieder nach hinten. Ich suchte nach etwas, an dem ich mich festhalten könnte, und der Mann neben mir wich einen Schritt zur Seite. Ich sah die hellen Schilder, die lächelnden Cheeseburger, die tanzenden Getränke, ich schaute die anderen Väter an und fragte mich, ob auch irgendeiner von ihnen das Gefühl hatte, nach hinten zu kippen und von einer zurückflutenden Strömung umspült zu werden.

»Es war nicht meine Idee, dort anzuhalten«, sagte Colleen, als ich ihr einige Tage später erzählte, wie ich mich bei McDonald's gefühlt hatte. Ich saß auf der Werkbank in der Scheune und hatte die neuen Federballschläger auf dem Schoß. Colleen stand in der Tür. Hinter ihr leuchtete das Blau des Himmels.

»Das weiß ich«, gab ich zu. »Ich weiß, das es meine Idee war.« Ich wollte nichts Großes daraus machen, sondern wollte ihr nur erklären, wie ich mich gefühlt habe, als ich plötzlich nach hinten kippte. Ich hatte mir das klargemacht, ich wollte nun, daß auch sie das verstand.

»Es ist, als sei ich mein ganzes Leben lang eine Leiter hochgeklettert, um so hoch hinaus zu gelangen, daß ich über das Leben meines Vaters hinwegsehen konnte. Nicht nur über *sein* Leben, auch über das Leben, das für mich vorgesehen war. Nachdem der McDonald's-Laden in Bangor aufgemacht hatte, hat er uns manchmal dorthin geführt. Und immer ein großes Trara darum gemacht, nach dem Motto: *So gut meint es das Leben mit uns; ich hoffe, ihr wißt es zu schätzen.* Ich habe jedesmal Milch bestellt, denn ich haßte die Pulvermilch, die wir zu Hause trinken mußten. Mein Vater hat sie immer so dünn angerührt, daß sie nur halb so viel kostete wie Frischmilch. Die Milch im Glas war nicht weiß, sondern graublau. Die gleiche Farbe hatten unsere Fenster, wenn er sie wieder für den Winter mit Plastikfolie überklebt hatte, um die Kälte draußen zu halten.«

Möglicherweise, erklärte ich Colleen, spürte ich jetzt, wie die Leiter wackele. »Wahrscheinlich kommt das davon, daß man aufhört zu klettern, und sei's nur für einen Moment.«

»Du wirst nicht fallen«, sagte sie sanft, »du wirst weiter klettern. Das hast du immer gemacht.«

Ich war ihr so dankbar, daß sie mich verstand. Und obwohl ich genau sah, wie sie auf der Schachtel der Federballschläger das Preisschild suchte, streckte ich die Hand nach ihr aus, und sie zog die Tür hinter sich zu.

Als ich sie in die Arme nahm, fühlte ich, wie die Beschleunigung meines Lebens nachließ. Vielleicht, dachte ich, bin ich deshalb immer wieder in das Einkaufszentrum gegangen, weil ich mit der verblüffenden *Vorwärts*bewegung Schritt halten wollte, mit dieser Bewegung, an der ganz Amerika teilhat, nur ich nicht mehr. Ich genoß es, die jungen Menschen in ihren verrückten Klamotten zu beobachten, obwohl ich davon Heimweh nach dem Leben im College bekam. Ich beobachtete auch einen Angestellten der Metzgerei von Hickory Farms. Er war ungefähr so alt wie ich und schnitt gerade Rindfleisch in Stücke. Ich hatte mich gefragt, wie lange er dieser Tätigkeit schon nachginge. Ob er sich jeden Morgen, wenn er sich für die Arbeit fertig macht, vor dem Tag und der Arbeit fürchtet? Könnte ich so leben, mit einer solchen Arbeit? Wenn ich seine Stelle hätte, würde ich dann nicht Tag für Tag tiefer in die Welt meines Vaters zurückkippen?

Eines Tages folgte ich einem Parfümduft bis zur Filiale des Reizwäscheproduzenten Victoria's Secret. Noch nie war ich in einem solchen Laden gewesen. Ich brauchte nicht lange, bis mir klar wurde, daß alle Artikel eigentlich aus der Sicht von Männern hergestellt worden waren. »Wollen Sie erst einmal in unseren Katalog schauen?« fragte mich die Verkäuferin neckisch. Sie war sehr hübsch. »Manche nennen ihn den *Playboy* für arme Leute«, sagte sie mit einem wissenden Lächeln. Ich nahm das Heft. Den Umschlag zierte eine Frau, die den Blick auf ihre durch einen transparenten BH schimmernden Brustwarzen senkte. Ich schaute wieder die Verkäuferin an. Sie nickte mir unbestimmt zu, als wolle sie sagen: *Ja, das kannst du kaufen, auch wenn du keinen Gehaltsscheck mit nach Hause bringst und nichts Besseres zu tun hast, als hier im Einkaufszentrum herumzuspazieren.*

Dann stand ich an einem Tisch, auf dem Höschen ausgebreitet waren, pastellfarben wie Bonbons. Ich trat zurück und stieß gegen sorgfältig gestapelte Türme aus Kassetten – Kuschelmusik. Ich überlegte, ob ich Colleen ein Nachthemd kaufen sollte, aber die hier erschienen mir alle so dünn, und die Abende in Maine waren kühl.

Ich blätterte durch eine Auswahl von Strumpfhosen, als zwei Frauen mit endlos langen Beinen aus der Umkleide kamen. »Hat man denn den Schritt gesehen, wenigstens ein bißchen?« fragte die eine hoffnungsvoll. »Ich wollte ein bißchen Schritt zeigen.«

»Kann ich Ihnen behilflich sein?« fragte mich eine andere Verkäuferin. Auch sie sah hinreißend aus. Sie erwischte mich dabei, wie ich auf die Stelle starrte, wo die schwarze Spitze ihres BHs auf der weißen Haut zu sehen war. Sie hatte das Selbstvertrauen, das man nur durch gute Schulung gewinnt, und mußte ein Infrarotsuchsystem haben, das ihr die Opfer mit der geringsten Selbstachtung zeigte. »Suchen Sie etwas für Ihre Frau?« fragte sie.

»Ja«, antwortete ich schwach.

»Diese hier sind schön«, sagte sie und versetzte dabei ein Karussell mit Strümpfen in Drehung. Sie schaute mich mit einem derart mitleidigen Ausdruck an, daß ich beinahe erwartete, sie würde ihren Minirock hochziehen und die Ware für mich anprobieren. Ihr Blick sagte: *Die kannst du dir leisten. Du hast zur Zeit eine Pechsträhne, das sieht jeder, aber die kannst du dir schon leisten.*

Ich kaufte ein Paar von den Strümpfen. Danach stoppte ich bei einem Autohändler und starrte einige Minuten lang auf die Reifen, um einen klaren Kopf zu bekommen.

Am nächsten Morgen legte ich die Strümpfe neben Colleens Kopf auf das Kissen. Ich wollte sie wecken und ihr sagen, sie solle sich keine Sorgen machen. Ihre Schultern hatten Sommersprossen, und im ersten Tageslicht leuchtete das Rot ihres Haares. Ich lag neben ihr und schaute sie an. Ich hatte Lust, sie zu fragen, ob sie glücklich sei. Doch dafür war es noch zu früh. So stand ich auf, lief den Hügel zum Bootshafen hinunter und hockte mich auf einen Steg.

Das Wasser im Hafen war glatt wie ein Teich. Die Boote hatten sich an ihren Leinen in den Wind gedreht und schauten alle in die gleiche Richtung, wie Kühe auf der Weide.

Ich ging an der Bäckerei vorbei und kaufte Colleen einen gefüllten Donut. Als ich ins Haus kam, war alles still, aber sie lag wach und friedlich in einem Streifen Sonnenlicht, der über das Bett fiel.

»Danke«, sagte sie. »Ich habe seit der ersten Kommunion keine Strümpfe mehr getragen.«

Ich wartete einige Sekunden, dann beugte ich mich über sie und küßte sie.

»Vielleicht solltest du ein bißchen mehr Sport treiben«, sagte sie.

»Meinst du?«

»Als ich dich kennenlernte, hast du die ganze Zeit Sport getrieben, und jetzt tust du eigentlich gar nichts mehr.«

»Früher bin ich auch arbeiten gegangen«, sagte ich abwehrend.

An diesem Tag fand ich mich dann aber doch auf einem Baseballplatz wieder, wo ich in meinen Billigschuhen wie ein Blindgänger um das Centrefield herumlief, in der Hoffnung, ich könnte einen der hohen Bälle fangen. Den Platz hatte ich beim Herumfahren mit dem Fahrrad entdeckt. Ich hockte gerade in einer der Kabinen, um zu verschnaufen, als zwei Spieler mit einem Eimer Bällen und einem Schläger vorbeischauten. Sie wollten sich warmmachen, weil sie vor einem wichtigen Spiel standen. »Gebt mir den Fängerhandschuh«, sagte ich. »Ich laufe hinter euren Bällen her.« Ihnen war das recht. Der schlaksigere der beiden warf mir einfach seinen Handschuh zu, und ich lief langsam zum Outfield. Ich hatte mich perfekt in Position gebracht, genau unter dem ersten Ball, aber just als ich ihn fangen wollte, riß er nach links aus und traf mich wie ein Stein auf der rechten Schulter. Ich versuchte meine Überraschung und die Schmerzen zu übergehen. Und es kam noch schlimmer. Ich fiel, stürzte und erwischte insgesamt nur zwei Bälle. Zwei von sechzig Bällen. Ich war eine Stunde auf dem Feld, und als sie aufhören wollten, konnte ich es immer noch nicht. Es machte mir nichts aus; daß mir die Lunge brannte und meine Beine schmerzten, daß ich nicht wirklich fit war, hatte ich geahnt. Aber ich wollte einfach nicht glauben, daß ich die Fähigkeit verloren hatte, den Flug eines Baseballs richtig einzuschätzen. Dabei hatte ich gerade das, als ich mit dem Baseballspielen begonnen habe, wie von selbst gekonnt: ein Naturtalent. Auch wenn ich hundert Meter vom Schläger entfernt im Centrefield stand, hatte ich stets voraussagen können, in welche Richtung der Ball fliegen würde, falls er ihn traf. So war ich immer am Ball. Während meiner Zeit im College hatten mich die Scouts von drei Mannschaften der Major League anwerben wollen. Eines Nachmittags, bei einem Spiel gegen die University of Maine, lief ich zehn oder fünfzehn Schritte mit dem Rücken zum Ball, streckte die Hand hoch und fing den Ball aus der Luft, als er noch im Steigen war, zwar lief ich mit voller Wucht in einen Zaun, aber den Ball hielt ich fest. Der Scout der Pittsburgh Pirates, der das Spiel verfolgte, sagte meinem Coach, er kenne nur drei Spieler im Centrefield, die den Fang hätten machen können, und alle drei spielten sie in der Hauptliga.

Ich hatte alles verlernt. Alles. Doch als wir fertig waren und die Spieler das Feld in Richtung Parkplatz verließen, schloß ich die Augen und hörte das Klakken ihrer Stollen auf dem Zement: Das Geräusch erinnerte mich an etwas in meinem früheren Leben, an etwas, das ich nicht nur gekannt, sondern an dem ich aktiv teilgenommen hatte. Ich schaute auf die abgewetzten Bretter unten in der Kabine, auf die Bank mit den abblätternden grünen Farbschichten. Darunter Gras und Staub. Ich saß nur da und fühlte mich einsam und wollte Colleen bei mir haben. Ich wollte nicht nur ihre Gesellschaft haben, sondern etwas über ihre Vergangenheit erfahren. Ich wußte eigentlich recht wenig über sie. Ich hatte sie nie gefragt, welche Spiele sie als junges Mädchen gespielt, wovor sie Angst gehabt hatte. Oder ob sie sich nach jener Zeit zurücksehnte, in der wir uns kennengelernt hatten. Ich dachte an ihr Lachen, und plötzlich wurde mir klar, daß ich gar nicht wußte, wann ich sie zuletzt hatte lachen hören. Hatte sie nicht immer vor sich hingesungen, damals, als wir uns kennenlernten? Wieder zu Hause, beschloß ich, mit ihr auszugehen. Ich wollte sie ins Kino führen, und danach vielleicht zu einem Stück Käsekuchen einladen, in einem der Lokale in der Stadt. Aber als ich durch die Garage ging und den Babysitter abholen wollte, überlegte ich es mir anders. Ich nahm statt dessen den Baseballschläger und den Texaco-Eimer voller alter Tennisbälle, und Colleen und ich fuhren in unserem Kombi zum Baseballplatz für die Kleinen, und ich bat Colleen, mir hohe Bälle zuzuschlagen. Das tat sie eine Zeitlang, aber die Bälle waren eigentlich weder hoch noch lang genug, um irgend etwas zu ändern. Schließlich bat ich sie, mir die Bälle zuzuwerfen, damit ich sie schlagen konnte. Das taten wir bis zum Anbruch der Dunkelheit, dann lagen wir im Centrefield, mitten im nassen Gras, rings um uns verstreut lagen die gelben Tennisbälle.

»Jetzt ist es zu spät fürs Kino«, stellte sie fest.

»Dann halt morgen abend«, sagte ich.

Wir sprachen von jener Sommernacht, in der so viele Glühwürmchen über die Weide neben unserem Haus geflogen waren, daß wir Erin und Nell weckten, sie aus ihren Bettchen holten und ihnen das Leuchten zeigten. Das hatten wir oft gemacht, da waren wir uns einig, immer wieder haben wir die Kinder hochgehalten und ihnen irgendwelche Dinge gezeigt, an die sie sich nicht würden erinnern können. Sie waren viel zu klein dafür. Aber wir haben sie ihnen gezeigt.

»Morgen werde ich anfangen, mich nach einer Stelle umzusehen«, sagte sie unvermittelt, »am besten wäre Kellnern.«

Ich war schockiert. Wieder fühlte ich das Kippen. Ich sah mich schon alleine zu Hause auf die Kinder aufpassen, ohne einfach so mal weggehen zu können, sah mich in einem mit Ei verschmierten Bademantel das Mittagessen zubereiten. Ich bat Colleen, den Gedanken aufzugeben. »Alles wird anders, ich fühle das. Es wäre besser für die Kinder. Bitte.« Ich dachte an alle die Ablehnungsbescheide, die ich in den Müllcontainer von Colgate geworfen oder im Golfsack versenkt hatte. »Bitte«, sagte ich. »Wenn du Arbeit suchst, werde ich denken, du tust es, weil du glaubst, ich würde keine finden. Versprich mir, nie mehr daran zu denken.« Dabei schaute ich ihr direkt in die Augen.

»Vielleicht hätte ich all die Jahre arbeiten sollen, anstatt ein Kind nach dem anderen zu bekommen.«

Plötzlich wirkte sie sehr traurig. Ich unterbrach sie nicht. Eine ganze Weile sprach sie davon, wie erfüllt sie sich gefühlt habe, aber sie mache sich auch Sorgen, ob die Kinder sie nicht eines Tages ein wenig verachten werden, weil sie doch im Gegensatz zu den anderen Müttern keinem Beruf nachgegangen sei. »Sie werden vielleicht denken, daß ich faul gewesen bin.«

»Niemals«, versicherte ich ihr.

Ich wollte ihr Mitleid, also erzählte ich ihr von meinem Erlebnis auf dem Baseballplatz. »Ich konnte tun, was ich wollte, aber ich hab' den Ball nicht erwischt. Mensch, wie geht das zu, wie kann denn das sein?«

»Ach laß«, ermutigte sie mich sanft, »immerhin kannst du noch schlagen.«

Sie lehnte sich in meine Armen zurück und seufzte. »Ich liebe alles, was mit Schwangersein zusammenhängt. Was ich am meisten vermisse, sind meine großen Brüste.«

»Immerhin hast du acht Jahre lang gestillt, bist du nicht irgendwie froh, daß du das hinter dir hast?«

»Nein. Ich werde es für den Rest meines Lebens vermissen.«

Ich schaute sie an und sagte, wir wüßten doch gar nicht, was die Zukunft uns alles bringen könnte. »Vielleicht werden wir eines Tages auch noch ein Kind haben.«

Sie schwieg. Und dann meinte sie: »Was weißt du schon.«

»Was sollte ich denn wissen?« fragte ich.

Sie schüttelte den Kopf. »Kümmer dich nicht drum.«

5. Kapitel

Mit der Zeit hielt ich es nicht mehr aus, immer nur am Strand zu sitzen. Bislang hatten wir das immer nur in den Ferien getan, und ich hatte im Gegensatz zu den Kindern keine Ferien. Männer, die für den Unterhalt ihrer Familien aufkommen, verbringen nicht ihre Tage am Strand. Schließlich gewöhnten wir uns jeder an eine jeweils eigene Tagesroutine. Jeden Morgen saß ich am Schreibtisch, den Kaffeepott neben mir, und blätterte die Kopien der Briefe durch, die ich an alle möglichen Colleges geschickt hatte, während Colleen die Kinder zusammentrommelte, sie für den Tagesausflug anzog und deren Sachen einsammelte. Dann winkte ich ihnen zum Abschied nach, bis sie verschwunden waren, setzte mich auf mein Rad und fuhr zum Juniorenspielplatz in die Vorstadt, wo ich meinen Eimer mit den Tennisbällen und einem 35 Zoll Mickey Mantle-Schläger unter der Tribüne versteckt hatte. Für zwei oder drei Stunden stand ich dann auf der Abschlagplatte und schlug die Bälle ins leere Außenfeld, einfach so zur Übung. Ich schlug mit voller Kraft und ging dabei in Gedanken die Liste der Colleges durch, an die ich Bewerbungen um eine Lehrerstelle geschickt hatte und von denen ich noch zu hören hoffte. Und wenn ich schließlich die Bälle im Außenfeld wieder einsammelte, träumte ich davon, meine Kinder in eine jener schönen Universitätsstädte zurückzubringen, in der Bäume ihre Schatten über die Straßen warfen, Bäume, die im Herbst gelb und rot wurden, wo es ein Kino gab und wo Samstags Walt Disney's »Old Yeller« zu sehen war und eine Einkaufspassage mit einer Erfrischungstheke und dem Blumenladen in einer Ecke, wo ich Colleen nach dem Unterricht im Vorbeigehen Rosen kaufen würde.

Als ich eines Morgens wieder zum Spielfeld kam, sah ich dort einen Mann stehen, der Golfbälle ins Outfield schlug. Ich fluchte still vor mich hin, kehrte um und fuhr nach Hause zurück. Doch ein paar Tage später, als ich erneut zum Platz geradelt war, stand auch er wieder da.

Wir kamen miteinander ins Gespräch und sahen uns von nun an täglich. Er winkte mir zu, wenn ich kam, und ich grüßte zurück. Irgendwann erzählte ich ihm, daß ich eigentlich mit meiner Frau und meinen vier Kindern am Strand sein sollte. »Man hat mir gekündigt, und ich versuche jetzt einfach, über alles mögliche nachzudenken. Aber ich muß alleine sein, sonst kann ich mich kaum konzentrieren.«

»Ach«, sagte er freundlich, »das kenne ich.«

Er war seit über zwei Jahren arbeitslos, seit der Immobilienpleite in South Maine, als seine Projektentwicklungs-Company bankrott gemacht hatte. Nachdem er auch aus dem Country Club ausgeschlossen worden war, spielte er hier im Outfield dieses verlassenen Juniorenspielfelds Golf. Er trug die knallrote

Mütze der Chicago Bulls und ein kurzärmliges Madrashemd. Mir fiel auf, daß seine Hände weich und ohne Falten waren, Hände wie die eines Kindes, obwohl er, wie ich schätzte, etwa sechzig Jahre alt sein mußte. Er hatte sich einen imaginären Golfkurs mit drei Löchern eingerichtet und war überzeugt, daß er seinen Swing allmählich zurückgewinnen würde. »Ich könnte jetzt gar keine Stelle annehmen«, erzählte er mir. »Ich habe so viel abgenommen, daß mir keiner meiner Anzüge mehr paßt.«

Ich bewunderte seine Ausgeglichenheit, und mit der Zeit freute ich mich richtig darauf, ihn jeden Tag zu sehen; irgendwann brachte er einen zweiten Golfschläger mit, und wir spielten zusammen. An einem dieser Morgen sprach ich davon, daß ich nach Boston fahren wollte, wo sich meine besten Freunde träfen, daß mich aber die Vorstellung, sie ohne konkrete Aussicht auf eine Stelle wiederzusehen, etwas nervös machte. »Kenne ich«, tröstete er mich, »ein Mann ohne Aussichten kann sich keine Minute lang entspannen.«

Damit hatte er meine Gefühle so genau getroffen, daß ich mich ermuntert fühlte, ihm von dem eigenartigen Gefühl des Nach-hinten-Kippens zu erzählen.

»Kenn' ich auch«, sagte er abermals, »du mußt dir immer wieder klarmachen, daß es nicht deine Schuld ist. Schließlich hast du doch nicht die Frau des Dekans verführt, oder? Also. Hier hat keiner eine Chance. Jedenfalls die *Weißen* nicht. Das mußt du dir merken. Wenn du glaubst, du müßtest dir selber die Schuld geben, dann schau dich um. Nicht du, dieses verdammte *System* ist Schuld. Der Kommunismus hat Pleite gemacht, und wir alle haben nichts Besseres zu tun, als uns hämisch zu freuen und merken gar nicht, daß wir als nächstes dran sind. Unsere Kultur geht unter, mein Freund. Es sind schlechte Zeiten. Aber auch dafür trifft dich keine Schuld.«

Das klang wie Musik in meinen Ohren! Es war ungemein erleichternd, die Schuld für meine mißliche Lage *dem System* zuzuschieben und die persönliche Verantwortung für das, was sich ereignet hatte, weit von mir zu weisen. Dennoch war mir weiterhin unwohl bei dem Gedanken, meine Freunde wiederzusehen, und drei Tage vor dem Treffen erklärte ich Colleen, ich hätte es mir anders überlegt und würde nicht hinfahren. »Nicht mein Ding, dort rumzuhokken und kleinbeizugeben«, eröffnete ich ihr eines Abends, als die Kinder schon im Bett waren und sie auf der Couch die Wäsche zusammenfaltete.

Sie verstand mich nicht. »Aber das sind doch deine besten Freunde.«

Ich schaute auf ihre Hände, die Kindersocken zusammensuchten, die Kleidchen und Hemdchen zusammenlegten. Für jedes Kind hatte sie einen Stapel gemacht und verteilte die Kleidungsstücke, ohne nachzudenken. Das verblüffte mich. Ich fragte mich, wo ich gesteckt haben könnte, als sie diese Kleider gekauft hatte, was ich denn getan hatte, als sie unseren Kindern beibrachte, sich selbst anzuziehen. Offenbar hatte ich irgendwann in den letzten Jahren die Tatsache akzeptiert, daß ich unsere Kinder nie auf die Weise kennenlernen würde, wie sie sie kannte. Daß ich nie würde erklären können, wo ich denn die ganze Zeit geblieben sei.

Plötzlich konnte ich ihr von den Ablehnungsbescheiden erzählen. »Du hast nie gefragt, aber bis heute habe ich einundzwanzig Ablehnungen kassiert.«

»Das macht nichts«, tröstete sie mich, »du wirst schon eine Stelle finden. Das weiß ich, und das wissen auch deine Freunde.«

Ich schaute auf die Kleiderstapel. »Alles ist immer noch so klein«, sagte ich und nahm einige weiße T-Shirts und fing an, sie zusammenzulegen.

»Nicht mehr so klein wie früher«, erwiderte sie.

»Trotzdem. Sie haben noch einen langen Weg vor sich.« Ich steckte mein Gesicht in ein kleines Kleid mit Rüschen und roch Babypuder. Ich hielt ihr das Kleid entgegen. »Riech mal.«

Sie lächelte und fragte mich, ob ich mich noch daran erinnern könne, daß Erin dies Kleid während unserer Zeit in Iowa getragen hatte.

»Natürlich«, versicherte ich. Aber ich konnte mich nicht erinnern. Ich hatte es vergessen.

»Ich schätze, ich muß diese Babysachen verschenken, wenn Cara herausgewachsen ist.«

Ich sah sie an und dachte: Vielleicht wartet sie darauf, daß ich ihr widerspreche. »Sind wir nicht mehr im Babygeschäft?« fragte ich.

Sie schaute mir in die Augen, lächelte und zuckte mit den Achseln. »Weiß nicht, aber du kannst mir ja sagen, wenn es anders ist. Okay?«

»Okay«, sagte ich.

»Und wenn du nach Boston fährst, um deine

Freunde zu treffen, mußt du gar nicht so tun, als hättest du nichts zu befürchten.«

»Nichts zu befürchten?« fragte ich. »Ich *habe* Angst.«

Das schien sie sehr zu beunruhigen. Schließlich sagte sie: »Ich meinte nur, du mußt dich nicht verstellen.«

Ich nahm den Bus nach Boston. Während der ganzen Fahrt dachte ich über ihre Worte nach. Jetzt waren auch meine Freunde unterwegs zu unserem Treffen. Jim Robinson, ein Rechtsanwalt, der jetzt in Florida wohnte, würde mit dem Flieger kommen. Und Johnny Woodcock, ebenfalls Anwalt, und John Bradford, der Unfallchirurg, würden zusammen im Auto sitzen und von Bangor, wo beide wohnten, nach Boston fahren. Jim Wright würde mit dem Flugzeug kommen, aus San Francisco, wo er Dekan eines Colleges war. Als wir uns kennenlernten, in der 8. Klasse, war Bradford ein dicker Junge mit einem runden Gesicht und rotem Haar, einer jener geselligen Knaben, die jede Kellnerin so anlächelten, als müßten sie ihre Liebe gewinnen, noch bevor sie mit der Karte an den Tisch kommt. Robinson war ein Kämpfer, schnell im Kopf, schnell mit den Fäusten. Woodcock, der vierte in einer Familie mit sieben Kindern, war der Denker. Als er uns damit verblüfft hatte, daß er den Text des Hits »Louie, Louie« entziffert hatte, waren wir fest überzeugt, daß er mit einer höheren Gewalt in direktem Kontakt stehen müsse; Bereiche, in die wir nie vordringen würden. Big Jim Wright hatte den ausholenden zielstrebigen Schritt, der zu seiner Persönlichkeit paßte.

Ich habe mir meinen Weg aus dem armen Teil der Stadt in ihre Gefilde durch Touchdowns beim Football und durch Home Runs beim Baseball verdient. Außerdem hatte ich viel Glück gehabt. Und als ich entdeckte, in welchem Glanz sie lebten – die Dienstmädchen, die ihre Häuser sauber hielten, die vollgestopften Speisekammern, die großen Grundstücke, auf denen man locker Football spielen konnte, die Cabrios, die Sommer-Camps am Meer, die Väter, die Rechtsanwälte und Ärzte waren –, da wollte ich dazugehören. Zu dem Haus der Bradfords gehörte eine Scheune mit einem Basketballspielfeld, das groß genug war, um zwei Körbe aufzustellen. Um zur Hintertreppe zu gelangen, die zur Scheune führte, mußte man durch das Spielzimmer. Dort stand ein glockenförmiges Glas voller Süßigkeiten. Wenn niemand in der Nähe war, blieb ich stehen und stopfte mir die Taschen voll. Auf wunderbare Weise war das Glas jedes Mal wieder voll.

Der Wunsch dazuzugehören führte mich, als ich gerade siebzehn geworden war, auf die Insel Martha's Vineyard. Dort fand ich meine erste Stelle als Tellerwäscher in einem Sommerhotel. Als ich zwanzig wurde, war ich so weit aufgestiegen, daß ich dort meinen Freunden Jobs besorgen konnte. So haben wir den letzten Sommer dort zusammen verbringen können – bevor uns Ehefrauen, Kinder und die Arbeit in unterschiedliche Richtungen auseinanderführten. Diesen einen Sommer lang wohnten wir zusammen im vierten Stock vom Personalhaus des Hotels, nur wenige Türen von einigen hübschen Kellnerinnen, Barhelferinnen, Cocktail-Hostessen und

Zimmermädchen entfernt – College-Mädels aus den ganzen USA. Es war ein Traum, und es überzeugte mich und meine Freunde, daß ich zu etwas Besonderem fähig war.

Als ich den Weg zum Parker House Hotel entlanglief, suchte ich nach Resten meines alten Selbstvertrauens. Nur eine Spur davon sollte es sein. Aber als ich meine Tasche einem Pagen gab, der wie Zorro in einem etwas albernen, schwarz-fließenden Umhang steckte, hatte ich den Eindruck, daß er mich spöttisch betrachtete, und mir wurde schwindelig.

Erst am frühen Abend trafen Bradford und Woodcock in der Lobby ein, in Anzug und Krawatte. Ich schaute ihnen entgegen. Das waren nicht die Jungs, die ich den ganzen Tag lang vor Augen gehabt hatte, sondern zwei ganz gewöhnliche Männer an solch einem Ort: Kreditkarten zückend, Referenzen vorweisend.

Zusammen fuhren wir zum Logan Airport, um Robinson abzuholen, und ich wäre glatt an ihm vorbeigegangen. Er war völlig ergraut. Ich habe ihn erst erkannt, als er hinter mir herrief.

Spätabends erzählte er uns dann, daß sich seine Frau wohl von ihm trennen werde. Er habe das im Gefühl. »Und das schlimme ist«, sagte er, »ich kann es nicht einmal erklären. Es gibt keine einzige, alles bestimmende Ursache: eine Ehe ist wie die Umwelt. Eine wirklich große Katastrophe hält sie aus, aber die langsame stetige tagtägliche Abnutzung – die macht sie schließlich kaputt.«

Ich hörte ihm zu und fragte mich, ob ich Colleen verlieren könnte. Würde sie den Kindern, wenn sie groß genug wären, eines Tages erklären, was unserer Ehe den Rest gegeben hat? *Es fing damit an, daß euer Vater seine Stelle in Colgate verlor. Wir haben das Haus verkauft, das Haus, das ich so liebte, und wir sind umgezogen, weit weg von unseren Freunden, und danach hat euer Vater nichts mehr mit uns unternommen. Er verbrachte die Tage auf einem Juniorenspielfeld, wo er mit einem anderen Mann auf Golfbälle eindrosch. Er hat die Verantwortung für das, was geschehen war, einfach nicht übernommen, stets gab er der Welt die Schuld daran und klammerte sich an das Bild, das er sich vor Zeiten von sich gemacht hatte: von einem Mann, dem ein besonderes Leben bestimmt war.*

In jener ersten Nacht im Hotel lag ich im Bett und dachte an die Nächte direkt nach der Kündigung, als ich mit meiner Taschenlampe durchs Haus geschlichen war und überlegt hatte, was von unserer Habe wir verkaufen könnten. Der Gedanke, daß ich meine Familie eines Tages würde in einem mir fremden Haus besuchen müssen, verfolgte mich. Ich sah mich vor der Haustür stehen und klopfen.

Ich hatte gedacht, wir würden das ganze Wochenende lang herumflachsen und lachen, aber die meiste Zeit saßen wir still auf einer Parkbank, so wie Paul Simon es in einem Lied besingt, und ich wurde das Schwindelgefühl gar nicht mehr los. Wir sprachen viel über unseren letzten gemeinsamen Sommer, und als ich den Erzählungen meiner Freunde zuhörte, kamen mir die alten Gäste und ihre Eigenheiten wieder in den Sinn. Da war Mrs. Bowman, die Neunzigjährige, die jeden Morgen im Meer geschwommen war, anderthalb Kilometer weit, bei

Ebbe und Flut, bei jedem Wind. Oder Mr. und Mrs. Waldor. Sie musizierten jeden Sonntagabend im Musikzimmer, er spielte Cello, sie Geige. Sie hatten Auschwitz überlebt. Stets applaudierten die Hotelgäste und blieben nach dem Spiel noch ein wenig bei den beiden stehen, und stets schüttelte Mr. Waldor traurig den Kopf und sagte: Nicht so gut. Es war nicht so gut. Es tut mir leid.

Ich erzählte von einer alten Frau. An Mrs. Eyre hatte ich bestimmt fünfundzwanzig Jahre lang nicht mehr gedacht. Zwei Sommer lang habe ich ihr jeden Morgen das gleiche Frühstück serviert: ein gekochtes Ei (drei Minuten), ein mittelgroßes Glas ungesüßten Grapefruitsaft, Vollkorntoast ohne Butter, diagonal geschnitten, und die neueste Ausgabe der New York Times. Auch sie war mindestens neunzig, und sie liebte es, sich mit mir zu unterhalten, wenn ich morgens auf meinem Pagenrad ankam und dabei das Silbertablett mit dem Frühstück auf einer Hand balancierte. Eines Tages sagte sie, sie wolle mit einigen Freunden gegen Sonnenuntergang mit dem Segelschiff hinausfahren. Ob ich ihr nicht aus sicherer Quelle die Wettervorhersage besorgen könnte, damit würde ich ihr einen großen Gefallen tun. Am Nachmittag war ich unten am Strand, und einer der Rettungsschwimmer erzählte von den Sturmwarnungen, die sie gehört hätten. Den ganzen Weg zur Stadt lief ich zurück, um Mrs. Eyre dies mitzuteilen, denn ich wollte sie vor einem Unglück draußen auf See bewahren. Ich fand sie am Rand des Hotelpools, wo sie mit einer Gruppe von Damen Karten spielte. Ich ging auf ihren Tisch zu. Sie saß mit dem Rücken zu mir, aber eine der Damen machte sie auf mich aufmerksam. »Ich habe die Wettervorhersage in Erfahrung gebracht«, sagte ich eifrig, als sie sich zu mir umwandte. Sie wurde blaß: »Aber doch nicht jetzt«, tadelte sie mich. »Im Augenblick habe ich doch Gäste.«

»Ich weiß noch, wie ich in den Boden hätte versinken können«, erzählte ich.

»Du hast immer alles so ernst genommen«, erinnerte sich Bradford. »Als du zum Nachtportier befördert worden warst, oder wie immer der Job damals hieß, hast du mit uns kaum noch ein Wort gesprochen. Wir waren unter deiner Würde.«

»Was redest du da?« fragte ich empört.

»Ach, komm«, sagte er, »das kannst du doch nicht vergessen haben. Du hattest dann deinen eigenen Tisch im Speisesaal. Und du durftest diese roten Hosen tragen.« Er erzählte, wie er damals versucht habe, mich daran zu erinnern, wer ich denn eigentlich war.

Alle lachten, nur ich nicht. Er sei damals in jenem Speisesaal dafür zuständig gewesen, mir die kleinen Butterquadrate zu bringen und mein Kristalltrinkglas stets mit Wasser nachzufüllen. Eines Nachts, als ich Hotelgäste begrüßt hätte, die in Abendkleid und Smoking an meinem Tisch vorbeigingen, habe er mir solange Wasser nachgegossen, bis es auf den Tisch gelaufen und meine Hose im Schritt völlig durchnäßt gewesen sei. Einen guten Appetit wünsche ich Ihnen, mein Herr, habe er gesagt und sei hocherhobenen Hauptes aus dem Speisesaal marschiert.

Da erinnerte ich mich wieder. Alles fiel mir wieder ein. Wie ich alles daran gesetzt hatte, die Gäste und meine Arbeitgeber im Hotel zufriedenzustellen. Das war im Sommer 1970 gewesen, und ich hatte mir damals die Feindschaft der meisten meiner Kollegen eingehandelt. Es war in jenem Sommer, in dem so viele junge Menschen in den Staaten heftig gegen die Tür der Oberen drückten. Das hat jede Generation in ihrer Jugend getan. Aber damals waren die Türen aus dem Rahmen gesprungen. Im Grunde definieren wir uns nicht durch unsere Freiheiten, sondern durch die Schranken, die wir erfahren; und wenn man jung ist, sind es die vielen Schranken, an die man stößt, die einem zeigen, wer man ist. Und als damals die Schranken plötzlich fielen, war ich völlig überrascht. Zwanzig der jungen Hotelangestellten versteckten sich entlang der Payne Street hinter den Rosenhecken und bewarfen die Gardeoffiziere, die die Parade des 4. Juli anführten, mit reifen Tomaten. Einer der Sommerpolizisten hat daraufhin scharf geschossen. Als er sich später entschuldigte und sagte, es sei ein Unfall gewesen, war ich sicher der einzige Mensch unter fünfzig, der ihm glaubte. Der Hotelchef, ein Mann, der wie ich ganz in der Aufgabe aufging, die reichen Gäste zufriedenzustellen, verbrachte jede Woche zwei, drei Tage damit, für den Haupttisch im Speisesaal wundervolle Skulpturen aus Eis zu zaubern. Er arbeitete wie ein Chirurg und modellierte aus einem Eisstück eine Makrele oder ein Fischerboot mit Harpune. Ich gehörte nicht zu der Gruppe, die den mannshohen Gefrierschrank aufbrach und eines seiner Meisterstücke über die Zündflamme des Gasherds stellte. In jenem Sommer endete dann auch der fragile frühere Frieden zwischen den Gästen und den jungen Angestellten. King Chaffee, ein achtzigjähriger Gast, versuchte einem Zimmermädchen unter den Rock zu greifen. Sein Opfer war eine schüchterne Studentin der Russischen Geschichte, aus den oberen Semestern des Smith College. Alle mochten sie. Und so haben einige der Kollegen Mr. Chaffee für seine Lüsternheit bezahlen lassen, indem sie ihm das Bett voller Venusmuscheln packten.

Ich erinnerte mich an den Zwiespalt, in dem ich steckte. Ich hätte gerne mitgemacht bei solchen Späßen, andererseits kam es mir doch sehr darauf an, die Gäste für mich einzunehmen. Schließlich waren sie es, die Stellen und Privilegien zu verteilen hatten. Wenn ich ihre Gunst erwerben könnte, würden sie auch dafür sorgen, daß mir nichts geschieht. Vor allem würden sie verhindern, daß ich wieder in die Welt zurückfiele, der ich um jeden Preis entfliehen wollte.

In jener Nacht in Boston hatte ich das Gefühl, mich nie weiter als ein paar Schritte von meinen alten Ängsten entfernt zu haben. Im Grunde war ich nie richtig erwachsen geworden.

Bradford und ich saßen noch zusammen, als die anderen schon längst zu Bett gegangen waren. Immer wieder setzte ich an, um ihm zu erklären, warum ich mich damals im Hotel so merkwürdig benommen hatte. »Ich habe deren Geld viel nötiger gehabt als ihr«, sagte ich.

»Quatsch nicht«, sagte er lächelnd, »du warst einfach ein Blödmann damals.« Dann hielt er die Hände auf und sagte, ich solle ihm etwas zuwerfen. »Egal was«, flüsterte er, »nimm deinen Schlüssel.«

Ich warf, der Schlüssel fiel zu Boden.

»Du konntest nie gut fangen«, sagte ich.

Nein, das sei es nicht. Vor ein paar Tagen hätte er die Diagnose erfahren. Eigentlich hätte er uns allen davon erzählen wollen. »Ich habe Multiple Sklerose.«

Außerdem werde er an manchen Tagen die Vorstellung nicht mehr los, daß alles, das ganze Leben um ihn herum einfach zusammenbräche.

»Irgend etwas passiert, irgendeine Katastrophe, und nichts ist mehr wie zuvor. Bewaffnete Banden streifen durch die Städte, das Leben wird unerträglich. Wie weit müssen die Dinge erst kommen, damit wir zum Rückzug blasen?« Mit einer merkwürdigen Liebe zum Detail beschrieb er, wie Woodcock, Robinson, Big Jim und auch ich unsere Familien auf Nebenstraßen durch Maine nach Sandy Point bringen würden, dorthin, wo die Bradfordfamily ihre formidable Sommerresidenz hatte. Wir würden dieses Stück Land verteidigen, würden uns autark machen, sogar die Lebensmittel selbst anbauen. Natürlich würden wir auch unsere Kinder selbst unterrichten. Und wenn dann alle Stricke rissen, läge da ja noch immer die Jacht, die groß genug sei, um uns alle über den Atlantik zu bringen. Auf diese Weise wären wir nach langer Zeit wieder alle zusammen.

»Manchmal bin ich richtig glücklich bei der Vorstellung, mich gegen alles zu stemmen«, sagte er.

Traurig erzählte er mir davon, wie Napoleon, als sein Heer so groß geworden sei, daß er nicht mehr alle Offiziere mit Namen kannte, immer nur eine Frage neben die Namen auf der Beförderungsliste geschrieben habe: *Ist er ein Glückspilz?*

»Wir haben Glück gehabt bisher«, sagte er, »wir waren gesund, wurden geliebt. Mit einem Wort: wir waren anerkannt. Zu einem gewissen Grad sogar frei.« Und ich sei von uns allen stets der glücklichste gewesen.

Ich fühlte mich ganz und gar nicht wie ein Glückspilz. Ich hatte ein flaues Gefühl in der Magengrube, denn mir war klar geworden, daß ich mein ganzes Leben lang dafür gearbeitet hatte, irgendwohin zu gelangen, nur damit ich für meine Freunde eine Art Held wäre. Und jetzt, als einer von ihnen sich bei mir anlehnen wollte, hatte ich selbst keinen Halt mehr.

Bevor er schlafen ging, fragte mich Bradford noch, wie denn meine Aktien stünden für das nächste Semester. Ich log. Die Aussichten seien nicht schlecht, ich ginge davon aus, daß mir jeden Tag eine Stelle angeboten würde. Er glaubte mir.

Man muß in einem Hotel nur zu früh aufstehen, und der ganze Zauber ist dahin. Ich hatte mich nach unserem Gespräch erst gar nicht mehr hingelegt, verbrachte vielmehr den Rest der Nacht damit, die Flure entlangzuwandern. So sah ich die hübsche Kellnerin aus dem Speisesaal, bevor sie ihr Make-up aufgelegt und ihren Pushup-BH angezogen hatte. Die Blätter der Pflanzen im Foyer, die gestern noch so echt gewirkt hatten, wurden mit Politur auf Glanz gebracht, und auf dem Tisch neben dem Haustelefon schwamm eine einsame, von roten Lippen geküßte Zigarettenkippe in einem halben Glas Ginger Ale herum. Die Sonne war noch nicht aufgegangen, die Illusion war noch nicht wieder intakt. Noch konnten die Eichenfurniere, das glänzende Chrom, das Meeresgrün nicht signalisieren: Du bist ein Patrizier und wahnsinnig erfolgreich, und das hier, mein Freund, ist dein privater Club.

Der Page schaute mir argwöhnisch nach. Er befand sich zwischen den Vorstellungen, und ohne seinen Zorro-Umhang wirkte auch er verloren und müde von der Arbeit. Einen Augenblick lang dachte ich, er habe auf mich gewartet und wolle mich nun hinter die Kulissen führen, um mir zu zeigen, daß alles, was ich je von mir gedacht hatte, nichts als Schein war. Ich konnte seinen Ausdruck nicht deuten, vielleicht würde er gleich losschimpfen: Was hast du denn, verdammt noch mal, anderes erwartet? Vielleicht würde er mich auch warnen: Nein. Schauen Sie sich das lieber nicht an. Gehen Sie wieder schlafen, Sir. Es tut Ihnen nicht gut, wenn Sie das alles hier sehen. Gehen Sie lieber wieder zurück auf Ihr Zimmer.

Der Bus, der mich zurück nach Hause bringen sollte, fuhr erst spät. So stand ich, als die anderen abgefahren waren, am Fenster und schaute auf die engen grauen Straßen der Stadt hinunter. Mir fiel ein, daß ich während meiner College-Zeit einmal mit zwei Typen aus dem Studentenwohnheim nach Boston gekommen war. Wir standen auf dem Harvard Square, als eine Demonstration gegen den Vietnamkrieg plötzlich in Gewalttätigkeiten umschlug. Berittene Polizisten machten Jagd auf Studenten.

Wir landeten in einem Zimmer im Studentinnen-Wohnheim der Northeastern University. Dort stand ich dann spät abends am Fenster und sah, wie ein Junge die Straße entlangging und die Windschutzscheiben der geparkten Autos einschlug. Er ging systematisch vor, von Wagen zu Wagen, und ließ keine Scheibe aus. Er holte weit aus, so weit, daß er fast zu springen schien. Mir fiel ein, daß ich damals Angst hatte. Ich wollte den Lebensbereich auf keinen Fall verlassen, den wir alle in den Staaten für so gut, so sicher, so wünschenswert hielten. Damals war ich bereit, alles zu tun, um an jenem Leben teilhaben zu dürfen.

Bereit, alles zu tun. Das sagte ich mir immer wieder, als ich am Fenster stand. Ich verachtete mich selber. Im nächsten Augenblick wurde mir klar, daß meine Vorgesetzten und die Dekane in Colgate genau dies gespürt haben mußten. Vielleicht hatte ich mich allzusehr angestrengt, um die Studenten für mich einzunehmen oder zu oft jene Grenze überschritten, die Professoren von ihren Studenten trennen muß.

Dann war es Zeit, das Hotelzimmer zu räumen. Nachdem ich meine Rechnung bezahlt hatte, wußte ich nicht, wohin ich gehen sollte. Also saß ich im Foyer und schaute zu, wie ein anderer Page sich vor den Gästen verbeugte, wie er all jenen unterwürfig-respektvoll zunickte, von denen er sich ein Trinkgeld erhoffte. Mit jeder Minute wuchs in mir die Gewißheit, daß ich nie wieder eine Anstellung als Professor finden würde.

Und wie ich so dasaß, wuchs die Verachtung, die ich gegen mich selbst hegte, wuchs und wuchs, bis ich schließlich vor der unausweichlichen Frage stand, was ich denn als nächstes tun sollte. Ich atmete durch, versuchte ruhig zu bleiben. Ich schaute den Hotelgästen in ihren schicken Busineß-Anzügen nach, ging im Kopf die Liste der Menschen durch, die ich in Boston kannte und die mir vielleicht bei der Jobsuche behilflich sein könnten. Ich hatte einen Golfspielsack voller Ablehnungsbescheide, und wahrscheinlich würde ich nie wieder an einem College unterrichten können. Aber es gab schließlich noch andere Berufe.

Schließlich fiel mir ein Mann ein, der vor mehr als zwanzig Jahren zusammen mit mir an einem Internat in Maine gelehrt hatte, kurz nachdem wir beide mit dem College fertig waren. Wir standen immer noch in Kontakt miteinander, und ich wußte, daß er die Hochschule zugunsten einer Karriere bei einem Verlag in Boston aufgegeben hatte. Dort war er rasch zum stellvertretenden Geschäftsführer irgendeiner Abteilung aufgestiegen. Ich rief ihn an.

»Meine Güte, du hier! Wie geht's dir denn?« rief er. »Wie stehen die Aktien in Colgate?«

»Super«, sagte ich. »Richtig super, aber ich wollte gerade ... na ja, ich bin halt hier in Boston und dachte, ich könnte dich besuchen kommen ...«

»Aber klar«, freute er sich und lud mich zum Mittagessen ein.

Wie konnte es anders sein, auch er trug einen Busineß-Anzug, und wir standen Schlange in der Cafeteria im Bürogebäude des Verlags, um unser Essen zu bestellen, als sein Piepser losging. »Entschuldigung«, sagte er, »bin gleich wieder da.«

»Was soll ich dir bestellen?« fragte ich noch. Aber er war schon weg. Also schob ich mich in der Schlange nach vorne und muß irgendwas gesagt haben, was die Küchenfrau dazu veranlaßte, mir ein Hühnchen à la King zu servieren. Was sie mir dann über die Theke schob, sah grauenhaft aus, aber ich hatte nicht den Mut, es zurückzuweisen.

Ich saß an einem Tisch, umgeben von Menschen in Anzügen, die sich über ihre Geschäfte unterhielten. Plötzlich hatte ich keinen sehnlicheren Wunsch, als mich in Luft aufzulösen, wie damals in jenem Sommerhotel.

Als mein Freund endlich zurückkam, hatte er einen halben roten Apfel in der Hand und kaute. »Mein Mittagessen. Habe gerade gehört, daß ich zu einem Meeting muß. Tut mir leid.«

Ich wollte aufstehen, aber er sagte: »Bleib. Ein paar Minuten habe ich noch. Das ist ja toll, daß du da bist. Wie steht's mit dir?«

Ich mußte einige Male Luft holen, bis ich ihm sagen konnte, daß ich auf Arbeitssuche sei. Ich gab mir größte Mühe, es so zu drehen, als würde ich die Stelle nicht so dringend brauchen, als würde ich nur Möglichkeiten testen, in einen anderen Berufszweig zu wechseln. Ich glaube, ich habe ihm gesagt, mit vier Kindern brauchte ich halt mehr Geld.

»Genau«, sagte er und bat mich, doch auf ihn zu warten. »Das Meeting wird höchstens eine Stunde dauern.«

Ich wartete fast zwei Stunden. Die Cafeteria hatte sich inzwischen geleert, nur ich saß noch auf meinem Plastikstuhl herum und fühlte mich wie ein kleiner

Junge in der Grundschule. Als er schließlich zurückkehrte, redeten wir ziemlich offen. Er war sehr freundlich, und ich begriff nach einiger Zeit, daß es ihm schwerfiel, mir zu sagen, daß er mir nicht helfen könne. »Ich glaube wirklich nicht, daß du hier würdest arbeiten wollen«, sagte er.

»Vielleicht könnte ich Vertreter werden und Bücher verkaufen«, schlug ich vor. »Du glaubst doch nicht, daß ich keine Bücher verkaufen könnte, oder? Ich habe schließlich seit Jahren Bücher verkauft. Was habe ich denn anderes getan, als den Studenten *Literatur* zu verkaufen, die sie eigentlich nicht lesen wollten?«

Er tat, als höre er interessiert zu, aber dann erklärte er: »Um dir reinen Wein einzuschenken: Wir stellen nur Leute ein, die Anfang zwanzig sind, die gerade das College oder eine Berufsausbildung hinter sich haben. Ich könnte dich nicht vorschlagen, ohne blöd dazustehen. Die Leute würden sich an den Kopf greifen. Das ergibt keinen Sinn.«

»Ich verstehe.«

Als ich dann im Bus saß, ließ ich immer wieder die Ereignisse in meinem Kopf Revue passieren, veränderte ihren Ablauf und versuchte, das Gefühl loszuwerden, daß dieser Mann nun Dinge von mir wußte, die ich mir selbst kaum klarmachte. Ich fühlte mich zutiefst gedemütigt.

In den folgenden Monaten gab es viele Augenblicke, in denen mich nichts anderes davon abhielt, nach einer richtigen Stelle zu suchen, als die Erinnerung an die Verlegenheit meines Freundes im Aufzug, als ich ihm dann doch erzählte, daß ich meine Stelle als Professor in Colgate verloren hätte und nicht mehr sicher sei, ob ich je wieder lehren würde, und ich sah, wie sein Gesicht langsam grau wurde.

6. Kapitel

Letztes Gehalt von Colgate:	2.082,00 Dollar
Lebensmittel:	231,12 Dollar
Gas:	34,35 Dollar
Strom:	87,55 Dollar
Fahrt nach Boston:	242,00 Dollar
Caras Geburtstag:	61,00 Dollar
Kinderfahrräder:	323,33 Dollar
Verlust heim Verkauf des Hauses:	1.733,00 Dollar
Verschiedenes:	29,00 Dollar
Guthaben, am 22. Juni:	12.191,56 Dollar

Als ich wieder zum Baseballplatz kam und dem Geschäftsmann erzählte, daß ich meine Freunde in Boston angelogen hätte und mich nun darüber ärgere, fand er mich romantisch. Er gab mir den Rat herauszufinden, was ich eigentlich am liebsten erreichen würde.

»*Wann* erreichen?« fragte ich.

»Jetzt«, sagte er. »Und wenn nicht heute, dann nächste Woche.«

Ich dachte einige Minuten darüber nach, während

wir Golfbälle schlugen. Was ich wirklich wolle, sagte ich dann, sei mit dem Geld etwas zu kaufen, solange wir es nicht aufgebraucht hätten.

»Was, zum Beispiel?« fragte er.

Ich wußte die Antwort sofort: »Ein Haus.«

»Dann tu's.«

»Die erste Rate würde unser gesamtes Guthaben verschlingen«, wandte ich ein, »und dann hätte ich nichts mehr, um die monatlichen Zinsen zu zahlen.«

Er lächelte. »Kein Gericht wird eine Familie mit vier Kindern auf die Straße setzen lassen. Und glaub mir, die Banken werden dein Haus nicht haben wollen; sie sind schon jetzt auf so vielen sitzengeblieben. Mach, such dir dein Haus.«

Tagelang dachte ich an nichts anderes, als Colleen und die Kinder wieder in ein Haus zu führen, das uns gehörte. Ich weiß gar nicht mehr, wie viele Häuser ich angeschaut und mit wie vielen Maklern ich mich getroffen oder am Telefon unterhalten habe. Sobald ich das Gefühl hatte, mir ginge die Luft aus, kehrte ich zum Baseballplatz zurück und ließ mich wieder aufbauen. Nach und nach rückte auch mein Geschäftsmann mit seiner Geschichte heraus. Er hatte selbst einmal Pleite gemacht und war dennoch mit einem seiner beiden Mercedes und seinem Acht-Zimmer-Haus aus dem Bankrott herausgekommen. Er hatte seinen Anwalt einfach einen Brief an die Banken schreiben lassen, denen er fast 900.000 Dollar schuldete. »Der hat ihnen erklärt, sie könnten gar nicht anders, als *unser* Angebot anzunehmen, nämlich fünf Cent pro Dollar, andernfalls würde ich mir das Leben nehmen und dann würden sie nicht mal einen Cent zurückbekommen. So muß man das heute spielen. Mein ehemaliger Partner hat es sogar noch weiter getrieben. Er hat bei einer Sparkasse in Kansas 14 Millionen Dollar in bar abgehoben und sich dann nach Malaysia abgesetzt. Die Mellons und Rockefellers haben das Anfang des Jahrhunderts nicht anders gemacht. Wer schnell schaltet und sich von seiner Wut nicht kopfscheu machen läßt, der hat die besten Karten.«

Ich verbrachte jeden Tag Stunden damit, Zeitungsanzeigen durchzusehen, stets in der Hoffnung, einen Immobilienmakler zu finden, der ehrlich wirkte, einen, der kein Geheimnis aus den Problemstellen des Hauses macht, das er verkaufen will.

Die meisten Häuser werden nur dann verkauft, wenn es unerfreuliche Gründe dafür gibt. Wer also kaufen will, erwirbt stets auch etwas von der Trauer eines anderen. Darum wohl wird im Immobiliengeschäft mit so vielen Tricks gearbeitet. Bei jedem Haus gibt es irgend etwas, das es zu verstecken gilt. Aber die Immobilienmakler lassen sich nicht unterkriegen. Man muß sie wirklich bewundern. Ich erinnere mich noch genau an die Anzeige von einem wackeren Mitglied der Branche, unter der stand: MICH MACHT ES GLÜCKLICH, EUCH GLÜCKLICH ZU MACHEN!

Einfach genial. Schlichter läßt sich der Kernglauben, an den sich die meisten von uns unbeirrt festklammern, nicht zusammenfassen und zugleich ausbeuten. Der Glaube, mit dem uns die abendländische Kultur so beruhigend umfängt: daß nämlich Besitz glücklich macht. Auch ich klammerte mich daran.

Die Maklerin, die uns zu unserem Glück verhelfen sollte, wird mir das bei der ersten Begegnung von den Augen abgelesen haben. Wir setzten mit der Fähre zu einer der Inseln in der Casco Bay, wo das Leben relativ billig sein sollte, über, um uns dort ein Haus anzusehen. Als ich die Maklerin in ihrer hellorangefarbenen Minihose mit passendem orangefarbenen Oberteil, auf dem zu allem Überfluß noch das Wort »Sonnenanbeterin« quer über dem Busen prangte, begrüßte, überfielen mich leise Zweifel. Spontan hätte ich erwartet, dort »Partyhäschen« zu lesen.

Sie fuhr uns auf der Insel herum. Colleen saß vorne neben ihr, ich saß hinten. Als wir an einem Mann vorbeifuhren, der mit einem kleinen Mädchen die Straße entlangging, ließ sie das Fenster heruntersurren. »Sie wird jeden Tag hübscher«, rief sie dem Mann zu. Und ließ das Fenster wieder raufschnurren. Während sie wieder beschleunigte, sagte sie zu Colleen: »Erstaunlich, nicht wahr, daß häßliche Frauen so bildhübsche Kinder haben können. Die Mutter des kleinen Mädchens ist die häßlichste Frau auf der ganzen Insel.«

Sie zeigte uns ein Grundstück in der Nähe eines kleinen Bootshafens. Sie ging voran, deutete auf die Bäume. »Die sind viel Geld wert. Sehen Sie nur, diese Kiefern, gerade gewachsen. Sie lassen einfach einen mit einer mobilen Säge kommen und sich Bretter schneiden. Die langen für das ganze Haus.« Sie streckte eine Hand aus und ließ ihre roten Fingernägel über die Baumrinde gleiten. »Mann«, rief sie aus, »das sind so tolle Bäume, man möchte das Land am liebsten selbst kaufen, nur um mit ihnen etwas bauen zu können.«

Ein unbebautes Grundstück sei vielleicht nicht ganz das, was wir suchten, bemerkte ich. Ob sie uns denn nicht ein paar Häuser zeigen könnte.

Für das Häuschen eines Hummerfischers wollte sie 169.000 Dollar. Innen lümmelten die zwei Söhne des Fischers auf dem Sofa herum und sahen mitten am hellichten Tag fern. Ich blieb bei ihnen stehen, während Colleen der Frau durch die Zimmer folgte. Im Fernsehen führte ein Mann Rezepte vor. »Wollt ihr denn kochen lernen?« fragte ich die Jungen. Sie zuckten die Achseln. Ich deutete auf einige kleine Inseln, die man durch das Fenster sehen konnte. »Wißt ihr, wie die heißen?« Wieder zuckten sie die Achseln.

Bevor wir uns an jenem Morgen zur Fähre aufgemacht hatten, hatte ich mit Erin zusammen Cornflakes gegessen und ihr erzählt, daß wir vielleicht auf einer Insel wohnen würden. Ich war ins Tagträumen geraten. »Vielleicht können wir ein altes Schiff kaufen, von einem Hummerfischer. Wir könnten es in Schuß bringen, daraus ein Lebensmittelboot machen, und du, Sarah, Jack und ich könnten dann früh aufstehen und zum Festland hinüber fahren, Lebensmittel einkaufen und sie dann den Inselbewohnern weiter verkaufen.«

»Woher werden wir wissen, was sie haben wollen?«

»Weiß nicht. Vielleicht rufen sie uns am Abend vorher an, und wir nehmen ihre Bestellungen entgegen. Dann werden wir am Morgen alles besorgen, was die Leute wollen.«

»Toll«, sagte sie.

Als ich mir allerdings vorstellte, sie würde mit solchen Inseljungen ausgehen, die am hellichten Mittag einen Kochkurs glotzten, fühlte ich mich gestrandet. Wie hatte ich mich angestrengt, um gerade diesem Leben in Maine zu entkommen.

Als wir wieder im Auto saßen, sagte uns die Maklerin, der Hummerfischer habe das Haus eigenhändig gebaut. Für ganze 16.000 Dollar. Jetzt müsse er verkaufen, weil er seine Steuern nicht mehr zahlen könne, die inzwischen auf fast 4.000 Dollar im Jahr gestiegen seien. »Wenn er verkauft, wird er ein reicher Mann sein«, sagte sie fröhlich. »Und wird das ganze Geld versaufen. Er ist nämlich ein fürchterlicher Säufer. Aber ein netter Kerl. Zumindest, wenn man nicht mit ihm verheiratet ist.«

Bevor sie uns wieder am Hafen ablieferte, zeigte sie uns noch ein hübsches, mit Schindeln verkleidetes Bauernhaus, das schwarze Klappläden hatte. Eine alte Frau wohnte ganz allein darin. Das Haus stand »offiziell« noch gar nicht zum Verkauf, aber die Maklerin kannte die beiden Söhne der Inhaberin, die ihre Mutter im Herbst in ein Pflegeheim in New Jersey stecken wollten.

Dann standen wir am Kai. Als ich noch einmal zu ihr hinüberschaute, wie sie so dastand, breitbeinig, mit dem Klemmbrett in der Hand, glaubte ich wieder, »Partyhäschen« über ihrem Busen zu lesen. Ich sah sie in ihren Wagen steigen und den Hügel hinauf zu ihrer nächsten Verabredung fahren. Einmal hielt sie an und winkte einem Hummerfischer zu, der gerade am Pier anlegte. Ich fragte mich, ob das der Mann war, dem das Häuschen gehörte, durch das sie uns geführt hatte. Ich sah ihn über das Deck seines Schiffs gehen und versuchte mir vorzustellen, wie sich ein Mann fühlte, der für 16.000 Dollar ein Haus gebaut hatte und dem nach ein paar Jahren eine Frau in hautengen orangefarbenen Shorts sagte, sie könne es bestimmt für das Zehnfache verkaufen. Und diese Frau weiß bestimmt, wovon sie redet. Denn sie hat auch schon die Häuser und Grundstücke von sämtlichen Bekannten des Mannes verkauft. Einige dieser Häuser hat sie bereits fünf oder sechs Mal verkauft – für unvorstellbare Summen. Wenn sein Haus zehnmal mehr wert sein soll, als der Fischer, der es gebaut hat, selbst schätzt, welchen Wert kann ein Tag Arbeit für diesen Mann noch haben? Und welchen Wert hat seine Ehe? Was bedeutet es dann noch, den Nachmittag mit seinen Söhnen zu verbringen und ihnen zu erklären, wie die Inseln heißen, die sie durch das Fenster sehen?

An jenem Nachmittag hatte ich beides zu sehen bekommen: das Leben, vor dem ich weggelaufen war, und das Leben, auf das ich zulief. Den schrillen Ton des Wohlstands und den tiefen Baß der Armut. Es braucht den mäßigenden Einfluß der Vernunft, um an irgendeinem vernünftigen Punkt zwischen diesen Extremen seinen Platz zu finden. Ich fragte mich, ob mir diese Vernunft zur Verfügung stand.

An jenem Abend machte ich einen langen Spaziergang. Als ich wiederkam, war Erin noch auf und saß bei Colleen. Ich ging in Jacks Zimmer, hob ihn hoch und trug ihn ins Badezimmer. Im Halbschlaf ließ ich ihn pinkeln, damit er später nicht das Bett naß machte. Dann schleppte ich ihn ins Wohnzimmer, zu Colleen und Erin. »Sieht er nicht nett aus?« fragte ich.

Erin begann zu lächeln, streichelte seine Backen und gab ihm schließlich einen Kuß – diesem Kerl, der sie den ganzen Tag terrorisierte.

Nachdem ich Jack wieder in sein Bett gelegt hatte, ging ich nach unten ins Wohnzimmer und schaltete das Radio ein. Ich wollte hören, wie die Red Sox abgeschnitten hatten. Ein Donovan-Song war zu hören, und ich sang mit. Als ich Erin lachen sah, kam ich richtig in Schwung, sang lauter, tanzte im Zimmer umher, bis ich ganz außer Atem war. »Das ist der Immobilientanz!« rief ich. Ich verwandelte mich in einen x-beinigen Narren mit Hühnerflügeln, wackelte mit den Hüften, schüttelte mich und kreischte den Text, während ich die Hände nach Geld aufhielt und meine Taschen nach außen kehrte. Erin lachte und lachte, schließlich versuchte sie mitzutanzen. »Schauen Sie nur diese *Aussicht* an!« schrie ich. »Was wird diese Aussicht für Sie bedeuten? Schulden bis über beide Ohren! Daran werden sie gar nichts ändern können!«

Ich fühlte, wie ich auf der Kippe stand. Gleich würde ich überschnappen. Aber ich konnte nicht aufhören, jetzt kam ein langsames Lied, nach der Melodie von »On the Street Where You Live« aus »My Fair Lady«. »Es gibt Rechtsanwälte in diesem Stadtteil. Und sie ...« Plötzlich sah ich Colleen, sah, daß sie weinte.

»Was ist denn?« fragte ich.

»Du siehst so schrecklich aus.«

»Ich wollte euch nur zum Lachen bringen«, verteidigte ich mich und stellte das Radio ab. »Tut mir leid.«

»Das war nicht komisch«, sagte sie traurig. »Du hast mir angst gemacht. Du siehst dich ja nicht, aber wir sehen dich, und wir haben alle Angst.«

Das saß. Am nächsten Tag erzählte ich meinem Geschäftsmann, daß ich die Haussuche aufgeben würde. »Trotzdem, das Geld fließt uns unter den Händen weg«, klagte ich. »Jeden Tag wird unser Bankguthaben etwas kleiner.«

Ich solle mich nicht so haben. »Ich sag dir, wie du's anstellen mußt. Du nimmst dein ganzes Geld und gibst es einem Freund, der es für dich aufbewahrt. Dann beantrage so viele Kreditkarten, wie du kannst. Die werden dich fragen, wieviel du verdienst, und du nennst irgendeine sechsstellige Summe. Heb mit den Karten das Maximum im voraus ab und mach deine Anzahlung auf das Haus. Mann, du mußt doch endlich etwas Wut zeigen. Was du brauchst, um im Dschungel draußen zu überleben, sind Wut und Plastikgeld. Einen Monat, nachdem du das Haus gekauft hast, schreibst du den Kreditkartenleuten und erklärst ihnen, daß du deine Stelle verloren hättest, daß du pleite seist. Und wenn sie dich bedrängen, meldest du Bankrott an, bevor sie noch ihren Kaffee ausgetrunken haben. Kauf dir auch einen Anrufbeantworter, wenn du noch keinen hast. Dann kannst du Anrufe der Krediteintreiber mithören, ohne dranzugehen. Und die *werden* anrufen, davon kannst du ausgehen. Das sind die einzigen Menschen, die auch am Weihnachtsmorgen und am Ostersonntag arbeiten. Doch vergiß nicht, die Zeit arbeitet für dich. Es gibt kein Gefängnis für Schuldner. Und denk immer dran, daß die Kreditkartenfirmen den Banken gehören, und Bänker sind die arrogantesten und zynischsten Menschen, die man sich vorstellen kann. Weißt du, daß sie auch den Armen ihre Dienste anbieten? Natürlich, denn die Armen brauchen Plastikgeld und viel Zeit, um ihre Schulden abzuzahlen. Das sind zuckersüße Zinsen, mein Lieber. Im Bankgeschäft gelten diejenigen als ›totes Holz‹, die ihre Schulden jeden Monat zurückzahlen. Tatsache. ›Totes Holz‹, so werden die genannt. Ist das nicht der Gipfel des Zynismus? Mein Freund, du brauchst endlich Wut im Bauch!«

Als ich in der darauffolgenden Woche vom Baseballplatz nach Hause fuhr, hielt ich bei der Apotheke im Einkaufszentrum, um eine Salbe für unsere vier Kinder zu kaufen, die gerade Windpocken hatten. Ich wartete in der Schlange, als ein kurzer, fahler Mann in alten Armykleidern und Stiefeln neben mir seine Flasche hochhielt und fragte: »Windpocken?«

Wir kamen ins Gespräch. »Ich bliebe ja gern zu Hause, um meiner Frau zu helfen«, sagte er. »Aber ich habe zuviel zu tun.«

»Was machen Sie denn?« fragte ich ihn.

»Ich habe meine eigene Firma«, antwortete er.

Firma, da hatte ich mir etwas Grandioseres drunter vorgestellt als den kleinen Lieferwagen, auf dem in blauen Lettern »Jiffy Clean« zu lesen war, den er mir zeigte. Er hatte ihn direkt neben meinem Rad geparkt, und bevor er wegfuhr, erzählte er noch, er mache das jetzt seit drei Jahren. »Das einzig Unangenehme ist die Arbeitszeit. Normalerweise arbeite ich zehn Stunden am Tag, geh' dann nach Hause, esse, schlafe fünf Stunden und arbeite dann im Büro die Nacht durch. Und du?«

»Ich bin zur Zeit arbeitslos.« Noch ehe ich ihn mit der Geschichte über meine hervorragenden Stellen blenden konnte, gab er mir seine Geschäftskarte und sagte munter:

»Ich habe mich bei einer großen Anwaltskanzlei beworben. Wenn das klappt, könnte ich dich brauchen, aber, wie gesagt, die Arbeitszeit ist lang.«

Ich nahm die Karte und bedankte mich. Einige Sekunden lang war ich sprachlos, bis die Wut in mir hochkochte, überkochte, und ich vor mich hin schimpfte: *Seh' ich denn aus wie diese Hausmeister? Ich will dir ja nicht zu nahe treten, aber meine Zukunft liegt bestimmt nicht bei der JIFFY CLEAN COMPANY. Ich bin Universitätsprofessor. Hast du denn keine Augen im Kopf?*

7. Kapitel

An die Tage des Zorns erinnere ich mich am besten, vielleicht weil ich mich wirklich angestrengt habe, um mir einzureden, daß ich ein Recht darauf hätte, wütend zu sein. Während der letzten Tage in Colgate hatte ich schon ein bißchen Wut abgelassen. Aber diese neue Welle des Zorns war viel zufriedenstellender, denn nun war er ungezielt und wild, eine Quelle aller möglichen Einfälle. Im Grunde bin ich nie richtig jung gewesen, und nun verhielt ich mich wie ein pubertierender Teenager. Ich schwelgte in dem Gefühl, endlich auf den Putz hauen zu dürfen.

An einem dieser Morgen heulten alle Kinder auf einmal. Ich konnte sie nicht beruhigen, mit nichts ließen sie sich ablenken, kein Batman-Comic für Jack, keine Flasche für Cara, weder Bücher noch Knetmasse für Erin und Nell halfen. Ich stand mitten im Schlafzimmer, ließ den Kopf hängen und gab mich geschlagen. Da kam Colleen die Treppe hoch. Sie zog ein Kind nach dem anderen aus und bat mich, Wasser in die Wanne einzulassen. Als ich aus dem Bad zurückkehre, fand ich alle Kinder nackt herumtollen.

Ich ging nach unten in die Küche, die unerschütterliche Kompetenz meiner Frau hatte mich wütend gemacht. Plötzlich hörte ich Alex Chadwick im National Public Radio: »Jetzt schalten wir um zu Professor W ... aus Colgate University im Bundesstaat New York.« Als ich dessen wohlvertraute Stimme vernahm, hatte ich nur noch das Bedürfnis, irgend etwas an die Wand zu werfen. Unendlich lang und monoton redete er über den neuerlichen Anstieg der Börsenkurse. Ich konnte die Arroganz seines Tons deutlich hören, und mir war, als sei es gestern gewesen, daß ich ihn in Colgate zufällig kennengelernt hatte.

Damals waren wir gerade ein Jahr dort und waren von allem begeistert. Eines Sonntagmorgens fuhren Colleen und ich mit den Kindern zu dem steinernen Clubhaus am Sportplatz. Als wir an einem der Tennisplätze vorbeigingen, hielt mich ein Mann an. Wir seien zu laut, sagte er mir. Ich hatte ihm zugeschaut: Er hatte Tennisklamotten an, mit Schweißbändern an den Handgelenken, deren Streifen genau zu denen der Socken paßten. Ein Mann, dessen eines Bein etwas kürzer war als das andere, hatte ihn abgezogen. »Ins Clubhaus gehören keine Kinder«, beschimpfte er uns mit finsterem Blick. Ich begriff erst gar nicht, worum es ging und ließ mir mit meiner Antwort Zeit.

»Sind Sie überhaupt Mitglied des Lehrkörpers?« fragte er. »Diese Einrichtungen sind morgens dem Lehrpersonal vorbehalten.«

Ich schaute auf seine zornigen Falten, dann direkt in seine braunen Augen. Ich war so verblüfft, daß ich noch immer keine Worte fand.

Er wiederholte: »Diese Plätze sind dem Lehrpersonal vorbehalten.«

Ich hörte, wie Colleen nach mir rief. Sie war drüben auf der Bahn, die um die Plätze führte. Nur kein unbedachtes Wort. Ich hatte Angst, irgend etwas entgegenzusetzen. Wer weiß, vielleicht war ich eines Tages auf ihn angewiesen.

Einen Monat später waren Colleen und ich im Haus des Universitätspräsidenten zum Abendessen eingeladen. Als ich von meinem Shrimpscocktail hochschaute, saß er mir direkt gegenüber, der Mann von den Tennisplätzen, Professor im Fachbereich Wirtschaft mit der Aussicht, zum Vorsitzenden des Universitätskonzils berufen zu werden. In dieser Stellung würde er den Dekan in allen Personalfragen beraten. Wir hatten unser Haus an der Maple Avenue bereits gekauft und dachten an ein viertes Kind.

Nun hatten wir unser viertes Kind und ich war arbeitslos. Fast den ganzen Tag lang kochte der Zorn in mir. Ich hatte keinen anderen Gedanken, als diesem Professor W. in Colgate irgend etwas anzutun. Und als ich für unseren Ofen Holz hackte, fiel mir ein, was das sein könnte. Ich wählte seine Nummer und erreichte ihn tatsächlich in seinem Büro.

»Herr Professor W? Hier spricht Scott Simon vom National Public Radio. Wir haben eine ganze Reihe Anrufe zum Thema Ihres Gesprächs heute morgen erhalten. Die meisten stammten von Kollegen von Ihnen, aus dem ganzen Land.«

»Ach ja?«

»Ja, und ich dachte, wir könnten den Professoren,

die sich bei uns melden und mit Ihnen sprechen wollen, vielleicht Ihre Telefonnummer geben.«

»Ja, selbstverständlich«, antwortete er.

Ich bedankte mich.

Der Hörer war noch warm, als ich Prof. W. ein zweites Mal anrief. »Hallo, hier spricht Stanley Peterson vom Fachbereich Volkswirtschaft an der Tufts University. Wissen Sie, ich habe heute morgen das Gespräch in NPR gehört, und ich wollte Sie nur fragen, wie Sie um Gottes Willen je die Magisterprüfung bestehen konnten?«

Noch dreimal rief ich an jenem Nachmittag bei ihm an. Und das letzte Mal dann kurz vor Mitternacht. Da meldete ich mich mit texanischem Akzent. »Professor W...? Hier spricht Professor Drysdale aus Austin. Sie reden nur Unsinn, ist Ihnen das eigentlich klar?«

Damit war der Bann gebrochen, und es fiel mir leicht, meine Wut zu zeigen. Eines Tages, als Colleen in der Küche saß und Cara fütterte, rief eine Inkassofirma an, um eine Heizölrechnung, die wir in Colgate vergessen hatten zu bezahlen, einzutreiben. »In unseren Unterlagen steht, daß Sie die Rechnung bis zum Monatsende begleichen wollten, Mr. Snyder.«

»Nein, das habe ich nie zugesagt«, entgegnete ich. »Ich habe 225 Liter Heizöl für unseren letzten Monat im Haus bestellt. Es ist nicht meine Schuld, wenn die Firma viermal soviel liefert.«

»Das Öl wurde Ihnen geliefert, Mr. Snyder.«

»Ich habe keine 900 Liter Heizöl bestellt.«

»Wir haben des öfteren mit Ihrer Frau gesprochen.«

»Tatsächlich? Aber jetzt reden Sie mit mir, und ich will nicht, daß Sie meine Frau wieder belästigen.«

»Also, was wollen wir tun, Mr. Snyder?«

»Schicken Sie die Rechnung zurück an die Heizölfirma.«

»Wir schicken keine Rechnungen zurück, Mr. Snyder.«

»Dann schicke ich sie selbst zurück.«

»Dafür ist es zu spät, Mr. Snyder. Sie wollen sich also nicht an Ihre Zusage halten, die Rechnung bis zum Monatsende zu begleichen?«

»Warum nennen Sie in jedem Satz meinen Namen?«

»Wie bitte, Mr. Snyder?«

»Ich fragte: Warum nennen Sie in jedem Satz meinen Namen?«

»Damit Sie nicht vergessen, daß wir genau wissen, wer Sie sind, Mr. Snyder.«

»Und ich weiß jetzt, wer *Sie* sind, und werde gleich auflegen.«

»Das würde ich Ihnen nicht empfehlen, Mr. Snyder. Wir sind eine Inkassofirma. Wissen Sie, was das bedeutet, Mr. Snyder?«

»Ist das eine rhetorische Frage, oder erwarten Sie eine Antwort?«

»Verstehen Sie nicht, was das bedeutet, Mr. Snyder?«

»Soll ich Ihnen die Wahrheit sagen?«

»Ja, Mr. Snyder.«

»In Wahrheit bedeutet mir das nichts. Absolut gar nichts.«

»Danke, Mr. Snyder. Einen schönen Tag noch.«

Als ich das nächste Mal auf dem Baseballplatz aufkreuzte, erzählte ich meinem Geschäftsmann davon.

»Hast du dir Kreditkarten besorgt?« fragte er.

Ich verneinte. »Ich glaube, ich kann über mein Einkommen nicht lügen.«

»Du lügst nur einen Computer an, mehr nicht«, sagte er. Er hatte kein Verständnis mehr für mich. »Dieses unser Land ist kaputt. Die Anzeichen sieht man überall. AT&T kündigt 40.000 Arbeitern, und was passiert? Ihre Aktien steigen!« Seine Augen funkelten wild.

Er erzählte mir von einem seiner Geschäftsfreunde, der vor einiger Zeit in Dartmouth an der Amos Tuck School unterrichtet hatte. »Er hatte einen sehr begabten schwarzen Studenten aus den Sozialsiedlungen in der Südbronx. Bei den Abschlußfeierlichkeiten stand mein Freund neben dem Vater des Jungen und fragte ihn, wie schlecht es ihnen dort wirklich ginge. Der Vater antwortete: Wissen Sie, Professor, bald wird man die Flammen von dort bis hier leuchten sehen.«

Wir suchten die Büsche nach einem Ball ab. »Die meisten Jungs in meinem Alter verstehen das nicht«, sagte er verbittert. »Wir haben eine ganze Klasse, eine neue Unterschicht geschaffen. Sie wird immer größer und hat immer weniger Anteil an all dem, was dieses Land zu bieten hat. Sie sind jetzt alle in den Städten und drehen langsam durch. Ein Kumpel von mir ist Polizist in Milwaukee – im netten *Milwaukee*. Er sagte, stell dir vor, dort gibt es mittlerweile eine ganze Subkultur von wirklich fiesen Typen, die uns irgendwann die Quittung präsentieren. Sie werden schreiend in die Vorstädte dieses Landes fahren, zum nächstbesten Golfklub, wo sie die Gewehre auf uns richten und dann schreien: ZAHLT EURE SCHULDEN, ODER IHR SEID DRAN! IHR HABT'S ZU LANGE ZU GUT GEHABT!«

Er war rot angelaufen, und ich sah die kleinen Äderchen in seinen Wangen leuchten.

»Komm, vergessen wir den Ball«, lenkte ich ab. »Ich kauf' uns ein paar neue.«

»Kommt nicht in Frage«, entgegnete er. »Seit ich kein Geld mehr verdiene, lasse ich keinen Ball liegen. Sie kosten über einen Dollar das Stück!«

Einige Tage später rief mein Vater aus Pennsylvania an. Das gab mir die Gelegenheit, meinen Freund fast wörtlich zu zitieren. Es hatte Schwierigkeiten gegeben. Er erzählte mir, daß ein Mann am hellichten Tag in ihre Wohnung eingebrochen sei und die Geldbörse meiner Stiefmutter von der Couch im Wohnzimmer geklaut habe. »Und wir waren im Zimmer nebenan«, sagte er, »kannst du dir das vorstellen?«

Mein Vater war Rentner, er war früher Pfarrer gewesen und bekam nur eine kleine Rente. In seinem ganzen Leben hatte er noch nie jemandem aus Wut eine gelangt. Ich spürte seine Angst, aber ich war zu weit weg, als daß ich ihn hätte schützen können. Darüber war ich bestürzt, und während ich ihm zuhörte, fiel mir ein, daß ich bei unserem letzten Telefonat noch fest angestellt gewesen war und ein Haus in einem sicheren Städtchen besessen hatte. Ich war mir nicht mehr sicher, ob ich das Versprechen würde einlösen können, das einzige, das mein Vater mir je abverlangt hat, nämlich dafür zu sorgen, daß er und meine Stiefmutter nicht auseinandergerissen würden, wenn sie sich einmal nicht mehr selbst versorgen könnten. Als Pfarrer hatte er eine solche Trennung von alten Ehepaaren oft miterlebt, und er glaubte, es gäbe nichts Unmenschlicheres.

»Die Menschen kommen aus den Städten und tun so fürchterliche Dinge!« brüllte er ins Telefon. Dann redete er mit lauter, verwirrter Stimme darüber, wie das Land in einem Abgrund versinke, weil die Regierung das Schulgebet abgeschafft habe und Abtreibungen zulasse und die Mittelklasse besteuere und Sozialhilfeempfängerinnen dafür bezahle, uneheliche Kinder zu gebären. So hatte ich ihn noch nie reden hören, und ich habe ihn auch noch nie so wütend erlebt. »Ich habe zwei Freunde im Krieg verloren«, brüllte er mir ins Ohr. »Charlie Blackledge starb in der Normandie, und Ralph Blake wurde über Afrika abgeschossen. Und wozu? Wozu sind die Boys gestorben?«

Ich versuchte ihn zu unterbrechen, aber er ließ mich nicht zu Wort kommen. »Die Steuern – wofür benutzen sie das ganze Geld?«

»Jetzt krieg dich doch ein«, rief ich. »Du zahlst doch gar keine Steuern!«

»Nein, ich kriege mich nicht ein! Das sage ich dir – Hillary Clinton hält die Zügel in der Hand, und sie ...«

»Vater, ich bitte dich! Liebe es oder laß es!« *Love it Or leave it* – das hatte er mir damals gesagt, in den späten Sechzigern, als er mich dabei erwischte, wie ich mich über Nixon lustig machte. Ich sagte noch einmal: »Liebe es oder laß es. Weißt du noch?«

Dann legte ich auf, es war das erste Mal, das ich so etwas getan habe. Ich rannte aus dem Haus und lief die Straße hinauf Richtung Hauptstraße. An der Kreuzung bog ich nach rechts ab und lief die acht Kilometer nach Falmouth. Die ganze Zeit dachte ich darüber nach, wie mein Vater geschuftet hatte, um mich zu unterstützen. Ich erinnerte mich noch genau daran, daß er einen Winter lang Nachtschicht gearbeitet hatte und die Tanks von Milchlastzügen reinigte. Auch Lkws mußte er beladen. Wäre er jetzt an meiner Stelle gewesen, hätte er wahrscheinlich jede Arbeit angenommen, ganz gleich, was er dafür bekommen würde.

In Falmouth lief ich an einigen dieser teuren Maine-Häuser vorbei. Sie lagen hinter sanft abschüssigen Rasenflächen, aufgereiht an einer breiten Allee, und durch die Baumreihe gegenüber sah man das Meer. Ich lief an Kindermädchen vorbei, die Kleinkinder in Buggys vor sich herschoben, sah Jogger, die ihre Arme so präzise wie Uhrzeiger bewegten und deren Körper so hart und hager waren, daß ich nicht wußte, ob es sich um Männer oder Frauen handelte. Autos fuhren an mir vorbei, manche Fahrer telefonierten mit ihren Handys. Ich lief und lief, dachte daran, wie fest ich mir vorgenommen hatte, meinen Vater zu versorgen, und wie oft ich ihm gesagt hatte, daß ich für ihn *dasein* würde, wenn es hart auf hart käme. Ich fragte mich, ob er die ganze Zeit gewußt hatte, daß mir etwas Wesentliches fehlte, irgendeine innere Stärke, Selbstvertrauen; ob er wußte, daß ich ein Feigling war. Ich kam zur alten Uferstraße, die wir damals, als wir gerade nach Maine gekommen waren, entlanggefahren waren, bis uns ein Wachmann den Weg versperrte. Kein öffentlicher Zugang. Ich wußte, daß es einmal eine Zeit gegeben hatte, als dieser Strand allen zugänglich war, und ich fragte mich, wer denn die neuen Besitzer seien, die einen Sicherheitsdienst angeheuert hatten, um Menschen wie mich fernzuhalten. Wovor haben die Angst?

Plötzlich hatte ich den Einfall, mit dem Uniformierten zu reden. Ich muß gesponnen haben, als ich dachte, auch er würde sich mit mir unterhalten wollen, aber ich glaubte wirklich, daß er mir erzählen könnte, welche Familie ihn eingestellt hatte, um ihr sorgenfreies Leben zu bewachen. Je näher ich seinem Häuschen kam, desto zögernder wurde mein Schritt. Mist, dachte ich, einer, der für reiche Leute arbeitet, wird wohl sofort erkennen, daß ich keine Stelle habe und mir nur ziellos die Zeit vertreibe. Und nicht nur das kam mir in den Sinn. Ich sah auch, daß seine Hand allmählich nach seiner signalgelben Pistole griff.

Bis ich es endlich begriff. *Eine signalgelbe Pistole?* Noch einige Schritte, und ich sah, daß es sich um eine Wasserpistole handelte und um eine aufblasbare Figur, lebensgroß und perfekt mit Polizeiuniform ausstaffiert.

Ich lachte, aber dann packte mich wieder die Wut. Ich lief die Hauptstraße zurück und suchte irgend etwas, was scharf oder spitz genug wäre, um die Puppe aufzuschlitzen. Alles, was ich finden konnte, war ein

Stück Holz. Aber als ich dem aufgeblasenen Wachmann gegenüberstand, verließ mich der Mut, und ich machte wieder kehrt.

Zu Hause dann nahm ich das Scheckheft aus der Tasche von Colleens Mantel, der über dem Stuhl in der Küche hing. In der Scheune ging ich die Zahlen durch, in der Hoffnung, irgendeinen Rechenfehler zu finden, den Colleen oder ich gemacht hätten. Ich schrieb die Zahlen in Spalten auf die Rückseite des Kartons, in dem die Badmintonschläger gewesen waren. Unser Geld wurde davon nicht mehr, dennoch beruhigte es mich, die Zahlen aufzuschreiben. Beim Betrachten der Zahlenkolonne hatte ich jenes zufriedene Gefühl, das Buchhalter empfinden müssen, wenn sie die komplexen inneren Begierden der Menschen oder die Kräfte der Technik auf nüchterne Zahlen reduzieren. Als ich aufschaute, sah ich den Sonnenuntergang, das Licht fiel dunkelorange durch die Zeder, und der Baum warf lange Schatten auf die Weide. Ich drehte den Karton, den ich noch auf dem Schoß hatte, um und betrachtete das Bild einer amerikanischen Bilderbuchfamilie: Mutter, Vater, Sohn und Tochter, die alle fröhlich Badminton spielen. Das Ganze wirkte derart gestellt und verkrampft, daß ich eigentlich hätte lachen müssen. Aber je länger ich auf das Bild starrte, desto wütender wurde ich.

Die Zahlen meines Budgets gingen mir noch immer durch den Kopf. Wenn wir mit etwas weniger als zweitausend im Monat auskämen, könnten wir bis Ende Dezember durchhalten. Ein halbes Jahr. Ich zerriß den Karton. Da habt ihr's, dachte ich, als ich die zerfetzten Gesichter sah, willkommen in der wirklichen Welt.

Ich erzählte meinem Geschäftsmann von diesem Erlebnis. Doch ihm schien diese Art Wut nicht die richtige. Er war nicht zufrieden mit mir, betrachtete mich mit besorgter Miene und erzählte von einer Selbsterfahrungsgruppe für Männer. Einmal in der Woche fahre er deshalb nach Portland. Diese Gruppe treffe sich im Keller einer Kirche; Sinn des Ganzen sei zu lernen, nicht zu hart mit sich ins Gericht zu gehen. In dem Augenblick, in dem er mich fragte, ob ich ihn nicht einmal begleiten wollte, wußte ich, daß ich nicht mehr zum Baseballplatz kommen würde.

»Wir treffen uns diese Woche Mittwoch«, sagte er. »Ich kann vorbeikommen und dich abholen.«

»Vielleicht nächste Woche.« Er schaute mich einige Augenblicke lang an, dann konzentrierte er sich auf seinen Abschlag. Bevor er zum Schwung ausholte, gab er mir den Rat, eine gute Lebensversicherung abzuschließen, damit meine Familie wenigstens versorgt sei, wenn mir etwas zustoßen sollte.

»Weißt du«, sagte er, ohne mich anzusehen, »der Streß kann tödlich sein ...«

Eine Versicherungspolice über 200.000 Dollar würde Colleen genug Bargeld einbringen, um ein Haus zu kaufen, falls mir etwas zustoßen sollte.

Ein Problem war nur, daß ich rauchte. Ich hätte den doppelten Jahresbeitrag zu zahlen. Also log ich den Vertreter an, erklärte mich zum Nichtraucher, prahlte mit dem biblischen Alter meiner Großeltern und mit meiner ausgezeichneten Gesundheit. Ich rief Colleens Mutter an; sie arbeitete als Krankenschwester, und ich bat sie um Rat. »Dumm sind die nicht«, meinte sie. »Es wird jemand vorbeikommen, sie werden Blut- und Urinproben haben wollen und darin Nikotin finden.«

In der Nacht bevor der Mann vom medizinischen Labor vorbeikam, um Blut- und Urinproben abzuholen, dachte ich verzweifelt darüber nach, wie ich die Versicherungsgesellschaft reinlegen könnte. Ich verfolgte mit Jack ein Baseballspiel im Fernsehen, und als ich ihn mit der üblichen Anweisung ins Bett schickte, er solle die Zähne putzen und auch noch mal auf die Toilette gehen, hatte ich einen Geistesblitz.

Ich hielt das leere Babybreigläschen, und Jack zielte. »Warum soll ich da reinpinkeln, Daddy?«

»Es ist ein Trick«, sagte ich.

Er bekam große Augen: »Ein Zaubertrick?«

»Ja, so was Ähnliches.«

Als er fertig war und nichts passierte, war er enttäuscht. »Und der Zauber, Daddy?«

Ich schaute ihn an, wie er in seinem blau und weiß gestreiften Pyjama vor mir stand. Dann hob ich ihn hoch und umarmte ihn. »Der Zauber besteht darin, daß du immer zu essen und auch Turnschuhe haben wirst, falls mir etwas zustößt.«

Der medizinisch-technische Assistent war ein sorgfältig gekleideter Mann ohne jeden Sinn für Small Talk. Ich sah zu, wie er zwei Brillen, einen Plastikbecher und ein Injektionsbesteck auspackte und penibel auf dem Tisch zurechtlegte, bis alles in einer geraden

Linie lag. Er hatte Formulare in dreifacher Ausführung bei sich und stellte mir zunächst einige Fragen zu meinem Gesundheitszustand. Ich antwortete wahrheitsgemäß, dann reichte er mir den Becher für die Urinprobe. Ich ging ins Badezimmer, schloß hinter mir ab und nahm das Glas mit dem Urin meines Sohnes, das ich in einem Thermobeutel warmgehalten hatte.

»Wie viele Proben machen Sie jeden Tag?« fragte ich, nachdem ich ins Eßzimmer zurückgekommen war und den Becher auf den Tisch gestellt hatte, in der Hoffnung, ihn abzulenken. Ich weiß nicht mehr, ob er antwortete. Ich schaute zu, wie er einen dünnen Papierstreifen in den Urin hängte. »Haben Sie Kinder?« fragte er. *Das war's*, dachte ich, *jetzt hat er mich*!

Aber eine Woche später waren die Laborbefunde da, und die Police wurde ausgestellt. Und ein, zwei Tage lange dachte ich, daß das Geheimnis des Überlebens am Rande unserer Gesellschaft vielleicht doch darin bestünde, einen kühlen Kopf zu bewahren. Der Betrug an der Versicherungsgesellschaft machte mir keinerlei Schuldgefühle. Kurz nachdem ich die Police erhalten hatte, wurde in Princeton eine genau auf mich passende Stelle ausgeschrieben. Ich heftete die Anzeige aus dem »Chronicle of Higher Education« mit einem Magnetbuchstaben auf die Kühlschranktür und versuchte mal wieder, mir eine Erklärung dafür zurechtzulegen, warum man mir gekündigt hatte.

»Ich kann es kaum abwarten, dir die Stadt zu zeigen«, sagte ich zu Colleen, als wir abends im Bett lagen. Ein Streifen Mondlicht fiel über unsere Bettdecke. »Vielleicht sollten wir einen Familienausflug nach Princeton machen«, schlug ich vor.

»Wann finden die Bewerbungsgespräche statt?«

»Wohl in einer oder zwei Wochen«, erwiderte ich.

»Dann sollten wir vielleicht bis dahin warten. Wir könnten dich ja zum Vorstellungsgespräch begleiten.«

Ich war blind vor Aufregung. Und blind dafür, daß Colleen davor zurückschreckte, sich an diese Hoffnung zu klammern. Sie aber hatte den realistischeren Blick: eine Anzeige in einer Fachzeitschrift, auf die sich mehrere hundert, wenn nicht gar tausend Arbeitslose bewerben würden, und sei es nur, um in den Genuß der Krankenversicherung zu kommen.

Ich schickte meinen Lebenslauf samt Anschreiben los und verbrachte meine Zeit dann wieder mit meiner Familie. An einem dieser Tage bauten wir am Strand zusammen eine Burg im Sand. Und Erin sagte: »Laßt uns doch eine kleine Stadt bauen. Laßt uns Hamilton bauen. Da ist unser Haus, dort die Schule, der Supermarkt ...«

Ich unterbrach sie: »Nein, warte. Wenn wir eine Stadt bauen wollen, dann laßt uns Princeton bauen. Wir wär's damit, wir stellen unser Haus da hin.«

»Hast du dort schon gewohnt, Daddy?« fragte Nell, als sie zu schaufeln begann.

Ich mußte gestehen, nie dort gewesen zu sein.

»Wo in *Princeland* steht denn Brian Murphys Haus?« rief Jack.

»*Princeton* heißt es«, korrigierte ihn Erin.

Später rief ich unter einem falschen Namen im

Englischen Seminar von Princeton an: »Ich heiße Terrnace Delmonico. Wie geht es Ihnen heute? Ja, ich bin Alumnus. Jahrgang '59. Ich wollte jemanden für die neue Stelle in Ihrem Fachbereich vorschlagen und daher wissen, wann Sie zu den Bewerbungsgesprächen einladen?«

Noch zehn Tage. Ich weiß noch, wie ich aufhängte, einige Sekunden auf den Hörer starrte und mich fragte, wie zum Teufel ich denn bloß all die Tage bis zu meinem Vorstellungsgespräch herumbringen sollte.

8. Kapitel

Lebensmittel:	233,00 Dollar
Telefon:	43,55 Dollar
Autoversicherung:	229,77 Dollar
Golfbälle:	4,24 Dollar
Benzin:	22,00 Dollar
Verschiedenes:	125,00 Dollar
Guthaben, am 4. Juli:	11.534,00 Dollar

Colleen und ich saßen auf der Brücke über den Royal River und verfolgten das Feuerwerk, das zum Unabhängigkeitstag über der Casco Bay abgebrannt wurde. Ganz unvermittelt sagte sie mir, ich solle mich doch mehr zusammennehmen und weniger vor den Kindern fluchen. Ich bat um Verzeihung.

»Mir ist aufgefallen, daß deine Sprache ziemlich verroht«, sagte sie.

»Ich habe doch schon um Verzeihung gebeten.«

Die Kinder lagen in unseren Armen. Für die Vorbeifahrenden sahen wir sicher wie eine große glückliche Familie aus. Ich beugte mich über Jack und drückte ihm einen Kuß aufs Haar.

»Ich muß dir was vom Finanzamt erzählen, was Unangenehmes. Hoffentlich wirst du nicht mit mir schimpfen.« Ihr Blick beunruhigte mich.

Sofort hatte ich das Gefühl, die Brücke unter mir beginne zu schwanken. »Was meinst du damit?«

»Du hast die Steuern nicht richtig berechnet.«

»Welche Steuern?«

»Die für deine Rente. Das Finanzamt hat uns geschrieben. Ich wollte nicht, daß du den Brief siehst.«

»Warum nicht? Wieviel wollen die denn?«

»Ich habe das schon bezahlt.«

»Wieviel?«

»Dreitausend.«

Ich drückte meine Lippen gegen Jacks Kopf und schnappte nach Luft.

»Ich wünschte mir, wir könnten einfach glücklich sein und müßten nicht über solche Dinge nachdenken«, hörte ich Colleen sagen.

In jener ersten Juliwoche erhielt ich den Formbrief einer weiteren Universität, in dem mir mitgeteilt wurde, man habe meine Unterlagen mit Begeisterung gelesen, sich aber leider für einen anderen Bewerber entschieden. Doch diese Ablehnung war nicht wie die anderen. Sie stammte von einer kleinen Universität irgendwo im Norden vom Michigansee, wo der Hauptwintersport das Eisangeln sein mußte. Eine Stelle wie diese, hatte ich gedacht, würde mir ohne jedes Problem offenstehen. Als ich die Bewerbung schrieb, tat ich das eher in der Absicht, sie sowieso für eine andere, bessere abzulehnen.

Eines Morgens faßte ich Mut und rief dort an, um zu fragen, warum ich nicht einmal zu einem Bewerbungsgespräch eingeladen worden sei. Ich hörte nur ein Band, das mir sagte, ich solle nach acht Uhr noch einmal anrufen. Ich versuchte es ein zweites Mal. Mit dem gleichen Ergebnis. »Aber es ist schon halb zehn, ihr faulen Säcke!« brüllte ich in den Hörer.

»Was ist los?« fragte Erin, die vorüberlief.

Ich hatte völlig vergessen, daß Sonntag war.

Ich war noch immer erregt, als ich am Montagmorgen mit meinem Anruf durchkam und mit dem Fachbereich Englisch verbunden wurde. Der Fachbereichsvorsitzende erinnerte sich an meinen Namen und hörte geduldig zu, als ich von meinen sieben Jahren Lehrerfahrung an zwei der feinsten Privatuniversitäten des Landes sprach, von meinen drei Buchveröffentlichungen und den angesehenen Stipendien. Ich hatte erwartet, er würde mir sagen, ich sei für die Stelle überqualifiziert. Dann erklärte er mir die Situation: »Als wir die Anzeige in die Zeitungen und Zeitschriften setzten, haben wir nicht erwartet, überhaupt jemanden mit Ihren Qualifikationen unter den Bewerbern zu finden. Tatsächlich aber haben wir über dreihundert Bewerbungen erhalten, und neun davon hatten noch mehr Berufserfahrung als Sie. Einer der Bewerber war bereits für den Pulitzer Preis nominiert worden. Bei dreien handelte es sich um ehemalige Fachbereichsvorsitzende. Die Entscheidung ist uns wirklich nicht leichtgefallen. Es tut mir furchtbar leid.«

Ich saß mit dem Hörer auf den Knien, starrte einfach ins Leere, als Erin wieder ins Zimmer kam.

»Kann ich dich was fragen, Daddy?«

»Natürlich«, sagte ich.

»Warum wurdest du gefeuert?«

»Warum ich *gefeuert* wurde. *Du lieber Himmel!*« entglitt es mir. Ich schaute meine siebenjährige Tochter an – sie befand sich in einer jener eigenartigen Phasen, in denen man förmlich sieht, wie sie wächst. Ich sah sie plötzlich als Vierzigjährige vor mir, noch immer mit jenen unbeschreiblich grünen Augen, die sie von ihrer Großmutter hat. Ich sah sie allein leben, nur mit einer Katze. Ich sah sie am Fenster sitzen und nach draußen in den Regen starren und die Menschen beobachten, die ihrem Alltag nachgingen. Alle lächeln sie, sie haben Teil am Leben, und Erin fragt sich, wie sie es schaffen, glücklich zu sein. Und in einem dieser tief nachdenklichen Momente muß sie vielleicht plötzlich an ihr erstes Schuljahr denken, daran, wie sie aus ihrer kleinen Schule gerissen, in eine längere Periode der Müdigkeit getrieben wurde, die sie nie wieder ganz verließ.

»Eine ziemlich lange Geschichte, Liebes«, sagte ich. Sie schaute auf den Zwirnsfaden, den sie unablässig um ihre Hand herum und wieder abwickelte. Ich dachte daran, mit welcher Leichtigkeit unsere Kinder zur Welt gekommen waren. Eins, zwei, drei, vier, in sechseinhalb Jahren.

»Weißt du was«, sagte ich zu Erin, »wir nehmen eines deiner Bücher und legen uns unter einen Baum und lesen es von Anfang bis Ende durch. Den ganzen Tag lang. Was meinst du?«

Sie hatte jedoch andere Pläne. Und ich muß gestehen, es war mir ganz recht. Ich bin nie ein Vater gewesen, der mit seinen Kindern herumgesessen hat. Von Anfang an habe ich sie eingepackt und auf lange

Wanderungen, Fahrradtouren, Skitouren und zum Eislaufen mitgenommen. Ich mußte mich beschäftigt halten, die Aussicht, einen ganzen Tag mit ihnen auf dem Wohnzimmerboden zu verbringen, hätte ich nicht ertragen. Colleen hat das jahrelang gemacht. Als Erin zur Welt kam, habe ich mir ein Tragetuch zurechtgemacht, so daß ich Tennis und Squash spielen konnte, während ich sie im Tuch vor meine Brust gebunden mit mir herumtrug. Ich mußte einfach immer in Bewegung sein.

»Hast du Angst um uns, weil ich gefeuert wurde?« fragte ich.

»Ja«, sagte sie, »denn wir könnten arm werden.«

»Wir werden nicht arm werden«, versicherte ich ihr.

»Aber wir haben kein Haus.«

»Schau dich doch um, ist das kein Haus?«

»Ich meine ein Haus, aus dem wir nicht ausziehen müssen.«

»Wir werden ein schönes Haus finden. Sogar schöner als das hier. Du bist doch gern hier, oder? Du kannst jeden Tag zum Strand. Du kannst deine Cousinen besuchen, und Oma und Opa.«

Als ich in ihr trauriges Gesicht blickte, wußte ich, daß ich sie damit nicht hatte überzeugen können. Was sie fühlte, saß so tief in ihr, daß es schon Teil ihrer Einschätzung der Welt war.

»Bald werde ich wieder Mr. Badminton sein«, sagte ich ihr.

Sie lächelte: »Wer?«

»Mister Badminton. Ich werde jeden Tag zur Arbeit gehen, genauso wie er es ohne Zweifel tut, und wir werden wieder die Familie Badminton sein, und alles kommt in Ordnung. Mommy wird Missis Badminton, ich Mister Badminton, und du wirst die Badminton-Tochter sein, und alle werden uns ansehen und denken, wie glücklich wir sind, einfach die Familie Badminton, die im Badminton-Haus lebt.«

Ihr Lächeln verschwand. Und ihr Blick war mißtrauisch, als sie sagte: »Es gibt gar keine Familie Badminton.« Ich nahm sie in die Arme und trug sie in die Scheune. Ich zeigte ihr die Fetzen des Kartons mit der amerikanischen Werbefamilie, die dort noch herumlagen. »Warum hast du das gemacht?« fragte Erin.

»Sie hatten einen kleinen Unfall«, sagte ich. »Es kann nicht immer alles problemlos laufen, auch für Familie Badminton nicht.« Ich kramte herum, fand etwas Isolierband, und nachdem ich den Karton repariert hatte, befestigte ich ihn an der Wand über der Werkbank. »Da. Jetzt habe ich was, wonach ich zielen kann.«

»Du wirst auf sie *zielen*?«

»Ach was«, sagte ich, »komm, laß uns ein Eis kaufen gehen.«

Wir liefen in die Stadt und zurück. Ich wollte ihr etwas erzählen, worauf sie sich einen Reim machen könnte. Oben auf dem Hügel sagte ich ihr, sie solle in den Himmel schauen. »Wir wissen nicht einmal, wie weit er reicht«, sagte ich. »Nicht einmal das wissen wir. Zwar gibt es Leute, die behaupten, sie wüßten das, aber eigentlich wissen wir nur, daß wir irgendwann geboren werden, und dann versuchen wir, zu leben und glücklich zu sein. Doch manchmal wird das Leben schwierig. Wir werden gefeuert, und wir ziehen von den Freunden weg. Dann sind wir eine Zeitlang gar nicht glücklich, vielleicht sogar eine lange Zeit. Aber dann *werden* wir wieder glücklich. Und es gibt einen großen Unterschied zwischen arm sein und kaputt sein.«

»Kaputt?« fragte sie. »Meinst du wie die Familie Badminton auf der Schachtel?«

Ich lachte, und sagte, ja, genau das meinte ich.

»So wie der Reifen am Auto kaputt ist?«

»Ein Reifen ist normalerweise nicht kaputt, Schatz.«

»Doch, als Mommy heute mit dem Wagen fuhr, war er kaputt. Und viel Rauch kam da raus.«

Dave, der Mechaniker, schätzte den Schaden auf 1.200 Dollar: eine neue Hinterachse und ein Radlager, und nachdem er noch lecke Stellen im Kühler und im Bremsschlauch gefunden hatte, war er der Meinung, bei einem Auto mit 190.000 auf dem Tacho würde sich eine solche Reparatur kaum noch lohnen.

Wenn ich auch nur den geringsten Glauben daran gehabt hätte, die Stelle in Princeton zu bekommen, dann hätte ich meine ehemalige Studentin aus Ohio, deren Vater Fordhändler war, nicht angerufen. Ich sagte ihr, daß ich ihre Hilfe brauchen könnte, denn ohne Stelle bekäme ich keinen Bankkredit. Sie versicherte mir, sie werde eine »firmeneigene Finanzierung« arrangieren. Sie freue sich, mir helfen zu können.

Am liebsten wäre ich gleich in meinem neuen Kombi von Ohio zurück nach Hause gefahren, aber weil Hin- und Rückflüge wesentlich billiger sind als Einzelflüge, habe ich dann doch ein Rückflugticket gebucht. Ich verschwieg Colleen, wohin ich flog. Ich sagte, ich sei von einer kleinen Universität in Ohio zu einem Vorstellungsgespräch eingeladen; ich erfand sogar den Namen: Langdon College.

Am gleichen Abend saß ich im Wohnzimmer dieser Studentin. Wie in einem alten Film bereitete sie uns Drinks. Ich hatte seit unseren Klassentreffen in den frühen Achtzigern keine harten Sachen mehr getrunken, diesmal aber Scotch mit Wasser angenommen. »Sie haben ja einen Kamin«, sagte ich, aufgekratzt wie ein Mann, der aufgewacht ist und einen schlechten Traum hinter sich gelassen hat. Sie rief aus der Küche, ich solle doch Feuer machen. »Es ist Holz hinter der Klappe vorne.« Aber da entdeckte ich nur orangefarbene künstliche Holzscheite.

Während wir plauderten, versuchte ich mir immer wieder vorzustellen, wie ich in Colgate vor der Klasse gewirkt hatte, bevor ich gefeuert wurde: so leicht und voller Selbstvertrauen ...

Der Scotch lief mir locker die Kehle hinunter, und schon nach ganz kurzer Zeit hatte ich keinerlei Hemmungen mehr, ihr alles zu erzählen, was mir seit unserer letzten Begegnung widerfahren war. Ich glaube nicht, daß ich auf ihr Mitleid aus war. Vielleicht wollte ich ihr weismachen, daß die Vorstellung, die sie oder ich vielleicht einmal von einem romantischen Tête-à-tête gehegt haben könnten, etwas völlig Absurdes hatte. Etwa zwei Stunden waren vergangen. Ich redete und redete. Und sie lächelte mir beruhigend zu. Hin und wieder musterte ich sie verstohlen. Das einzige, worauf sie direkt reagierte, war meine Erzählung vom Versicherungsbetrug; das behagte ihr offenbar nicht. »So etwas hätten Sie nicht tun sollen«, sagte sie vorwurfsvoll. »Wenn Sie sterben, können die sich weigern, Ihrer Frau die Prämie auszuzahlen. Dann war alles für die Katz.«

Für die Katz, sagte ich mir. Genauso wie meine Reise hierher.

Als ich endlich schwieg, sprach sie abschätzig über diverse Freunde, die sie seit ihrem Studium gehabt hatte, Männer, die schlichtweg bedient werden wollten. Sie trug schwarze Netzstrümpfe, die jenen ähnelten, die ich einmal für Colleen gekauft hatte. Jedesmal, wenn sie in die Küche ging, um Scotch nachzufüllen, hörte ich das Geräusch ihrer aneinanderreibenden Schenkel.

»An was für ein Auto dachten Sie?« fragte sie schließlich.

Ich sagte es ihr. »Aber es muß kein neues sein«, setzte ich hinzu. »Alles, was weniger als 100.000 auf dem Tacho hat, käme in Frage.«

»Aber auch mit einer dritten Sitzbank hinten drin wird es mit vier Kindern eng.«

Ich mußte kurz hinaus, und als ich wieder ins Wohnzimmer kam, lächelte sie mich an, als wüßte sie nun mehr über mich als ich.

»Haben Sie mal wieder ›Der Tod eines Handlungsreisenden‹ gelesen?« wollte sie wissen.

»Nein«, sagte ich ehrlich. Während der acht Semester in Colgate hatte ich Millers Schauspiel zwölfmal im Seminar behandelt. Jeder Student, der Englisch als Hauptfach gewählt hatte, mußte den Kurs »Frühe Amerikanische Literatur« belegen. Das Material war erstaunlich langweilig und schlecht, und nur die absolut unverbesserlich strebsamen Akademiker schliefen nicht sofort ein. Der Kurs war allgemein verhaßt – bis ich in Colgate auftauchte, mit einem neuen Trick in der Kiste. Ich bin von Millers Stück ausgegangen und habe es mit alten Texten verbunden. So verfolgte ich den Zerfall des *American Dream* bis in die voramerikanischen Vorstellungen dieses Traums. Dieser Kurs war rasch so beliebt, daß er sogar Studenten der Naturwissenschaft anlockte; auch Erstsemester der Medizin haben bei mir ihre geisteswissenschaftlichen Pflichtstunden belegt. Ich war natürlich geschmeichelt, freute mich, den Kurs von zwanzig auf dreißig Plätze erweitern zu können. Und als ich die Kündigung bereits in der Tasche hatte, habe ich die alten Texte fast völlig weggelassen und das ganze Semester über die Familie Loman diskutiert. Ich gestand ihr, daß ich die Geschichte von Willy Loman in letzter Zeit nicht hatte in die Hand nehmen können. »Ein bißchen zu nah an meinem Alltag, verstehen Sie?«

Sie führte mich in ihr Gästeschlafzimmer. Ich schlief wie ein Toter. Am nächsten Morgen fuhr sie mich mit einem Ford Bronco rasant durch die Innenstadt und deutete dabei auf die verschiedenen Gebäude und Geschäfte, die ihrem Vater gehörten oder die er in der Zeit, als sie ein Kind war, verkauft hatte. Ihre Augen leuchteten – wie damals, als sie mich in meinem Literaturseminar elektrisiert hatten. Ich lehnte mich zurück und ließ mich einfach spazierenfahren. Sie zeigte mir ihre High School und die Plätze, auf denen sie Tennis gespielt hatte und wo Arthur Ashe mit ihr trainiert hatte. »Er war ein Freund meines Trainers«, sagte sie.

Wir fuhren an dem Friedhof vorbei, auf dem das Grab ihres Großvaters lag. Sie fuhr langsamer und erzählte mir, daß er von Italien hierher gekommen war und als Fliesenleger gearbeitet hatte. Ich dachte an die jungen Männer, die für sie Autos verkauften, wie sie wohl abends einschliefen und ob sie davon träumten, die Chefin zu heiraten.

Ich wartete darauf, daß die Hochhäuser verschwinden und die flachen Gebäude der Autohäuser und Einkaufszentren vor uns auftauchen würden. Statt dessen parkten wir in einem kleinen Hof hinter einem hohen Backsteingebäude und fuhren mit dem Fahrstuhl hinauf zu einer Büroetage, in der alles aus Glas und Chrom war.

»Sie arbeiten nicht im Autohaus?« fragte ich etwas naiv.

»Mein Büro ist hier«, sagte sie. »Aber ein paar Mal die Woche fahre ich auch rüber.«

Ein freundliches Mädchen mit einem pickligen Gesicht brachte uns Kaffee mit Zimtgeschmack in Glasbechern und warmes Gebäck. Es schmeckte so gut, daß ich alle vier Stücke aufaß.

Am Flughafen hatte sie mir erzählt, daß sie damals in Colgate total in mich verliebt gewesen sei. »Um ehrlich zu sein, nach vier Jahren im Vorbereitungs-College und dann in Colgate hatte ich ein bißchen die Nase voll von den Goldenboys à la Biff Loman. Mein Vater nennt sie Schauspieler. Wissen Sie, diese Typen, die alle denken, sie seien etwas Besonderes und bräuchten nicht – so wie wir alle – einer geregelten Arbeit nachzugehen. Seit ich hier bin, habe ich einige dieser Goldenboys rausschmeißen müssen.«

Als sie mir sagte, sie wolle mir tatsächlich zu einem Auto verhelfen, hatte ich eigentlich schon nicht mehr damit gerechnet. »Sind Sie sicher, daß Sie einen Kombi wollen?« fragte sie. »Die monatlichen Raten sind recht hoch.«

»Ich dachte wahrscheinlich, das Auto wäre umsonst«, sagte ich sarkastisch und fragte mich, was um Gottes Willen mich sechsunddreißig Stunden zuvor wirklich hatte denken lassen, so etwas liege im Rahmen des Möglichen.

Sie lächelte wieder. Sie habe gewußt, ich wäre zu stolz, ein caritatives Geschenk anzunehmen.

Wir vereinbarten, daß ich Kredit und Auto dadurch abzahlen könnte, wenn ich ihr bei der Abfassung von Aufsätzen behilflich sein würde, die sie für ihre Prüfung zum Master of Business brauchte. Ich sollte ihr die Rohfassung liefern. Sie gab mir ein Taschenbuch mit, ein Verzeichnis der besten Business Schools in den Staaten. Es enthielt aber auch Beispielaufsätze, an denen man das eigene Schreiben schulen konnte.

Mir war noch nicht danach, nach Hause zurückzufliegen. Am Flughafen mietete ich mir einen Wagen und fuhr nach Bangor, um zu sehen, wie es Bradford ging. Es regnete, und die Stadt war noch genau so, wie ich sie aus meiner Jugend in Erinnerung hatte; sie wirkte wie eine alte Frau, die es trotz aller Anstrengungen nicht schafft, den Lippenstift gerade zu ziehen, der stets ein Träger runterrutscht und die auf Partys vergißt, die Beine geschlossen zu halten.

Die hohen Ahornbäume am West Broadway schwankten im Wind, und vor Stephen Kings Haus gab es einen Stau, weil alle anhielten und das Haus fotografieren wollten. Bradford wohnte direkt daneben. Es war sein Tennisabend. Ich begleitete ihn. Als wir spielten, schaute ich ihn die meiste Zeit nur deswegen an, weil ich herausfinden wollte, ob die Multiple Sklerose seine Bewegungen schon beeinträchtigt hatte. Als wir später nebeneinander im Auto saßen, sagte ich ihm, ich würde für diesen Herbst wohl keine Professur mehr finden. Und so müsse ich vermutlich ein ganzes Jahr warten, bis ich wieder arbeiten könnte.

»Was heißt das?« fragte er.

»Jetzt gibt es keine Stellenangebote mehr bis zum nächsten akademischen Jahr.«

»Ja, aber du wirst lange vorher pleite sein. Du mußt dir irgendeine Arbeit suchen, vielleicht sogar Colleen.«

»Na hör mal«, sagte ich, »würdest du denn für fünf Dollar die Stunde arbeiten?«

»Wenn ich nichts Besseres finden könnte, ja.«

Ich sagte nichts dazu. Bradford riß eine Chips-Packung auf, und für kurze Zeit waren wir wieder die zwei Sechzehnjährigen, die einst im Auto von Bradfords Vater gesessen hatten und sich mit dem vollstopften, was sie aus der Speisekammer seiner Mutter hatten mitgehen lassen. Ich erinnerte ihn daran, wie ich früher jedesmal bei ihm gewohnt hatte, wenn seine Eltern nicht in der Stadt waren und nur noch das Dienstmädchen da war, um auf ihn aufzupassen. Seine Eltern waren kaum aus der Ausfahrt heraus, da kam ich schon vorbei. Einmal kamen sie noch mal zurück, weil sie etwas vergessen hatten. Ich war schon bei ihm, und er mußte mich in seinem Zimmer im Schrank verstecken. Er war in die Dachschräge hineingebaut, und ich konnte nicht aufrecht darin stehen. Stundenlang wartete ich zusammengekauert, daß er mich herausholen würde. Schließlich wagte ich es, den Schrank zu verlassen. Unten fand ich Bradford: Er war auf dem Bett seiner Eltern eingeschlafen.

Er lachte so unbändig darüber, daß er die Chips überall auf das Armaturenbrett seines Autos hustete.

»Was ist daran so komisch?« fragte ich. »Schon als Teenager habe ich versucht, das zu verdienen, was du Zeit deines Lebens einfach so genießen konntest.«

Die Erinnerung holte uns ein. Wir fuhren den Schulweg entlang, den wir in der siebten Klasse jeden Morgen zusammen gegangen waren. Da war der kleine Tante-Emma-Laden, wo wir das Geld, mit dem wir uns ein warmes Mittagessen kaufen sollten, für Sahnekuchen und Cola ausgaben. Das wußte ich alles noch. Etwas weiter den Hügel hinunter war das alte Kino, in dem wir »Die Reifeprüfung« und »Doktor Schiwago« gesehen und, als das Licht wieder anging, das Gefühl gehabt hatten, etwas Entscheidendes in unserem Leben habe sich verändert. Und heute, dachte ich, heute sitzen wir in Tennisklamotten in einem BMW, unsere Gesichter beleuchtet von den Kontrollämpchen des Autotelefons. »Eigentlich haben wir kein Recht, über die Armen zu reden«, sagte ich.

Nach einigen Minuten Stille bemerkte Bradford: »Wie wär's, wenn wir mal über *dich* redeten. Darüber, daß du dir was vormachst.«

»Darum geht es doch nicht«, erwiderte ich.

»Nein? Ich denke, genau darum geht es. Du wirst nächstes Jahr vielleicht zwei oder drei Scheißjobs annehmen müssen, um deine Rechnungen bezahlen zu können. Vielleicht in einem Wohnwagen leben müssen – das machen viele anständige Menschen.«

9. Kapitel

Steuern:	3.000,00 Dollar
Ohio-Reise:	675,00 Dollar
Mietwagen für die Fahrt nach Bangor:	59,00 Dollar
Strom:	112,45 Dollar
Lebensversicherung:	338,00 Dollar
Verschiedenes:	88,00 Dollar
Guthaben, am 15. Juli:	7.141,79 Dollar

Ich weiß, das macht es nicht besser, aber ich lief den Rest des Sommers herum wie ein Mann, der im Sturm seinem Hut hinterherjagt. Immer noch glaubte ich, daß das Leben mehr mit Schicksal als mit Anpassung zu tun habe.

Ich hatte mir vorgestellt, ich könnte die Aufsätze für die MBA-Bewerbungen an einem Morgen auf dem Bett liegend fertigstellen und würde uns damit einen Ford-Kombi verschaffen. Nun befaßten sich aber alle Fragen auf den Prüfungsbögen mit der *Zukunft* des amerikanischen Kapitalismus, und da die Zukunft aus meiner Sicht vor allem trüb aussah, schrieb ich einen düsteren Absatz nach dem anderen.

Zusammen ergaben sie ein Klagelied über den Niedergang von Kultur und Zivilisation. Ich wurde den Gedanken nicht los, daß die zukünftige Geschichte der amerikanischen Gesellschaft von Armut, Erniedrigung und Wut diktiert würde, während wir anderen mit unserem bequemen Leben weitermachten, als sei nichts geschehen.

Vier Nächte lang schloß ich mich ein und sah mir ein Leihvideo nach dem anderen an. Dann tauchte ich mit von Schlaflosigkeit geröteten Augen aus meiner Isolation wieder auf und erklärte das Projekt für beendet. Die Bewerbungsunterlagen für die Aufsätze schickte ich nach Ohio zurück. Dann rief ich Dave, den Mechaniker, an und bat ihn, unseren Kombi zu reparieren. »Auch wenn es sich nicht lohnt«, sagte ich.

»Klar«, meinte er, »is' doch dein einziges Auto und 'n anderes kannst du dir nicht leisten, oder? Also lohnt sich's.«

Ich versuchte mich in Colleens Garten nützlich zu machen. »Dafür ist es viel zu spät«, sagte sie, als ich ihr die Holzstangen zeigte, die ich für die Bohnen geschnitten hatte.

»Aber du wolltest doch Stangen haben?«

»Das war vor einem Monat.«

Ich stand an dem Zaun, den sie ohne meine Hilfe errichtet hatte und hielt ihr eine Tüte Erbsen entgegen.

»Erbsen habe ich schon gepflanzt«, winkte sie ab.

»Noch ein paar mehr können doch nichts schaden, oder?« fragte ich, in der Hoffnung einen Weg zurück zu meiner Familie zu finden. Ich legte mich ins Gras.

Jack und Nell hockten alsbald auf mir und benutzten mich als Kanu. Colleen arbeitete im Garten. Sie war barfuß. Die Jeans hatte sie über die Waden hochgekrempelt. Wie stark sie doch wirkte! Plötzlich hielt sie inne, streckte sich, stützte sich auf die Harke und ließ den Kopf hängen. Das verwunderte mich. Sie schwankte ein wenig, als würde sie einen langsamen Tanz aufführen. Die Kinder spielten weiter, sie hatten nichts bemerkt. Aber vielleicht hätte es sie auch nicht sonderlich überrascht, wenn ihre Mutter mitten am Tag mal eine Pause einlegte.

Wie oft hatte ich ihren Stoßseufzer gehört, wenn sie am Ende eines langen Tages ins Bad kam: »Seit dem Mittagessen muß ich mal, und erst jetzt komme ich dazu.« Sie war wie ihre Mutter, die als Teenager den Presque Isle-Rekord beim Kartoffelernten aufgestellt hatte.

Sie ist einfach müde, sagte ich mir. Es gibt Augenblicke, die man nie vergißt. Dies war wohl so einer. Colleen lehnte sich gegen die Harke, und ich sah, wie meine Finger gegen meinen Oberschenkel klopften. Es waren die Finger meiner rechten Hand. Und es war genau so wie damals bei meinem Großvater, dessen Finger auch geklopft hatten, als sich die ersten Anzeichen einer Nervenkrankheit bei ihm zeigten. Damals war er gerade vierzig. Das mit der Hand wußte ich noch ganz genau, denn ich war damals ein kleiner vierjähriger Junge, dessen Augen auf der gleichen Höhe waren wie seine trommelnden Finger. Ich hatte mir nie zuvor einen Reim auf diese Ereignisse gemacht. Nun wurde mir einiges klar. Als meine Mutter, zehn Tage, nachdem sie mich und meinen

Zwillingsbruder zur Welt gebracht hatte, starb, ist mein Vater wieder in sein Elternhaus gezogen, damit meine Großmutter auf uns Kinder aufpassen konnte. Mein Großvater war ein sehr stiller, nach innen gekehrter Mann, an dem der Sturm der Erziehung seiner vier Kinder nicht spurlos vorübergegangen war. Während der Großen Depression verkaufte er Äpfel von einem Handwagen. Nun mußte er mit zwei weiteren Kleinkindern zurechtkommen. Aus Erzählungen wußte ich, daß mein Großvater, der von Beruf Setzer war, kurz nachdem mein Vater mit uns zwei Kindern auf dem Arm in sein Elternhaus zurückgekehrt war, eine Linotypemaschine im Hinterzimmer seines kleinen Hauses aufstellte. Dort, an dieser stampfenden und dampfenden Maschine sitzend, die das Haus durchdröhnte und mit ihrem Lärm das Geschrei der Kinder auf jeden Fall übertönte, verbrachte er seine Zeit.

Ich war jetzt ungefähr im Alter meines Großvaters, als ich ihm in den Schoß gelegt wurde. Und plötzlich wußte ich, was los war: Colleen war wieder schwanger. *Ach du lieber Gott, was könnte jetzt schlimmer sein als ein fünftes Kind?*

Ich schaute Colleen an und stellte mir vor, wie es denn sein würde, wenn nun ungewollt ein Kind käme. Als ich Colleen einmal fragte, wie viele Kinder sie haben wolle, hatte sie nur gesagt: Viele. Und sie war immer mühelos schwanger geworden. Colleens inneres System und ihre Körperuhr arbeiteten so regelmäßig, daß man den Kalender nach ihr stellen konnte. Als ich sie kennenlernte, war ich zweiunddreißig Jahre alt. Damals dachte ich, ich sei bereits zu alt für Kinder. Auf unserer Hochzeitsreise nach Europa meinte sie in Paris, daß es Zeit sei für unser erstes Kind.

Nachdem mein Vater wieder geheiratet hatte, waren wir in eine Wohnung gezogen, in der man die Ratten über den Dachboden laufen hörte. Im Keller dieses Hauses gab es einen uralten, mit Öl beheizten Heizkessel, ein riesengroßer Apparat aus Blei und Eisen, mit Röhren und Meßinstrumenten, Ventilen und Hebeln und verrosteten Metallrohren, die aus dem Kasten herausragten wie die Tentakel eines Tintenfisches. Immer wieder streikte das Ding. Jedesmal zog die ganze Familie in den Keller, allen voran mein Vater mit seiner Taschenlampe, wir betrachteten den Heizkessel und wußten nicht, was wir tun sollten, bis die Hausbesitzerin wie Mary Poppins mit einer Windböe einmarschierte, uns beiseiteschob, die Ärmel hochkrempelte und dann irgendwie hinter dem bizarren Gebilde aus verrostetem Eisen und geschwärztem Blech verschwand. So ähnlich sah ich Colleen.

Ich habe mir immer gedacht: Laß die normalen Menschen jedes Kind mit Bedacht planen, laß sie darüber grübeln, wieviel Geld und Zeit sie jedes neue Kind kosten würde. Wir lassen die Kinder einfach kommen.

Diesmal jedoch ertappte ich meine Finger dabei, wie sie auf meinen Schenkel trommelten, als mir dämmerte, daß Colleen wieder schwanger sein müsse. Und ich hatte nur einen Gedanken: Um Gottes Willen, jetzt noch ein Kind!

Ich suchte die Kinder und sah, daß sie hinter der

Scheune im Vorgarten einen Limonadenstand aufgebaut hatten, direkt am Bürgersteig. Ich schaute kurze Zeit zu, wie immer wieder Menschen stehenblieben. Dann ging ich in den Wald, um Holz für den Ofen zu sammeln. Ich mußte schon eine ganze Weile gelaufen sein, als mich so plötzlich, wie der Wind seine Richtung ändert, Angst überfiel. Ich versuchte mir klarzumachen, daß ja gar kein Grund bestehe, aber ich lauschte auf jedes Geräusch. Und dann erfaßte mich ein ziemlich finsterer Tagtraum. *Ein Mann stoppt seinen heruntergekommenen Kombi an der Bordsteinkante und lädt meine Kinder ein, bei ihm einzusteigen. Er werde eine kleine Fahrt mit ihnen machen. Heute tut er vielleicht so, als halte er nur wegen der Limonade, aber er tastet sich an seine Opfer heran. Seid ihr auch nächsten Samstag hier? Hier vor dem Haus, direkt an der Straße, wieder ganz allein?* Wie besessen rannte ich durch den Wald zurück, hielt dabei Ausschau nach einem Knüppel, mit dem ich zuschlagen konnte.

Als ich wieder im Vorgarten stand und meine Kinder vor mir sah, konnte ich mich gerade noch bremsen. Ich weiß nicht, was ich ihnen gesagt hätte. Und was sie gedacht hätten, wenn sie mein Gesicht gesehen hätten.

Am nächsten Morgen ging ich zu Fuß zur Tankstelle in Falmouth, zahlte Dave die Reparatur und fuhr mit dem Wagen direkt weiter nach Portland, zum Landesarbeitsamt in der Prebble Street. Es war ein flacher eingeschossiger Backsteinbau, der eher wie eine Strafanstalt mit offenem Vollzug wirkte. Vor den Türen standen Männer und Frauen in Uniformen von der Heilsarmee, rauchten und starrten den Gehweg entlang. An der Ecke parkte ein El Caminot. Das Dach war heruntergeklappt, und eine Frau mit hochtoupierter Frisur hatte einen nackten Fuß auf das Armaturenbrett gelegt und lackierte sich die Nägel mit einem lavendelfarbenen Lack.

Ich ging hinein und reihte mich in die Schlange ein. Vor mir stand ein Vietnamese, und direkt am Schalter ein Halbstarker mit breiten Schultern, der die Frau hinter dem Schalter anbrüllte: »Aber, ich sage Ihnen doch, ich kann diesen Job übernehmen! Ich habe doch Werkzeug!«

Die Frau entschuldigte sich immer wieder, und er brüllte einfach weiter. Der Vietnamese drehte sich zu mir und sagte traurig: »Keine Adresse, keine Arbeit.«

Die Frauen, die hinter den Schaltern arbeiteten, waren nett und zugleich resolut. Wie Krankenschwestern. Man hatte sie angewiesen, jeden, der an die Reihe kam, laut aufzurufen, mit Namen und Vornamen, sie taten das und schauten zugleich bedauernd, so als wollten sie das gar nicht tun. Sie würden, wenn es nach ihnen ginge, unser Scheitern nicht laut verkünden. Sie gaben uns Formulare zum Ausfüllen und eine Broschüre, die die Stadt Portland herausgegeben hatte: 47 nützliche Tips für Arbeitslose. *Schau nach Gutscheinen in der Zeitung ... Laß den Kabelanschluß sperren.*

»Ich habe eine Adresse«, sagte ich der Frau, als die Reihe an mich kam, »aber kein Werkzeug.«

Sie hob die Augenbrauen und ermutigte mich: »Eine Adresse ist ein guter Anfang. Haben Sie ein zuverlässiges Transportmittel?«

»Habe ich.«

»Und welche Arbeit suchen Sie?«

»Alles«, sagte ich, »solange der Job mit einer Krankenversicherung verbunden ist. Ich glaube, meine Frau ist schwanger.«

Sie hörte mit dem Schreiben auf und sah auf. Dann erklärte sie mir, daß mir, wenn ich überhaupt einen bekäme, ein solcher Job mit Krankenversicherung nicht viel nützen würde. Es gebe Sperrfristen, und für die Schwangerschaft werde die Kasse nicht aufkommen. Ich tat, als wüßte und akzeptierte ich das. Oh Gott, dachte ich, wie lange habe ich ein behütetes Leben geführt, daß ich nicht einmal mehr weiß, wie die Welt funktioniert?

Nun gewöhnte ich mir an, jeden Morgen zur selben Zeit beim Amt vorbeizuschauen und der gleichen Frau jedesmal die gleiche Frage zu stellen: »Arbeit mit Krankenversicherung für meine Familie, bitte« – und vom ersten Tag an glaubte ich tatsächlich fest daran, daß mich jemand aus der Menge der in der Schlange stehenden Menschen heraussuchen und mich an einen Schreibtisch führen würde, wo die wirklich lohnenden Stellen an besondere Menschen mit Hochschulabschluß und einer gewissen Lebensart vermittelt würden. Ich sagte der Frau hinter dem Schalter, daß mich der Gedanke daran, was geschehen würde, wenn meine Kinder krank würden, nicht schlafen lasse. Die billigste Versicherungspolice für eine sechsköpfige Familie kostete über sechshundert Dollar im Monat, und ich würde jeden Job annehmen, wenn er uns nur Versicherungsschutz bringen würde.

Jeden Tag blätterte sie durch ihre Computerlisten und schüttelte den Kopf. »Noch nichts. Tut mir leid.«

Die Menschen um mich herum konnte man in zwei Gruppen teilen. Die einen zeigten erschrockenen Stolz: *Ich hätte nie gedacht, daß ich je hier landen würde* ... Die anderen Resignation: *Was erwartet Ihr von einem Penner wie mir?* Jeden Tag waren die winzigen Vietnamesen da, und sie blieben den netten Damen gegenüber, die Schwierigkeiten hatten, die vietnamesischen Namen auszusprechen, stets höflich. Sie lächelten unentwegt. Und wenn ihre Namen aufgerufen wurden, verbeugten sie sich tief, als wollten sie die Last, zu der sie geworden waren, damit etwas aufwiegen. Ich dachte an die Bettler in London, die vor den Theatern dort Schlange gestanden hatten, in der Hoffnung, einen der Plätze für Erwerbslose zu ergattern. Seelennahrung. Wie schön wäre es, dachte ich, wenn uns eine dieser Frauen wie eine Gruppe Zweitklässler auf einem Schulausflug den Gehweg entlangführen würde, die Elm Street hinunter, die Congress Street hoch bis zu Portlands Konzerthalle, wo wir Mahlers Dritte hören könnten.

Einige Tage lang brachte ich Saul Bellows Roman »Herzog« mit, so daß ich mir ein bißchen besser vorkommen konnte als die anderen in der Schlange. Das war nicht sehr freundlich. Aber während ich dort stand, schrieb ich meinen Haushaltsplan auf das Vorsatzblatt. Ich schrieb das Jahr ab, während ich da herumstand, schrieb es einfach aus der Welt. Es gab mir ein gewisses Gefühl der Sicherheit, die Dinge so aufzuarbeiten. Schließlich trägt ein Manager seine Verabredung zum Lunch auch schon zwei Monate vorab in seinen Terminkalender ein und glaubt, nichts könne ihm in den dazwischenliegenden sechzig Tagen passieren. Mein Haushaltsplan würde uns vor den Unwägbarkeiten im Leben von Arbeitslosen und Armen bewahren. Im überfüllten Arbeitsamt, im grellen Licht der Neonlampen versuchte ich hinter Zahlen zu verschwinden. Lebensmittel für den restlichen Sommer: 400 Dollar. Zahnarzt: 250 Dollar. Telefon: 50 Dollar. Autoversicherung: 240 Dollar. Strom: 80 Dollar. Autoreparaturen: 1.378 Dollar. Am Ende des Sommers würden wir gerade noch 4.700 Dollar übrig haben. Mein Ziel war es, Arbeit zu finden, bevor wir unter die 4.000 Dollar-Marke fielen, dann hätten wir immer noch ein kleines Polster.

Einmal verließ ich die Schlange vor den Schaltern, um auf die Herrentoilette zu gehen. Als ich die Tür öffnete, stand ein Vietnamese am Waschbecken. Er hielt eine Dose mit ein paar Fleischstücken in fettiger kalter Soße in der Hand und ließ warmes Wasser dazu laufen. Schon der Anblick dieser Brühe genügte, daß mir schlecht wurde. Der Mann drehte sich um, lächelte mich an, verbeugte sich und sagte: »Besser heiß. Sehr gut heiß.« Warum konnte ich nur dann glücklich sein, wenn alles gut lief?

Erst als der Ablehnungsbrief aus Princeton kam, wurde mir schlagartig klar, warum ich nicht einfach die Straßen von Portland entlanglaufen und nach einer Stelle als Kellner oder als Verkäufer in einem Buchladen suchen konnte. Die Antwort war im Grunde ganz einfach. Wer vom Glück verwöhnt worden war, wer also die Chance hatte, in einem sinnvollen Beruf, der einem Bequemlichkeit und geistige Impulse gibt, hart zu arbeiten, der hat den unwiderstehlichen Drang, allem seinen Lauf zu lassen. Ich wollte, daß wir wie gewohnt weiterlebten, bis das Geld aufgebraucht wäre und wir keine Sicherheiten mehr hätten. Ich wollte das Schicksal herausfordern.

Eines Abends, als die Kinder schon schliefen, rief mich Colleen ins Badezimmer. Sie lag in der Wanne. »Baden ist was Herrliches«, sagte sie mit einem Seufzer, als ich hereintrat. »Ich weiß, es gibt keinen Himmel. Aber wenn es ihn gäbe und wenn sie dort keine Badewannen hätten und man sich dort auch nicht lieben würde, dann fände ich es auf der Erde schöner.«

Ich kniete mich neben die Wanne und wusch ihr den Rücken. Aus heiterem Himmel erzählte sie mir, daß sie vor kurzem an eine unserer früheren Bekannten denken mußte. Diese Frau hatte keines ihrer Kinder austragen können. »Als Ellen O'Connor damals so viele Fehlgeburten hatte, habe ich ihrem Bruder gesagt, ich würde gern ein Kind für sie austragen. Ich hatte mir vorgestellt, wir könnten in ihrer Nähe wohnen, ich könnte also das Kind aufwachsen sehen. Ich habe immer gedacht, das sei eines der schönsten Dinge, die eine Frau für eine andere tun könnte. Du weißt, wie gerne ich schwanger bin. Das ist sowieso der einfachste Teil. Eigentlich möchte ich die neue Mutter gar nicht kennen.«

Ich erwartete, daß sie mir nun sagen würde, wie sie auf solche Gedanken gekommen sei. Aber das tat sie nicht. Statt dessen fragte sie mich:

»Hast du mal Anzeigen von Menschen in der Zeitung gelesen, die sich ein Kind wünschen? Kannst du dir vorstellen, wie verzweifelt sie sind? Sie tun mir sehr leid.«

»Du wärst doch die allerletzte, die ein Kind hergeben würde«, meinte ich. Ich dachte, spätestens jetzt würde sie es mir sagen.

Aber sie stellte mir eine andere Frage. »Glaubst du, es kommt eine Zeit, in der wir den Kindern hier in unserem Land kein sicheres Leben mehr garantieren können?«

So weit sei es noch nicht, sagte ich.

»Ich weiß nicht, ich mache mir Sorgen. Nicht über das, was direkt vor uns liegt. Ich weiß, wir werden das schon irgendwie hinkriegen. Nein, ich meine wirklich die Zukunft, die Zeit unserer Enkelkinder und die ihrer Kinder. Um sie habe ich Angst.«

Solche Gedanken hatte sie mir noch nie offenbart.

»Und was ist mit uns?« fragte sie. »Gibt es irgend etwas zwischen dir und mir? Wenn da was passiert, wirst du sehen, wie böse ich werden kann, Don. J. Snyder. Wenn du uns verlassen wolltest, würdest du einen großen Fehler machen.«

»Wovon redest du?«

Sie sah mich an und schüttelte den Kopf.

»Da passiert schon nichts«, versicherte ich ihr.

Sie hörte mir gar nicht zu. »Und glaub bloß nicht wie manche Männer, daß alles besser wird, wenn du eine andere findest. Denn wenn du das tust, dann sind wir geschiedene Leute. Denk ja nicht, du könntest dann vorbeikommen, und den Kindern schöne Sachen kaufen. Ich werde mir die Kinder schnappen und weit wegfahren und ein neues Leben anfangen, ohne dich. Nur so würde ich das aushalten.«

Ich sah ihr in die Augen. »Verstehe.«

Einige Tage später erhielt ich unerwartet Post vom Vater eines meiner Lieblingsstudenten. Sein Sohn, so schrieb er, habe einen Nervenzusammenbruch gehabt. Und er wolle sich so bald wie möglich mit mir treffen und mit mir über den Jungen sprechen. Er bat mich, ich möge ihn unter der angegebenen Nummer anrufen; ich solle ein R-Gespräch anmelden. Ich kannte den Vater nicht, wußte aber, daß er sich mit Computersoftware eine goldene Nase verdient hatte. Der Sohn hatte in seiner Studentenzeit Dichter werden wollen.

Ich fand Colleen in unserem Schlafzimmer, als ich ihr den Brief zeigen wollte. Sie war dabei, die Kinder ins Bett zu bringen. Sie hatte mir noch immer nichts davon gesagt, daß sie schwanger sei. Ich hatte auch nur eine vage Ahnung und Indizien, wie das Gespräch darüber, daß sie ein Kind für eine Frau, die selbst keine Kinder kriegen konnte, austragen wolle. Oder jenen Augenblick, als sie sich auf die Harke gestützt hatte. Aber ich war mir ziemlich sicher. So ließ ich immer wieder die Tageszeitungen auf dem Tisch liegen, die Seiten aufgeblättert, in denen kinderlose Paare unter der Überschrift »Adoption« ihre Hoffnungen zum Ausdruck brachten. Sie hatten nicht viel Platz für ihre Anzeige, aber da stopften sie alles hinein, was sie als Eltern prädestinierte. *Christliches Ehepaar mit großem Haus und Garten. Aktives, liebevolles, finanzkräftiges Paar. Ehepaar lebt und arbeitet an einem*

Golfplatz. Christliches berufstätiges Ehepaar. Stabiles, verheiratetes Ehepaar. Diese Menschen hatten begriffen, daß viele Kinder aus wirtschaftlichen Gründen unerwünscht waren, daß es finanzielle Hintergründe waren, die diesen Tausch motivieren würden.

Aus jeder Anzeige konnte man dasselbe Versprechen heraushören: *Wir haben das Geld, um für Lebensmittel, Kleider, Zahnspangen, medizinische Versorgung und eine College-Ausbildung zu sorgen.* Jedesmal wenn ich eine solche Anzeige las, fragte ich mich, wieviel Geld diese kinderlosen Ehepaare für ein Kind zahlen würden.

Später an diesem Abend rief ich den Vater an. Als ich seine ängstliche Stimme am Telefon hörte, versuchte ich mir diesen Mann vorzustellen: Ich sah ihn in seinem Haus in einem grünen Vorort von Boston. Vielleicht ging er an Herbstwochenenden mit anderen in einem Club reiten. Bestimmt stand irgendwo in seinem Haus der Arbeitstisch, an den er sich gesetzt hatte, um die dicken Schecks für die Studiengebühren von Colgate auszustellen. Vielleicht könnte er auch uns einen Scheck ausstellen, vielleicht wäre er mir ja so dankbar, daß er mir eine Stelle in seiner Firma anbieten würde.

Ich bin gerne bereit, mit Ihrem Sohn zu sprechen, aber ich muß natürlich um Anzahlung im voraus bitten. Ich meine ...

Nein, nein, keine Erklärung ... Wären fünftausend in Ordnung?

Aber ja, doch. Das wird die Krankenhauskosten für die Geburt unseres Kindes decken.

Er fragte, ob ich mich gleich am nächsten Tag mit

ihm treffen könnte. »Ich wohne eine Stunde nördlich von Boston.«

»Ich könnte morgen kommen«, erwiderte ich.

»Um wieviel Uhr?«

»Morgen habe ich mehr oder weniger den ganzen Tag frei«, antwortete ich. Und dachte dabei: *Auch den Tag danach, und den Tag nach dem Tag danach ...*

Billys Vater war ein bescheidener kleiner Ire, der nur noch wenig Haare hatte, die er in langen schwarzen Strähnen glatt über den Kopf zog. Er hatte ein Foto von Billy dabei, eigentlich ein Familienfoto. Es zeigte Mutter, Vater und vier Kinder, alle für die Aufnahme in festlicher Kleidung vor dem Weihnachtsbaum aufgereiht. Der Billy, den ich aus der Universitätszeit kannte, hatte überall sein Skateboard dabei und trug exotisch zusammengestellte Kleidungsstücke im Gammellook. Was sie mit gewöhnlicher Kleidung gemeinsam hatten, war gerade die Anzahl von Öffnungen für Arme und Beine.

Ich hatte Billy als einen mehr oder weniger glücklichen Jungen erlebt, der seine Wochenenden damit verbrachte, lange Rad- oder Skiausflüge zu machen. Auf dem Foto zeigt er ein angespanntes Gesicht wie eine Geisel, die dem Betrachter signalisieren will, daß sie gegen ihren Willen gefangengehalten wird.

In der ersten Stunde unseres Gesprächs sagte mir sein Vater mehrmals, wieviel es Billys Mutter bedeuten würde, wenn ich mir die Zeit nehmen könnte, den Jungen zu besuchen. Sie hatte nach seinem Zusammenbruch Billys Sachen im Schlafzimmerschrank durchgesehen und den Brief gefunden, den er mir geschrieben, aber nie abgeschickt hatte. So wie der Vater davon sprach, hatte ich den Eindruck, auch die Mutter wäre einem Zusammenbruch nahe.

»Er ist unser erstes Kind«, sagte der Vater. »Seine Mutter gibt sich die Schuld, dabei war ich es, der den Jungen gedrängt hat, einen Sommerjob bei einer der Banken in der Stadt anzunehmen. Eigentlich machte er keine Einwände, beklagte sich nur über die Kleiderordnung. Er mußte dort Sakko und Schlips tragen, seinen Affenanzug, wie er das nannte.«

Als er das erzählte, huschte ein Lächeln über das Gesicht des Vaters, das dann einem träumerischen Blick Platz machte. »Er arbeitete dort sechs Wochen lang, und dann hörte er einfach auf. An einem Freitagmorgen legte er sich aufs Sofa und blieb einfach liegen, er stand nur noch auf, wenn er auf die Toilette mußte. Die Mediziner sprechen heute ja nicht mehr von einem *Nervenzusammenbruch*. Aber als ich einem guten Freund – dem Mann, der Billy den Platz in der Klinik von Yale verschafft hat –, die Symptome geschildert habe, da sagte er genau das: Nervenzusammenbruch.«

Wir hatten während unserer Unterhaltung einen Spaziergang an einem ruhigen Strand entlang gemacht, und es schien, als wolle er mit seinem Reden überhaupt nicht mehr aufhören. Er mußte einer der Männer sein, die ihr ganzes Leben lang schweigen, solange, bis es plötzlich brennt. Er erzählte mir von seiner Kindheit; er war in einem Arbeiterviertel in Belmont, Massachusetts, aufgewachsen, wo alle halbwegs glücklich gewesen wären. Die Väter hätten hart gearbeitet, aber dann hätten sie sich auch ein eigenes Haus kaufen können. Und viele hätten es sogar geschafft, ihre Kinder aufs College zu schicken. »Aber das ist alles anders geworden«, sagte er traurig. »Ich will Ihrer Generation nicht die Schuld geben, wirklich nicht, ich bin ja kaum älter als Sie. Aber was fehlt, ist, daß die Leute einander auch mal helfen. Früher gab es so eine Art sozialer Schule, alle jungen Männer gingen da durch. Wissen Sie, die Männer, die Ende Dreißig waren, nahmen sich die Zeit, die jüngeren in die richtige Richtung zu lenken. Das war nichts Neues, das war seit alters her so. Aber mit Ihrer Generation war das plötzlich vorbei. Jeder kümmerte sich nur noch um sich selbst, und das Leben wurde für die jungen Menschen schwieriger. Ich erlebe das jeden Tag bei der Arbeit. Vielleicht hängt es auch daran, daß es mir vor allem darauf ankam, daß Billy eine Arbeit fand; ich wollte nicht, daß er aus der Reihe tanzte, etwas Außergewöhnliches machte. Ich weiß, daß er Gedichte schrieb, seit er Ihr Seminar besucht hat. Und obwohl ich die meisten seiner Gedichte nicht verstehe, finde ich sie ziemlich gut. Aber ich schätze, ich zweifelte einfach daran, daß er für ein solches Leben genügend Kraft hätte.«

Ich fuhr mit einem Bus weiter, in dem Videofilme gezeigt wurden. Niemand sprach und niemand schaute aus den Fenstern. Alle saßen zurückgelehnt, hatten die Köpfe auf die mit weißem Papier bespannten Kopfstützen gelegt und waren völlig in den Film versunken. Ich mußte an den Tag denken, an dem mein Vater unser erstes Fernsehgerät nach Hause brachte. Das war 1956. Damals taten das alle Väter in unserer Straße. Unser Fernseher war in einen sperrigen Holzschrank eingebaut, und Tommy Moyers Vater mußte Dad helfen, das Ding ins Wohnzimmer zu tragen. Was für ein Glanzstück diese Kiste voller Licht und Geräusche doch war! So unwirklich, und so schön. In unserer Straße sah ein Haus aus wie das andere. Bis die Fernseher in die Wohnzimmer Einzug hielten, standen die Sitzmöbel immer rund um den Kamin. Später war alles auf den Fernseher ausgerichtet.

Ab Boston nahm ich den Zug. Während der Zugfahrt dachte ich fast nur an Billy. Ich erinnerte mich, daß er das Personal der Universitätscafeteria dazu überredet hatte, das nicht verkaufte Essen aufzuheben. Er sorgte dafür, daß es einem Zentrum für Obdachlose in Syracuse zugute kam. Damit das Essen während der Fahrt nach Syracuse nicht kalt wurde, gab er keine Ruhe, bis er ein Schnellrestaurant gefunden hatte, das zehntausend Styroporbehälter mit Deckeln spendete.

Je näher ich Billy kam, desto klarer wurde mir, was zwischen Billys Vater und mir unausgesprochen geblieben war: mein Anteil an der Unzufriedenheit seines Sohnes. Schließlich war ich der Professor gewesen, der ihn ermuntert hatte, Gedichte zu schreiben. Am Ende seines ersten Semesters war er zu mir gekommen, ich sollte ihm einige Bücher nennen, die er während der Sommerferien lesen könnte. Während der Zug nach Connecticut rollte, dachte ich an meine Titelliste. Rilke, Dickinson, Steinbeck, Whitman. Lauter schwermütige Texte und genau das richtige, um die Kluft zwischen seiner Welt und der Softwarewelt seines Vaters zu vergrößern. Das Bild, das ich im Kopf hatte, als ich losgefahren war, kam mir immer armseliger vor. Hatte ich mir doch tatsächlich ausgemalt, wie ich seinen dankbaren Eltern einen rehabilitierten Billy heimführen würde; einen Billy, der wieder ins Gleis geraten wäre und der an alles glauben würde, woran man glauben muß, um wieder jeden Tag zur Arbeit gehen zu können.

Billy war bleich und dünn. Er trug Jeans mit aufgeschlitzten Knien und ein weißes Hemd voller Flekken, vielleicht das, das er in der Bank getragen hatte. Ich gab ihm die Hand und versuchte, ihn zum Lachen zu bringen, indem ich erzählte, was mir bei der Ankunft des Zuges widerfahren war. Ich hatte im Verbindungsgang zwischen zwei Waggons, direkt neben einer sehr hübschen Frau gestanden. Wie ich wartete sie, als der Zug anhielt, darauf, daß sich die Tür öffnete. Ich grüßte sie. Sie quittierte das mit einem Blick, als hielte sie mich für einen Lustmörder. Dann hielt der Zug und die Tür ging auf. Im gleichen Augenblick fuhr ihr eine starke Windbö unter das Kleid, und sie stand plötzlich in Schlüpfern vor mir. »Sie sah aus wie eine Tulpe«, sagte ich, »am liebsten hätte ich ihr geholfen, das Kleid wieder herunterzuziehen.«

Billy lachte, aber es war ein eher gezwungenes Lachen. »Wir sind am verletzlichsten, wenn wir es am wenigsten erwarten, nicht?« bemerkte er.

Wir gingen zum Parkplatz, wo er sein altes Auto abgestellt hatte. Er fragte, ob ich mit ihm zur Apotheke fahren wolle, wo er sich neue Medikamente abholen müsse.

Die Apothekerin begrüßte ihn mit Namen, stapelte

fünf Pillenschachteln auf die Theke und warf mir einen besorgten Blick zu. Sie nahm sich die Zeit, alle Beipackzettel durchzugehen. Billy hatte Schwierigkeiten, das Kleingedruckte zu lesen; auch die billige, mit falschem Goldrand verzierte Lesebrille, die er sich im Geschenkladen des Krankenhauses von der Stange gekauft hatte, half ihm nicht. Er habe sich das Ding gekauft, weil er immer schlechter sehe, seit er die Tabletten nehmen müsse.

Was die Apothekerin ihm erklärte, war so kompliziert, daß auch ich es ihm nicht hätte erklären können, wenn er die Frau nicht richtig verstanden hätte. So bat ich darum, ihm doch eine dieser Pillendosen mit Tages- und Wocheneinteilung zu geben, wie sie alte Menschen bekommen, damit sie ihre Tabletten rechtzeitig und in der richtigen Reihenfolge einnehmen können.

Billy fegte alle Päckchen mit dem Arm in seine Tasche. »Hier, Ihr Wechselgeld«, rief ihm die Apothekerin hinterher, doch er ging einfach weiter. Er erklärte mir, daß er kein Kleingeld in seinen Taschen ertragen könne, weil ihn die klimpernden Münzen immer daran erinnerten, wie sein Vater mit dem Geld in der Tasche herumgespielt hätte, um damit seine Autorität zu unterstreichen.

Ich scherzte mit ihm über seine Brille. »Jetzt fehlt dir nur noch eine Strickjacke und so ein kleines Kettchen, mit dem du dir die Brille um den Hals hängen kannst. Vielleicht findest du dann eine Stelle als Bibliothekar.«

»Früher habe ich ausgezeichnet gesehen«, sagte er düster.

Die Wände in seinem Zimmer waren kahl, nichts an der Wand bis auf eine Luftaufnahme von einem See im Wald. »Weißt du, wo das ist?« fragte er. Und als ich verneinte, sagte er, es sei Lake Walden.

»An welche Stelle hat Hank seine Hütte gebaut?«

»Hank?«

»Henry D.«

Ich wußte es nicht.

»Das Buch habe ich geliebt«, schwärmte er. »Wie du uns sein Leben beschrieben hast, das hat mir sehr eingeleuchtet.«

Ich schaute ihn quer durchs Zimmer an. Er hatte sich mit dem Rücken gegen die Eingangstür gelehnt, als seien ihm Verfolger auf der Spur.

»Ach, weißt du«, sagte ich, »so genau kenne ich Thoreaus Werk eigentlich gar nicht. Ich habe ›Walden Pond‹ erst nach meiner Collegezeit gelesen.«

Ich wartete auf seine Reaktion, aber er ging über meine Bemerkung hinweg. »Mein Lieblingsbuch aber waren die ›Früchte des Zorns‹. Das hat mich wirklich bewegt. Wer das Buch liest und dann immer noch glaubt, daß dir Kapitalismus und Geschäft nicht buchstäblich die Knochen aus dem Leib reißen, dem ist eigentlich nicht zu helfen.«

Er schaute plötzlich zu mir herüber, als sei ihm in diesem Moment eingefallen, daß ich auch noch da sei.

»Wenn du über Nacht bleiben willst, kannst du auf meinem Bett schlafen. Ich bevorzuge das Sofa.«

»Ich schlafe auch gern mal auf einem Sofa«, sagte ich. »Gut, dann schlaf du auf dem Sofa«, willigte er ein. Er schaute auf die Uhr und sagte dann, in zehn

Minuten müsse er den Fernseher einschalten. »Ich weiß, daß du das Fernsehen haßt.«

»Wie kommst du denn darauf?«

»Im Seminar hast du kein gutes Haar daran gelassen.«

Ich fühlte, wie mir ein Gefühl der Panik den Nakken hochkroch. »Hör mal, Billy«, bat ich, »du mußt alles vergessen, was ich dir sagte, als ich dein Lehrer war.«

Er ignorierte das und schaltete den Fernseher an: Es lief gerade eine der Nachmittagsshows. »Ich mag diese Talkshows, verpasse keine«, sagte er lächelnd. Ein paar Frauen über vierzig erzählten über die Männer, mit denen sie zum ersten Mal geschlafen hatten, und die man auch eingeladen hatte. Während einer Werbepause erläuterte er mir seinen Tagesablauf in der Psychiatrie. »Morgens lesen sie uns erst aus der Zeitung vor, dann dürfen wir Trivial Pursuit spielen. Meine erste Frage auf der Karte war: Was vom Huhn ist zarter, die rechte oder die linke Brust? Ich weiß nicht warum, aber ich habe gesagt, die linke, und ich hatte recht.«

Es war heiß, über 30 Grad, und Billy hatte bei einem Trödler für 50 Cents einen Ventilator erstanden. Das Ding lief nur noch auf der höchsten Stufe, und es dröhnte unerträglich. Die Blätter der Zeitung flatterten durchs Zimmer. Wir kamen auf die Idee, jeweils zehn Minuten miteinander zu sprechen, dann wieder zehn Minuten lang den Ventilator laufen zu lassen, um die stickige Luft in Bewegung zu bringen. Es schien ihn nicht sonderlich zu stören, wie laut das Ding war. Und als ich ihn schreiend fragte, ob wir nicht Tennis spielen sollten, nickte er einfach. Wir brauchten fast eine halbe Stunde, um seinen Schläger und die Turnschuhe zu suchen und trieften vor Schweiß, bis wir endlich alles beisammen hatten und das Zimmer verließen. Wir gingen zu Fuß in den Park, aber kaum kamen die Tennisplätze in Sicht, sagte er, er sei zu müde zum Spielen.

Wir kehrten zurück, und er legte sich schlafen. Ich sah mir seine Habseligkeiten an. Ein Teleskop, das offenbar viel Geld gekostet hatte, lag auseinandermontiert auf dem Boden. Vier Seeigel befanden sich in einer dieser kleinen Kisten, in denen Banken früher neue Schecks verschickten. Im Regal sah ich nur die Bücher, die auf der Liste meines Literaturseminars in Colgate gestanden hatten.

Abends machten wir noch einen Spaziergang durch die Stadt, und als wir in sein Zimmer zurückgekehrt waren, bat er mich, ihm aus »Walden Pond« vorzulesen. Er legte den Kopf zurück und schloß die Augen. Ich las ihm vor, als würde ich meinen Kindern zu Hause vorlesen. Es war noch nicht sehr spät. Aber wie meine Kinder schlief er über dem Vorlesen ein. Ich ging nach draußen und hörte Trommeln in der Ferne. Nicht das Schlagzeug einer Tanzband, eher das Trommeln eines Trauerzuges. Ein Schreck durchzuckte mich. Ich wollte nicht die Nacht in seiner stikkigen Wohnung verbringen. Wie einfach es doch wäre, wenn ich jetzt seine Sachen im Wagen verstauen und ihn mit zu uns nach Maine nehmen könnte.

Am nächsten Morgen marschierten die Trommler wieder auf den Rasen des Stadtplatzes, es war der zweite Tag der Musterung. Ich kaufte eine Zeitung.

An der Kasse stand ich hinter einem kleinen Soldaten, der es eilig hatte, seinen Kameraden eine Kiste Coke zu bringen. Seine Haut war gelb und fahl, fast durchsichtig, und das Stoppelhaar auf seinem Kopf stand senkrecht empor; über den Ohren war es ganz wegrasiert. Sein Blick war leer. Er steckte in einer Uniform aus glänzend schwarzen Stiefeln, einem breiten schwarzen Ledergurt mit Haken für die Trommel, einem weiteren für einen Silberbecher und zwei Schlitzen für die Trommelstöcke. Seine Designer-Brille aber gab dem Aufzug etwas Irreales. Ich fragte mich, ob Menschen, die einen Nervenzusammenbruch erlitten haben, auch so enden, als kleine verlorene Seelen, die bei irgendeinem Versandhaus die Uniform eines Trommlers bestellen, so daß sie in einer Kapelle mitspielen können, die entlang der Küste Connecticuts jedes Wochenende auf anderen Rathaus- oder Dorfplätzen aufmarschiert.

Als ich Bill weckte, bewegten sich seine Hände hin und wieder, als wollte er in Richtung Decke schwimmen.

Später sind wir sogar bis zum Fußballplatz spaziert. Unvermittelt fing Billy an, vom Krankenhaus zu erzählen. Das schlimmste sei gewesen, wenn Patienten gehen mußten, weil die Versicherung nicht mehr zahlte oder die Sozialunterstützung auslief. Eine Frau habe man schreiend weggetragen: »Ich kann doch nicht einkaufen gehen! Ich werde mich verlaufen!«

»Das Krankenhaus hat mich verändert«, sagte er.

Jedesmal, wenn er über seinen Zusammenbruch sprach, fuhr er sich unablässig mit den Fingern seiner rechten Hand durchs Haar, fester und fester. Dann hielt er inne und untersuchte seine Fingernägel, ob denn Blut darunter sei. Die Stelle in der Bank habe er nur seinen Eltern zuliebe angenommen, aber es habe ihm dann doch Spaß gemacht. Einige coole Typen habe er dort getroffen, und sie hätten sich ein paarmal am Wochenende zu gemeinsamen Ausflügen getroffen.

Ich wartete, ob er mir mehr erzählen wollte. Aber sein Bericht brach abrupt ab, und er starrte mit leeren Blicken auf das Fußballfeld.

Ein heftiges Gewitter brachte um Mitternacht die Trommeln endlich zum Schweigen. Bevor er schlafen ging, sagte mir Billy, seine Eltern wollten sich scheiden lassen. Und er sei schuld daran, denn ihre Probleme hätten erst angefangen, als er im Sommer nach Hause zurückgekommen sei.

»Das hat mich fertiggemacht«, sagte er traurig. »Ich kam mir vor, wie der Typ aus Kafkas Erzählung, der sich in einen Käfer verwandelt, der im Schlafzimmer lebt und den seine Familie schließlich haßt. Meine Mutter brachte mir Essen aufs Zimmer, stopfte mich voll. Und mein Vater nannte mir Namen von Menschen, die mich nach meiner Collegezeit und der Zeit bei der Bank, wenn dort alles glatt liefe, einstellen würden. Alles Leute, mit denen er geschäftlich zu tun hat.«

Ich fragte, wie lange er denn bei der Bank gearbeitet habe, und er sagte, er habe keine Ahnung. Ich sah, wie er im Stuhl, in den er sich gerade gesetzt hatte, zusammensackte, und plötzlich empfand ich heftiges Mitleid mit ihm. Ich dachte daran, wie klug und aufgeweckt er als Student gewesen war und daß ich keinen meiner Studenten darauf vorbereitet hatte, mit der Langeweile fertigzuwerden, die einen nach dem College erwischen kann, oder mit der Trostlosigkeit von möblierten Zimmern wie dem, in dem wir saßen. Die Pillen, die durch seine Adern gespült wurden, sorgten für kleine Speichelbläschen auf seinen Lippen. Ich fragte mich, ob es einem meiner Kinder auffallen würde, wenn ich wie Billy durchdrehen würde.

Es habe ihn selbst überrascht, daß es bei der Bank immer schlechter gelaufen sei. »Ich hatte mir gerade drei neue Anzüge gekauft. Komm, ich zeig' sie dir.«

Er ging ins Schlafzimmer. Ich mußte an meinen Geschäftsmann vom Baseballplatz denken, der nicht mehr in seine Anzüge gepaßt hatte. Als Billy zurückkam, hatte er einen der Anzüge an, die beiden anderen trug er über dem Arm. »Fällt dir was auf?«

»Was soll mir auffallen?«

»Daß ich nur Theater spiele.« Er lachte laut, mit weit aufgerissenen Augen. »Schau nur diesen Anzug an. In so einem Anzug könnte ich alles werden. Mein Affenanzug. Ich hatte ihn an, als ich dem Club in der Bank beitrat. Jeden Freitagnachmittag saßen wir im Büro von einem dieser Kerle rum und riefen alle an, die mit Zinszahlungen im Rückstand waren. Alles Schwarze. Sie sollten ihres Lebens nicht mehr froh werden. Wir haben eine Konferenzschaltung aufgebaut und diese Menschen einfach angepöbelt. *Hey Nigger, ich hoffe, dein Cadillac hat 'ne Standheizung. Du wirst darin überwintern müssen!* Und so weiter. Alle haben mitgemacht, war 'ne Stimmung wie bei einem Footballspiel. Jeder wollte der witzigste sein. Sogar die Mädchen bei der Bank haben mitgemacht. Ich kündigte, weil ich mir schmutzig vorkam. Ich habe unentwegt heiß geduscht, aber ich kam mir immer noch schmutzig vor. Da hab' ich gekündigt. Ließ einfach einen Zettel auf dem Tisch des Geschäftsführers liegen. War ein Freund meines Vaters.«

Er wollte mir etwas zeigen. Noch einmal verschwand er im Schlafzimmer. Als er zurückkam, hatte er mehrere, mindestens faustgroße Steine in den Händen. Er packte sie auf den Fernseher.

»Meine Trophäen«, sagte er. Wieder dieses harte Lachen. »Ich weiß nicht warum, aber ich habe vor einiger Zeit damit angefangen, Fenster einzuwerfen. Zog meinen Affenanzug an und fuhr in den Wohnvierteln der Manager herum und warf ihnen Steine ins Fenster. Inzwischen sind es sicher fünfzig oder sechzig Fenster, die ich eingeworfen habe. Fühlte mich danach. Weiß nicht, warum.« Er ließ den Kopf sinken, seine Hand glitt über die Steine auf dem Fernseher. »Mensch«, sagte er, »meine Eltern würden durchdrehen, wenn sie das wüßten.«

Er ging in den Schneidersitz, kreuzte die Arme und begann hin und her zu schaukeln.

»Hör mal, Billy«, schlug ich vor, »mir kommt es so vor, als ob du ziemlich einsam bist hier. Komm mit mir und bleib eine Weile bei uns in Maine. Bis ... na ja, du weißt, bis ...«

Er unterbrach mich. »Ich habe ein cooles Video von Patty Hearst, wie sie eine Bank in San Diego überfällt. Ich habe es über eine Zeitschrift bestellt. So würde ich auch gern kämpfen. Ich fahre in den besseren Vierteln herum und denke: Das ist es, was auf mich wartet. All diese Tage, die ich als Student verbrachte und tat, was man mir sagte, ansonsten den Mund hielt. Das soll meine Welt werden? In all den Häusern wohnen Menschen, die genau dieselben Gemeinheiten machen, die ich auch gemacht habe, als ich bei den Schwarzen anrief und sie am Telefon fertigmachte. Ich will wie Tom Joad sein, mehr nicht. Du weißt doch, was Tom gesagt hat: Ich muß einfach davonlaufen, immer weiter laufen, solange ich kann.«

Am nächsten Morgen brachte er mich zum Bahnhof. Ich hatte den Fahrplan falsch im Kopf, und wir waren eine Stunde zu früh. Wir setzten uns mit einer Flasche Apfelsaft auf eine Bank.

»Hör mal«, sagte ich, »es gibt keine Tom Joads. Tom ist eine Figur von Steinbeck, mehr nicht.«

Er lächelte: »Das hat mir meine Mutter auch gesagt. Aber ich weiß, daß es da draußen Menschen gibt, die nicht aufgeben.«

Wie sollte ich das leugnen? Ich hatte auf meine Weise selbst so einer werden wollen, lange Zeit sogar geglaubt, ich sei einer. Ich weiß nicht, was ich ihm geantwortet habe. Aber er hörte mir ohnehin nicht mehr zu.

»Tut mir leid«, sagte er dann, »aber ich kann hier nicht mit dir warten. Ich habe das Gefühl, ich muß sofort nach Hause.«

Ich schaute ihm nach. Ich ahnte, er war meine Gesellschaft einfach leid und wahrscheinlich enttäuscht, daß ich so war wie alle anderen, die ihn zurück ins System führen wollten. Wo er doch draußen bleiben wollte. Für immer. Ich blieb auf der Bank sitzen und hatte Angst, Billy könnte herausfinden, daß ich nur gekommen war, weil ich die Hoffnung hegte, sein Vater könnte mir einen Job besorgen. Billy war einer der Studenten in Colgate gewesen, die sich für mich engagiert und wegen meiner Kündigung gegen die Verwaltung protestiert hatten. Er wollte einen Termin beim Universitätspräsidenten; er hat eine Versammlung durchgesetzt, auf der der Präsident vor Hunderten von Studenten erklären sollte, warum man meine Dienste nicht mehr brauche. Irgend jemand hatte mir am nächsten Tag erzählt, der Präsident hätte der Menge eine einleuchtende Erklärung geboten, aber Billy wäre aufgestanden und hätte ihm zugerufen: »Das reicht nicht!«

Ich glaube, schon am nächsten Tag hat Billys Vater angerufen, um sich zu bedanken. Selbst da dachte ich noch, vielleicht bietet er mir für das, was ich für ihn und seinen Sohn getan hatte, eine Entschädigung an. Immerhin konnte ich den Impuls beherrschen, den Vater zu bitten, mir in seiner Softwarefirma eine Arbeit zu verschaffen. Wenigstens das.

Ich wollte etwas für Billy tun, etwas Sinnvolles. So stöberte ich in den Bücherkisten herum, um die Bände zu finden, die ich auf seine Leseliste gesetzt hatte. Ich wollte die Stellen markieren, die ich ihm als Ermutigung zuschicken könnte. Beim Blättern fing ich an, meine Randnotizen zu lesen, die ich in Vorbereitung auf das Seminar gemacht hatte. Und mir wurde klar, daß ich diese Bücher nie nur aus purem Wissensdrang gelesen hatte. Ich hatte in diesen Texten etwas anderes gesucht, etwas, was mich vor der Klasse oder vor Kollegen als etwas Besonderes erscheinen lassen würde. Stellen, mit denen ich auf Partys glänzen konnte.

Ich holte einige Mülltüten aus der Küche und fing an, die Bücher auszusortieren, in die ich etwas geschrieben hatte. Aber bald stopfte ich alle in die Tüten, auch sämtliche Vortragsnotizen.

Am nächsten Morgen fuhr ich zur Müllhalde und wartete vor den Toren, bis aufgemacht wurde. »Was is'n das?« fragte der zahnlose Mann, der die Aufsicht über die Kippe hatte.

»Altes Zeug«, antwortete ich.

Er deutete auf die Mülltüten, die auf dem Vordersitz neben mir aufgetürmt waren. »Mach mal auf«, sagte er, und als ich ihm sagte, es seien alles nur Bücher, wies er mir die Stelle, wo ich sie abladen sollte.

An diesem Tag waren drei weitere Ablehnungsbescheide in der Post. Ich las sie und ließ sie auf dem Küchentisch liegen.

10. Kapitel

Telefon:	45,25 Dollar
Lebensmittel:	313,70 Dollar
Autoreparatur:	1.378,00 Dollar
Reise nach Connecticut:	65,44 Dollar
Verschiedenes:	176,00 Dollar
Guthaben am 2. August:	5.163,40 Dollar

Jedes Mal, wenn ich Colleen sah, überlegte ich, ob ihre Kleider nicht allmählich strammer säßen. Bei jeder Schwangerschaft war an ihrer Nasenwurzel eine kleine Linie Sommersprossen erschienen, und nachdem ich eines Morgens im Bett, während sie noch schlief, diese Linie zu ahnen glaubte, rief ich bei dem »wohlhabenden Christlichen Ehepaar« an, das in der Anzeige »Liebe und Sicherheit für ein Kind« versprochen hatte.

Ich telefonierte von der Straße aus, und ich sagte die Wahrheit und nichts als die Wahrheit. Nur was meinen Namen und die Stadt, aus der ich käme, anging, log ich ein wenig. Was hatte die Frau am anderen Ende der Leitung für eine überfreundliche Stimme! »Wir würden Sie und Ihre Ehefrau liebend gern zum Abendessen einladen.«

Zum Abendessen einladen.

»Warten Sie, Edmund geht nach oben an das Telefon dort«, sagte sie.

Er hob ab und meldete sich. »Hallo, ich bin Edmund. Schön, daß ich mit Ihnen sprechen kann. Wollen Sie und Ihre Ehefrau zum Mittagessen vorbeischauen?«

»Ich habe sie schon zum Abendessen eingeladen«, rief seine Frau dazwischen.

Er setzte zu einer Entschuldigung an.

»Ich könnte auf einen Kaffee vorbeikommen«, schlug ich vor.

»Aber ja, bitte«, sagte sie. »Wann können Sie hier sein?«

In etwa einer Stunde, sagte ich. Und sofort begann sie damit, mir den Weg zu ihrem Haus zu beschreiben. Doch dann wußte sie doch nicht genau, wie man von der Yarmouth Bibliothek zu ihr fände, ich hatte gesagt, daß ich von dort anriefe. »Hör mal, Schatz«, sagte ihr Mann zärtlich, »leg einfach auf. Ich erklär's ihm schon.«

Ich hatte nichts, was ich anziehen konnte. Jedenfalls nichts Passendes. In Boxer-Shorts stand ich vor dem hohen Spiegel im Schlafzimmer und probierte meine Garderobe durch. Die Freundlichkeit der beiden hatte mich erleichtert, und ich überlegte, ob wir möglicherweise schon bei diesem ersten Treffen über Geld sprechen könnten. Irgendeine Zahl, dann hätte ich einen Anhaltspunkt für meine Budgetplanung. Colleen hatte sich von ihrem Leben nichts anderes gewünscht als eine große Familie und die Möglichkeit, zu Hause bei den Kindern zu bleiben, bis sie ins Schulalter kämen. Als wir uns kennenlernten, ging sie noch zum College, hatte daneben aber drei Jobs, weil sie nach dem Abschluß nicht vor einem Berg Schulden stehen wollte, die sie dann abbezahlen müßte.

Ich entschied mich für die zerrissenen Jeans. Den Eheleuten wollte ich sagen, ich hätte gerade im Garten gearbeitet. *Ich kann nur ein paar Minuten bleiben. Ich muß nach Hause und den Rasen fertigmähen.*

Ich hatte Cara auf dem Arm, als ich durch die Küchentür nach draußen ging. Colleen saß auf der Veranda und kämmte Nells Haar. Ich sagte, ich wolle in die Stadt fahren und Sprit für den Mäher holen. »Ich nehme Cara mit.«

»Moment mal«, stoppte uns Colleen, »wie siehst du denn aus, Cara? Du kannst doch nicht mit deinem Vater in die Stadt fahren und dabei aussehen wie ein Brunnenputzer.«

Ich meinte, das mache nichts, aber sie ging hinein und kam mit einem nassen Waschlappen zurück. Während sie Caras Gesicht wusch und ihr Haar kämmte, fragte ich mich, ob ich Colleen irgendwann einmal würde sagen können, wie weh es mir getan hätte zuzusehen, wie sie Cara, die unfreiwillige Komplizin in meinem Plan, herausputzte. Ich spürte, wie sich irgend etwas in mir einkapselte, etwas, was ich nicht näher bezeichnen konnte.

Als wir beim Haus des Ehepaares ankamen, konnte ich es nicht über mich bringen anzuhalten. Während ich den Wagen langsam vorbeirollen ließ, sah ich im Rückspiegel einen weißen Kombi in der Einfahrt stehen. Alle Fenster zur Straße hatten Jalousien. Es war ein großes weißes Haus mit grünen Verzierungen, drei gemauerten Schornsteinen und einem großen Kübel voller Geranien vor der Haustür.

Als ich das nächste Mal vorbeifuhr, nur wenige Tage später, war ich allein, und gerade als ich um die Ecke bog, sah ich ihren weißen Kombi losfahren. Auf dem Beifahrersitz saß eine Frau. Sie trug ein Kopftuch. Ich folgte dem Kombi in die Stadt hinein und dann die Main Street entlang. Der Mann fuhr sehr langsam, als habe er etwas gegen die grüne Welle. An zwei Kreuzungen mußte er stoppen, und ich hielt direkt hinter ihm an, so daß ich eine Bibel und einen blauen Regenschirm sehen konnte, die hinten im Auto lagen.

Was, um Gottes willen, tust du hier eigentlich?

Sie bogen auf einen unbefestigten Parkplatz vor einem hellblauen Wellblechbauwerk ein. Es sah aus, als würden dort Autokarosserien repariert. Doch ich hatte nur das weiße Kreuz auf dem Dach übersehen. Sie hielten an, stiegen aus und liefen zum Eingang der Kirche. Ich stellte mir vor, wie sie im Inneren der Kirche niederknieten und darum beteten, daß der Mann, der auf ihre Anzeige geantwortet hatte, doch noch einmal anriefe.

In dieser Nacht ließ sich Jack nicht beruhigen. Ich versuchte alles, aber je mehr ich mich abmühte, desto lauter weinte er. Bis ich mich schließlich zu ihm legte und ihm etwas vorsang. Als er sich endlich beruhigt hatte, fragte ich ihn, was los sei.

»Ich kann das Loch auf deinem Kopf nicht leiden«, sagte er, und seine Unterlippe zitterte.

»Jackie«, beruhigte ich ihn, »das ist doch halb so schlimm. Schau, du mußt nur die Haare drüber schieben, und es ist weg.« Ich lehnte mich vor und führte seine Hand zu der Stelle, wo sich meine Haare lichteten. Sofort fing er wieder an zu weinen. Ich zog die Decke über uns zu und drückte ihn eng an mich.

»Bleibst du bei mir?« fragte er.

»Sicher«, sagte ich.

»Aber vielleicht mach' ich dich naß.«

»Macht nichts«, versicherte ich. »Als Cara zur Welt kam, habe ich jede Nacht bei dir geschlafen.«

»Warum?«

»Weil sie näher an der Milch sein mußte.«

»Warum?«

»Weil sie die ganze Nacht lang so hungrig war wie ein Bär. Du hast mich jede Nacht angepinkelt. Kaum hatte ich die Windeln auf, hast du losgelegt.«

Jack lachte. »Warst du nicht sauer auf mich?«

»Ach was«, sagte ich. »Irgendwann, wenn ich sehr alt bin, werde ich dich bitten, neben mir zu schlafen, und dann werde ich mich rächen.«

Wir schliefen ein. Als ich wieder aufwachte, brannte noch immer das Licht auf dem Nachttisch, der voller Spielzeughelden von Jack war. Batman und Robin. Lucky Luke. Indiana Jones. Allen hatte er einen Teil der Haare abgekratzt, alle hatten sie jetzt eine kahle Stelle auf dem Kopf.

Ich hörte Colleen im Flur. Vielleicht hatte sie die Zahlenkolonnen entdeckt, die ich auf die Gelben Seiten des Telefonbuchs von Portland geschrieben hatte oder die auf der letzten Seite des Nachschlagewerks von Century 21 oder gar die auf Seite 14 von Jacks Gute-Nacht-Geschichten. Ich las sie immer so langsam, daß er dabei einschlief, und bevor ich das Licht ausknipste, korrigierte ich meine Haushaltsstatistik. Nicht, daß ich das Gefühl gehabt hätte, diese Berechnungen würden mir plötzlich eine Wahrheit offenbaren, die unsere Zukunft sichern könnte. Doch gab es jedesmal diesen magischen Augenblick, dann nämlich, wenn ich die Endsumme durch den geschätzten Betrag dividierte, den wir in einem Monat für das Notwendigste brauchten. In diesem Augenblick verwandelten sich Dollars in *Zeit*. Dann zeigte sich nämlich, wie lange wir von dem Geld, das uns geblieben war, noch leben konnten. Wie lange wird es noch dauern, bis Colleen mich fragt, ob ich denn daran dächte, sie und die Kinder auch weiterhin zu ernähren? Und dann würde ich sie fragen, ob sie schwanger sei und wie sie sich die Zukunft für das Baby vorstellte.

Auch die leisen Angstwellen, die mich gelegentlich überfielen, hatten mit Zeit zu tun. Als ich eines Tages ein Buch aus der Bibliothek mitnehmen wollte, sah ich, daß ich es am 12. August zurückgeben müßte. Fast hätte ich der Bibliothekarin an der Ausgabe gesagt, daß ich dann schon gar nicht mehr in dieser Stadt wohnen würde, sondern mich aus dem Staub gemachte hätte, weit weg. Und als ich an einem Bahnübergang warten mußte, bis ein Güterzug vorüber war, sah ich mich plötzlich als alten Mann, der in einem dieser Waggons hockt und niemandem mehr zur Last fällt.

Kaum war ich morgens aufgestanden, lief ich mit einem feuchten Lappen durchs Haus, auf der Suche nach irgend etwas, was ich abwischen könnte. Ich polierte Tisch und Stühle, stellte den Kindern das Frühstück auf den Tisch und wartete, bis sie fertig waren und ich ihre Teller und Saftgläser wieder abräumen konnte.

Einmal verbrachte ich einen ganzen Tag damit, mir überflüssig erscheinende Sachen auf dem Rasen auszubreiten. Gerade wollte ich ein Schild aufstellen, »Trödel zum Verkauf«, als Colleen mit den Kindern im Kombi zurückkam. Sie nahm die Sonnenbrille ab und betrachtete, was ich veranstaltet hatte – und fuhr einfach weiter. Abends ließ sie Jack vom Haus ihrer Mutter aus bei mir anrufen. Er sollte mir sagen, sie würden dort zu Abend essen und übernachten. Bevor ich etwas sagen konnte, hatte er aufgelegt.

Ich hockte lange Zeit auf der Eingangstreppe und überlegte, was ich ihr sagen oder was ich tun sollte. Mir fiel nichts ein. Es war spät, als ich Colleen anrief. »Ist deine Mutter noch auf?« fragte ich sie.

»Wir unterhalten uns gerade«, sagte sie.

»Glaubst du, du könntest sie fragen, ob wir bei ihnen einziehen könnten?«

Zuerst sagte sie nichts. Dann meinte sie, daß sie ihrer Mutter nicht zur Last fallen wolle. »Ich möchte nach Hause«, sagte sie, »aber vorher solltest du alles wieder reintragen. Bitte.«

Das tat ich. Dann kam ich auf die Idee, daß wir uns langsam an das Leben in einer Einzimmerwohnung gewöhnen müßten. Eines Morgens, als Colleen mit den Kindern in der Stadt war, trug ich die Kinderbetten und die Wiege von Cara in unser Zimmer.

Colleen hat einen tiefen Schlaf. Nicht einmal das Heulen einer Sirene kann sie wecken. So hatte sie mit dem veränderten Arrangement keine Probleme. Ich dagegen lag fast die ganze Nacht wach und hörte die Kinder atmen, husten und sich herumwälzen. Schließlich mußte ich an die Nacht bei Billy denken und stellte einen Ventilator direkt neben mein Kissen und schaltete ihn ein. Er übertönte die Geräusche der Kinder, und bei seinem Surren konnte ich einschlafen. Ich schlief gut bis kurz vor Sonnenaufgang. Als ich wach wurde, freute ich mich, sie alle friedvoll um mich herum schlafen zu sehen.

Jeden Abend krochen die Kinder zunächst in unser Bett, um eine Gute-Nacht-Geschichte zu hören. Am Anfang las Colleen ihnen aus Kinderbüchern vor, die sie aus der Bibliothek holte. Dann begann ich damit, Geschichten aus den Jahren der Großen Depression zu improvisieren und zu erzählen. Was ich da erzählte, beruhte auf dem, was ich von meinem Vater gehört hatte, als ich klein war. Da ich sonst den ganzen Tag über nichts zu tun hatte, widmete ich diesen Geschichten immer mehr Zeit und sehnte mich eigentlich von dem Augenblick an, in dem ich morgens die Augen aufschlug, nach dem Abend, wenn wir wieder alle zusammen im Bett sitzen würden.

Als meine Schwiegermutter uns eines Nachmittags anbot, auf die Kinder aufzupassen, fuhren Colleen und ich zusammen zum Strand von Scarborough. Wir gingen am Wasser entlang und kamen an der Stelle vorbei, an der wir uns das erste Mal gesehen hatten, wir liefen weiter bis Prouts Neck, wo der Strand am schönsten war. Allerdings war die Küste hier abgesperrt: Privatbesitz. Dort trafen wir einen Bekannten, der Colleen vor Jahren verehrt hatte. Ihm gehörte eines der großen Herrenhäuser in Prouts sowie ein kleines Häuschen. Er fragte Colleen, ob er uns nicht gegen Ende der Woche zu einem Dinner einladen dürfe. Colleen nahm die Einladung an.

Kaum war er außer Hörweite, fauchte ich sie an. »Du bist wie deine Mutter. Vielleicht hat es was mit eurer irischen Abstammung zu tun. Ihr heiratet Arbeitertypen und verbringt dann das ganze Leben damit, von einem besseren Leben zu träumen.«

Colleen setzte sich in den Sand und schüttelte langsam den Kopf. Dann sah sie mich an und sagte: »Ich werde nicht zulassen, daß du so mit mir redest.« Damit erhob sie sich und lief davon.

Ich sah ihr nach und verging vor Selbstmitleid. Zwei alte Frauen in grauenhaft ausgeleierten Badeanzügen sammelten in Plastiktüten Treibholz und Muscheln. Sie hatten offensichtlich riesigen Spaß miteinander, und ich stellte mir vor, daß manche Frauen nach dem Tod ihrer Männer sicher erleichtert sind. Diese Frauen wirkten so, als seien sie von einem langen unglücklichen Gewaltmarsch zurückgekehrt.

Ich ging unseren Weg zurück und suchte nach Colleen. Sie saß genau dort vor der Fahnenstange, bei der wir uns zum ersten Mal begegnet waren. Mein Zorn war verraucht und ich entschuldigte mich. Als wir den kleinen Pfad zu unserem Auto zurückliefen, nahm ich ihre Hand und führte sie zu einer der Umkleidekabinen. Sie sagte nichts. Sie schloß die Tür und lehnte sich dagegen. Ich roch die Dünenheide und die von der Sonne getrockneten Zedernholzlatten unter uns. Ich küßte sie und zog sie heftig an mich, doch sie machte sich ganz steif in meinen Armen. Es war ein eigenartiger Augenblick, untrennbar mischten sich meine Leidenschaft und mein Zorn.

Colleen erschrak und riß sich los. Sie habe mit der Frau gesprochen, die im Tante-Emma-Laden an der Ecke, nicht weit von unserem Haus, arbeite. »Du weißt, die mit den zehn Kindern. Sie lebten früher alle auf einem Bauernhof in North Maine. Den Hof haben sie während der Großen Depression verloren. Die Bank hat ihnen die Hypothek gekündigt. Der einzige Job, den der Vater finden konnte, war Arbeiter in einer Kugellagerfabrik in Hartford, Connecticut, und so sind sie alle dorthin gezogen und geblieben, bis sie genug Geld hatten, um nach Maine zurückzukommen.« Ich wußte, warum sie das sagte.

Auf dem Heimweg hielt ich am Supermarkt, um Bier und eine neue Flasche für Cara zu kaufen. In der Frischwarenabteilung sah ich, wie ein Angestellter, der vielleicht so alt war wie ich, die Salatköpfe mit kaltem Wasser besprizte. Er trug eine grüne Schürze und ein Haarnetz. Ich fragte mich, ob er Kinder hatte und ob er immer darauf achtete, das Netz abzunehmen, bevor er nach Hause ging, damit seine Kinder ihn nicht in diesem Aufzug sähen.

In Gedanken versuchte ich mir auszumalen, wie er

es schaffte, keine Schulden zu machen. Ich ging davon aus, daß er sechs Dollar die Stunde verdiente und vierzig Stunden die Woche arbeitete, seine Frau ebenfalls. Also brächten sie zusammen 480 Dollar brutto in der Woche nach Hause, das wären nach allen Abzügen etwa 400 Dollar, und das mal vier: 1.600 Dollar im Monat. Für Miete oder Hypothek müßte er mindestens 600 Dollar im Monat zahlen. Raten fürs Auto vermutlich um die 200 Dollar. Ein zweites Auto, damit die Frau zur Arbeit fahren konnte? Weitere 200 Dollar. Sprit: 100 Dollar im Monat. Strom: noch mal 100 Dollar. Heizöl: 200 Dollar. Wenn sie dann noch etwas zu essen brauchten, müßten sie einen Kredit aufnehmen.

Ich schaute ihn an und überlegte, ob er denn wenigstens hinten im Warenlager ohne Haarnetz arbeiten dürfte. Ich spürte, wie mich jemand ansah. Es war ein adrett gekleideter älterer Herrn mit einer Glatze, die von einem Kranz weißer Haare umgeben war. Als ich aber in seine überraschend blauen Augen schaute, sah ich plötzlich einen viel jüngeren Mann vor mir, mit dem ich vor bestimmt fünfundzwanzig Jahren zu tun gehabt hatte, Dino. Auch er hatte mich wiedererkannt. Für einen Moment lähmten uns der Schock des Wiederkennens und eine Welle von Traurigkeit. Beide hatten wir wohl den gleichen Gedanken: *Mein Gott, ist der aber gealtert.*

»Mensch, ist das eine Überraschung, dich zu sehen«, begrüßte ich ihn.

»Und dich erst. Großartig.«

»Siehst gut aus.«

»Du auch.«

Er erzählte, daß er am Scarborough-Strand in einem der großen Hochhäuser mit Eigentumswohnungen lebte, und mich ergriff sofort ein gewisses Wohlgefühl. Das war Schicksal! Vor fast dreißig Jahren, als ich siebzehn Jahre alt war, war er Geschäftsführer des Hotels, in dem ich meinen ersten Sommerjob als Tellerwäscher hatte. Wenn ich an all die Arbeitgeber, die ich in meinem Leben hatte, denke, dann war er der beste Boß überhaupt, einer, der es wirklich verstand, die Zuneigung seiner Leute zu gewinnen. Drei Sommer lang habe ich für ihn gearbeitet. Dann haben wir uns aus den Augen verloren. Aber ich hatte gehört, daß er zu einem wohlhabenden und in Maine angesehenen Geschäftsmann geworden war.

Wir redeten unentwegt, beim Anstehen an der Kasse, auf dem Weg aus dem Supermarkt und bis zu seinem Auto. Seine Kinder waren auf einem Internat, er hatte viel Freizeit, und es sah so aus, als würde er sich wirklich über einen Besuch freuen. »Ich komme mit Colleen und den Kindern vorbei, bestimmt«, versprach ich ihm.

»Gut«, sagte er, »wäre wirklich schön.«

Auf dem Rückweg erzählte ich Colleen von meinem Schreck, ihn so gealtert zu sehen, aber er wird Beziehungen zu Geschäftsleuten haben, sagte ich, und vielleicht kriege ich durch ihn Arbeit.

Colleen hörte geduldig zu.

Als wir beim Einkaufszentrum vorbeikamen, hielt ich an, weil ich mir etwas Anständiges zum Anziehen kaufen wollte. »Willst du mitkommen?«

Sie wollte nicht. »Warum brauchst du was Neues anzuziehen?« fragte sie mit besorgter Miene.

»Eigentlich brauche ich nichts«, sagte ich, »aber vielleicht machen ein anständiges Sakko, ein Anzugshemd mit geknöpftem Kragen und ein Paar Slipper den entscheidenden Unterschied.«

Sie lachte sanft und sagte: »Das ist doch nicht dein Ernst, oder?«

»Warum nicht?« fragte ich. »Glaubst du, ich könnte keinen Eindruck mehr machen?«

»Darum geht es nicht.«

»Worum sonst?«

»Weiß nicht. Es ist ... Wir haben kein Geld für neue Sachen.«

Ich bin aber doch losgezogen. Und habe in weniger als einer Stunde fast 450 Dollar ausgegeben: ein Hemd, ein Tweed-Sakko, auf das ich schon am nächsten Morgen einen Fleck machte, Schuhe und Gürtel.

In dieser Woche erreichte ich den Tiefpunkt. Colleen war eines Morgens nach Portland gefahren, um in Erfahrung zu bringen, unter welchen Bedingungen wir eine Lebensmittelkarte und Benzinzuschuß bekämen. Als sie zurückkam, sagte ich, ich wolle Cara auf dem mechanischen Pferd vor dem Supermarkt reiten lassen. Damit sie mir glaubte, kippte ich die Schüssel, in die wir unser Kleingeld legten, auf die Küchenablage und suchte alle Vierteldollarstücke heraus. Ich fuhr zu dem kinderlosen Ehepaar.

Unterwegs hielten wir an, um eine Packung dicker Filzstifte zu kaufen. Ich öffnete sie auf dem Vordersitz. »Daddy braucht nur den blauen«, sagte ich Cara. »Die restlichen sind für dich.« Ich gab ihr den Kasten, und während ich mein Tweedsakko mit dünnen blauen Strichen versah, um den Fleck in der Wolle zu überdecken, bemalte sie die Polster.

Ich wollte das Ehepaar um 25.000 Dollar bitten. Ich wollte sie nicht mehr anlügen, ich wollte direkt sein. Und ich wollte mir auch kein schlechtes Gewissen machen, denn wir hatten ja schon vier wunderschöne Kinder und sie hatten keine, und wenn wir ihnen ein Baby verkauften, würde uns das genug Geld verschaffen, um ein Jahr zu überleben – bis die nächste Runde College-Stellen ausgeschrieben würde.

In ihrem Wohnzimmer standen vier cremefarbene Sofas um einen quadratischen Glastisch mitten im Raum. Ich sah, wie die Frau ihren Kaffee umrührte, sah ihre dünnen Handgelenke und dachte, daß sie wohl Probleme mit ihrer Gesundheit haben müsse und deshalb keine Kinder bekommen könne. Ich setzte gerade an, daß ich eine große Entschädigung brauchte, weil ich meine Stelle verloren hätte und kaum Aussichten bestünden, eine neue zu finden, da hörte ich den Mann sagen: »Aber, aber, Kindchen, das willst du doch sicher nicht.« Ich sah, wie die Frau nach Caras Hand griff, aber es war zu spät. Sie hatte mit dem orangefarbenen Filzstift einen großen Kreis auf das Sofa gemalt.

Auf dem Nachhauseweg fuhr ich zu dem Einkaufszentrum, in dem ich das Sakko gekauft hatte. »Immer bekomme ich Krach mit meiner Frau«, erklärte ich der Verkäuferin, »jedesmal, wenn mein Geburtstag kommt, kaufe ich mir etwas, und dann stellt sich heraus, daß sie die gleiche Idee gehabt hat.« Mir war nicht klar, ob sie mir glaubte oder nicht. Aber den Fleck hat sie offensichtlich nicht gesehen. Sie nahm das Sakko, und ich bekam die 239 Dollar anstandslos zurück. Ich war sehr erleichtert.

In den Tagen danach verhandelte ich mit dem Ehepaar wegen des Sofas am Telefon. Die Frau hatte ein schlechtes Gewissen. Es sei ihre Schuld gewesen, sie habe sich schon lange vorgenommen, den Stoff imprägnieren zu lassen, dann aber habe sie so viel mit einem Kirchenprojekt zu tun gehabt, daß sie nicht dazu gekommen sei. So ein Sofa koste 1.200 Dollar. Wir einigten uns darauf, die Kosten zu teilen. Ich wollte bar zahlen, so daß es keinen Nachweis über den Vorfall gab. Das nächste Mal fuhr ich allein. Als die Frau zur Tür kam, hatte sie eine Halskrause um und trug ihr Haar hochgesteckt. Es sah aus, als liege eine Katze auf ihrer Schulter.

»Es läßt mir keine Ruhe«, sagte sie.

»Kein Problem«, erwiderte ich, »meine Frau kauft immer nur Filzstifte, die auswaschbar sind; es war meine Schuld.« Mir ging der Gedanke durch den Kopf, daß die Sofas keine Chance mehr haben würden, wenn das Baby, das sie sich so sehr wünschte, erst da wäre. Ich schaute an ihr vorbei in die leeren Zimmer. Es herrschte eine grauenhafte Stille in dem Haus. Ich stellte mir vor, wie sie spät am Abend, nachdem sie den ganzen Tag darauf gewartet hatte, daß irgend jemand auf ihre Anzeige hin anrufen würde, nur ihre gedämpften Schritte auf den Teppichböden hören würde. Vielleicht befürchtete sie, in dieser fürchterlichen Stille eines Tages durchzudrehen. Ich war mir sicher, daß die Idee, mir für das verdorbene Sofa Geld abzuknöpfen, von ihrem Mann stammte. Ich entschuldigte mich nochmals.

»Ach ja«, sagte sie traurig. Ich drehte mich um und ging zum Auto zurück, halb in der Erwartung, sie würde mich zurückrufen und fragen, ob ich noch wegen des Babys verhandeln wolle. Aber das tat sie nicht, und als ich zurückschaute, hatte sie die Haustür zugezogen.

Auf dem Weg nach Hause und einige Tage lang dachte ich daran, wie sie in ihrer Blechkirche knien würde und Gott anflehen, sie Mutter werden zu lassen: Jeden Morgen würde sie in die Zeitung schauen, um sich zu vergewissern, daß ihre Anzeige erschienen war. Ich träumte auch von ihr, immer den gleichen Traum. Sie ruft mich zu sich, und ich schlafe so oft mit ihr, bis sie endlich schwanger wird. Das Problem liege bei ihrem Mann, sagt sie. Aber ihre Religion verbiete ihr, mit einem anderen zu schlafen. Sie führt mich in ein Zimmer voller Devotionalien. Betende Hände auf dem Nachttisch, ein Kruzifix überm Kopfteil des Bettes, in das wir uns legen. Eine Uhr mit den zwölf Aposteln anstelle von Ziffern. Sie tue, was der Pfarrer ihr geraten habe, und versuche sich vorzustellen, daß ich ihr Mann sei.

Es war wie mit den russischen Babuschka-Puppen. In jedem Traum steckte ein neuer Traum, jede Nacht träumte ich das gleiche in einer anderen Variation, und schließlich konnte ich überhaupt nicht mehr schlafen. Nach einer Woche ging ich zum Arzt, der mir Schlaftabletten verschrieb. Sie wirkten so gut, daß ich jede Nacht in einen abgrundtiefen Schlaf fiel. Dann gewöhnte ich mir an, schon mittags eine Schlaftablette zu nehmen. Immer wenn im Fernsehen die Musik für »Gilligan's Island« erklang, schlief ich langsam ein und döste gewöhnlich bis zum Abend einfach vor mich hin. Ich war süchtig nach dem Schlaf, den mir diese Pillen verschafften.

Als ich eines Abends entdeckte, daß Erins Vorderzähne schief wuchsen und ihr Gebiß eine Regulierung brauchen würde, regte ich mich so auf, daß ich fünf Tabletten auf einmal nahm – ich wollte die Nacht und den ganzen nächsten Tag durchschlafen. Als ich mich hinlegte, drehte sich das ganze Zimmer um mich. Ich konnte hören, wie Colleen mich immer wieder fragte, ob alles in Ordnung sei, und als sie das Licht anmachte, blitzte es kurz auf. Dann sah ich überhaupt nichts mehr. Ich schob die Hand übers Bett und rüttelte sie am Arm. »Hol einen Krankenwagen«, sagte ich, »aber sie sollen ohne Sirene anfahren. Bitte.«

Während sie die Infusionsnadel legten, bat ich die Besatzung des Krankenwagens, sehr leise zu sein. Die Kinder sollten nicht wach werden. Die Scharniere der Metalltrage knackten laut, als sie aufgeklappt wurde. Ich hatte die fürchterliche Vorstellung, Cara würde in ihrem Gitterbett aufstehen und zusehen, wie ich an ihr vorbei aus dem Raum gerollt würde.

Ich verbrachte eine Nacht auf einer Krankenhausstation, wo Menschen lagen, die versucht hatten, sich umzubringen. Am Morgen konnte ich fernsehen. Die Talkshow-Moderatorin interviewte gerade dicke Frauen, deren Ehemänner ihnen vorwarfen, sie hätten sich nach der Geburt des ersten Kindes in Kühe verwandelt.

Sobald es ging, bin ich abgehauen. Colleen bat ihre

Mutter, auf die Kinder aufzupassen, und konnte mich darum selbst abholen. Als ich sie anrief, um mich mit ihr zu verabreden, bat ich sie, meinen Baseballschläger und Bälle mitzubringen.

Auf dem Weg nach Hause haben wir kaum ein Wort miteinander gesprochen. Ich erzählte ihr nur, daß ich mit dem Arzt telefoniert hätte und der warte darauf, daß ich bei ihm in der Praxis vorbeikäme. »Er sagte, er habe vergessen, mich die Entlassungsformulare unterschreiben zu lassen.«

»Hast du ihm gesagt, daß es nur ein Unfall war?«

»Ja sicher. Hast du den Schläger und die Bälle mit?«

Sie nickte. »Willst du heute wirklich auf den Baseballplatz fahren?«

Mir war klar, daß es sie nur beunruhigen und ihre Ängste vergrößern würde, wenn ich ihr sagte, ich wolle die Kinder heute eigentlich nicht sehen und könne mir nichts anderes vorstellen, als Bälle zu schlagen. Dennoch habe ich genau das gesagt, und an ihrer Stimme hörte ich, daß ich recht gehabt hatte. Ich kannte sie gut genug, um bestimmte Reaktionen richtig zu erahnen.

»Ist Post gekommen?« fragte ich.

Sie schüttelte den Kopf. »Willst du heute nicht doch etwas Besonderes machen?«

»Warum denn?«

»Heute ist dein Geburtstag.«

Ich verbrachte den Tag auf dem Baseballplatz. Erst hatte ich gehofft, mein Geschäftsmann würde auftauchen: Ich wollte ihn bitten, mir zu erzählen, was er denn getan habe, wenn er am Durchdrehen gewesen sei. Und dann habe ich drei Stunden auf dem Centrefield gelegen und geschlafen. Ich wurde wach, als es zu donnern anfing. Ich dachte mir, daß Colleen bestimmt schon unterwegs sei, um mich abzuholen, und lief langsam die Nebenstraßen entlang in Richtung Stadt. Ich spürte den irren Wunsch, gerade heute eine Stelle zu finden. Eine Stelle mit Krankenversicherung.

Als ich am Einkaufszentrum vorbeikam, fragte ich am Kundendienstschalter einen jungen Mann in Anzug und Krawatte, ob sie noch Einpacker gebrauchen könnten. »Ich habe zur Zeit Urlaub von der Uni«, log ich, »und ich dachte mir, es könnte Spaß machen, ein paar Stunden die Woche hier zu arbeiten.«

Er holte einen Bewerbungsbogen hervor und fing an, die Fragen durchzugehen, während ich versuchte, das Blatt zu überfliegen, um den Punkt Krankenversicherung zu finden.

»Also, wo unterrichten Sie?« fragte er. Das traf mich wie ein Blitz. Mein Gott, er wird bei der Colgate University anrufen. Verwaltung und Fachbereichspersonal werden aus dem Sommerurlaub zurück sein, es würde sich herumsprechen, daß ich als Einpacker an der Kasse arbeiten wolle, und dann wäre es aus mit den Empfehlungsschreiben vom Dekan.

»Tja«, stotterte ich und wollte gerade wieder lügen, als mir einfiel, daß ich ja die Mütze mit der Aufschrift »Colgate Football« trug. Ich war verloren.

Ich fühlte, wie meine Beine taub wurden. Dabei wollte ich den Typen fragen, wie viele Tüten voller Lebensmittel man denn zu den geparkten Autos tragen müsse, bevor man die Krankenversicherung bekäme. Schließlich nahm ich den Bogen an mich und sagte, eigentlich hätte ich ihn für meine älteste Tochter holen wollen.

In den letzten Augusttagen wurde es allmählich kühler. Und mich packte der irre Wunsch, auf irgendeinen Campus zurückkehren zu können. Es war die Jahreszeit, die ich jedes Jahr als einen Neuanfang erlebt hatte, frisch und voller Hoffnung und guter Aussichten. Eines Abends guckte ich die Spätnachrichten im Fernsehen, und da gab es einen Beitrag über Footballspieler, die für das Vorsaison-Training zur University of Maine zurückkamen, dort hatte ich auch einmal unterrichtet. Es überkam mich wie ein Fieber. Am nächsten Morgen fuhr ich zur Universität und schaute der Mannschaft beim Training zu, ging dann durch alle Gebäude, in denen ich unterrichtet hatte.

Am Abend sagte mir Colleen, sie würde doch kein Kind bekommen. Zuerst dachte ich, ich hätte nicht richtig gehört. Dann war ich erleichtert. Um sie zum Lachen zu bringen, erinnerte ich sie an die Geschichte ihrer Mutter. Die hatte vor ihrem ersten Kind drei Fehlgeburten gehabt und war dann zu den Nonnen ins Kloster des Heiligen Johannes gegangen, die ihr den Unterleib gesegnet hatten. Darauf brachte sie in nur sechs Jahren fünf Babys zur Welt.

Ich lächelte sie an. Aber sie schaute so traurig, daß mir mein Lächeln ein schlechtes Gewissen machte.

Ich sagte ihr, wie leid es mir tue. *Wo soll das alles bloß enden?*

»Warum bist du dorthin gefahren?« fragte sie.

Zuerst begriff ich nicht. »Wohin?« fragte ich.

»Zur Uni«, sagte sie.

Ich schaute sie lange an. Mir wurde klar, daß sie gefragt hatte, weil sie zu hören hoffte, es gebe dort eine Stelle und ich hätte mich darum gekümmert. Ich schüttelte den Kopf und sah, wie sie sich abwendete.

11. Kapitel

Kleidung:	448,72 Dollar
Lebensmittel:	311,78 Dollar
Autoreifen:	66,00 Dollar
Lebensmittel:	249,00 Dollar
Strom:	61,20 Dollar
Telefon:	37,65 Dollar
Sofa:	600,00 Dollar
Verschiedenes:	112,30 Dollar
Rückerstattung für Sakko:	239,00 Dollar

Guthaben, 1. September 1993:   3.515,75 Dollar

Ein Mann muß schon sehr schwach sein, wenn er seinen Weg verliert, obwohl er mit seiner Frau und vier gesunden Kindern im gleichen Haus lebt. Obwohl er keine Schulden hat, aber mehr als dreitausend Dollar auf dem Konto. Obwohl er weder in den Krieg muß noch sonst einer wirklichen Gefahr ausgesetzt ist. Dennoch, im nun folgenden Jahr fühlte ich mich so verlassen und verloren, daß ich Colleen nur anschauen mußte, um in wilde Phantasien darüber zu verfallen, ob sie nicht einen anderen hätte. Ich malte mir aus, wie sie an einem Bankschalter arbeitete und ich jeden Morgen dort herumlungerte und einfach wartete, durch das Glas starrte, bis sie den Vorhang hochzog, um die Filiale für die Kunden zu öffnen.

Im Herbst hatte ich noch einmal vierunddreißig Bewerbungsschreiben losgeschickt, und als diese im Lauf des Winters alle abgelehnt wurden, bin ich für das nächste Jahr einfach aus dem Gleis geraten. Von unserem Alltag weiß ich überhaupt nichts mehr; Colleen mußte sich allein darum kümmern. Sie fand ein Haus, das wir für ein Jahr mieten konnten, sie meldete die beiden großen Mädchen in der Schule an, sie bereitete ihnen jeden Tag Lunchpakete vor, sie sorgte mit ihrem Geld dafür, daß die Kinder etwas zum Anziehen hatten. Und dieses Geld erwirtschaftete sie dadurch, daß sie unser Haus an den Wochentagen mit Kindern anderer Leute füllte und auf diese aufpaßte, wenn deren Eltern nicht da waren. Ich weiß nicht mehr, welche Eltern das waren, habe nie mit den Müttern oder Vätern gesprochen, wenn sie ihre Kinder bei Colleen ablieferten. Ich habe mich in einem Zimmer im Obergeschoß eingeschlossen, wo ich mich mit Schlaftabletten über den Tag rettete. Nur nachts, wenn alles still war, lief ich durchs Haus und suchte nach Essen und Post. Wenn unsere Kinder ins Bett mußten, schickte Colleen sie zu meinem Zimmer, und sie wünschten mir durch die verschlossene Tür hindurch eine gute Nacht. Jack kam auch schon mal, wenn es dämmerte. Dann kratzte er an der Tür und rief: »Daddy? Ich bin's, Jack.« Aber ich hatte auch bei ihm das Gefühl, er gehöre zu einem Leben, das ich hinter mir gelassen hätte. Wahrscheinlich rief er gar nicht nach mir, sondern nach irgendeinem anderen, den er mir irgendwann vorstellen würde, wenn er einmal erwachsen war.

Ich habe mich nicht bewußt zurückgezogen. Das fing einfach an, eines Tages im Winter, als mir klar wurde, daß ich tatsächlich keine Stelle finden würde. Von überall erreichten mich die üblichen vorgedruckten Absagen, sogar von den beiden Gemeinde-Colleges in Idaho und Kalifornien, deren Anzeigen ich in besseren Tagen keines Blickes gewürdigt hätte. Und was mir die Augen endgültig öffnete, war der Hilferuf eines ehemaligen Studenten, der mich kurz vor dem letzten Absagebrief erreichte. Man hatte ihn aus seinem Studiengang Theaterwissenschaften herausgeschmissen, weil er zu oft gefehlt hatte. Ich sollte ein gutes Wort für ihn einlegen. Ich rief den Dekan an und bat darum, seine Strafe zu mildern. Der Dekan hörte mir eine Zeitlang zu, dann aber sagte er, er würde seine Entscheidung unter keiner Bedingung rückgängig machen. »Hören Sie, er ist vielleicht ein netter Kerl und ein brillanter Schauspieler, aber wir haben eine klare Bestimmung über Fehlzeiten. Und das hat auch einen Grund. Wir haben bereits so viele gute Schauspieler, daß wir keine neuen Schauspieler brauchen; Hunderte von ihnen stehen für jede Rolle Schlange.«

Das waren seine Worte: *Wir brauchen keine neuen Schauspieler.* Und ich gab mich geschlagen. Wahrscheinlich hatte er ja recht. Es waren genau die Worte, mit denen sich die Zukunft der Vereinigten Staaten insgesamt fassen ließ. Er hätte genausogut sagen können, daß wir keine Universitätsprofessoren mehr brauchten. Und keine Ärzte, keine Rechtsanwälte. Keinen dieser Berufe, der einem die Möglichkeit geben würde, ein sicheres Leben zu führen. Es gab zu viele Menschen, zu viele begabte und ehrgeizige Menschen, die eine Stelle haben wollten. Eines der letzten Dinge, die ich tat, bevor ich endgültig schlappmachte und abtauchte, war, mit Bradford darüber zu streiten. Ich sagte ihm, was mein Geschäftsmann vom Baseballplatz gesagt hatte. Irgendwann würden die Verlierer und Erniedrigten gewaltsam über Jachtklubs, Golfklubs und Tennisklubs, über Vorbereitungsschulen und Colleges herfallen, sie würden unseren Kindern Messer an die Kehle setzen und brüllen: Nun rückt mal rüber, ihr habt es viel zu lange viel zu gut gehabt!

Wir seien verwöhnt, sagte ich meinem Freund, verwöhnt, weil wir immerhin die *Chance* gehabt hätten, etwas Sinnvolles aus unserem Leben zu machen. »Aber diese Menschen, die nichts gehabt haben, sind viel zäher als wir. Weißt du noch, welche Schwierigkeiten du mit deinem Medizinstudium hattest? Ich sage dir, das war ein Spaziergang verglichen mit dem, was diese Menschen durchgemacht haben. Du hattest immer ein Netz, das dich auffing. Denk doch nur an die Kreditkarte deines Vaters im Handschuhfach deines alten Buick. Immer stand jemand hinter dir, der dich stützte, wenn es schwieriger wurde.«

Irgendwann hörte ich auf, mit Bradford zu diskutieren. Ganz gleich, wer bei uns anrief, ob er oder andere, Colleen konnte nur sagen, ich hätte mich gerade hingelegt.

Mein einziger Beitrag zum Familienleben war, daß ich jeden Freitag den Lebensmitteleinkauf im neuen Supermarkt in Scarborough tätigte. Der Laden war wie eine Galerie, in der die feinsten Waren zur Schau gestellt und vermarktet wurden. Ich schritt durch die verspiegelten Gänge wie ein Einwanderer, der in eine fremde, ihm unverständliche Welt eintauchte. Alle die strahlend verpackten Produkte zusammen bildeten eine atemberaubende Montage, so perfekt und wohlarrangiert, daß ich Mühe hatte, nicht Colleens Einkaufsliste zu vergessen. Immer aufs neue fiel ich auf die Tricks herein und kaufte »Zwei-für-den-Preis-von-einem«, ganz gleich, was es war. Wenn ich dann in einer der Schlangen vor den Kassen stand, mußte ich manchmal alle meine Kräfte zusammennehmen, damit ich ausharrte und meinen vollbeladenen Einkaufswagen nicht einfach stehen ließ.

Ohne daß ich es wußte, ist Colleen die ganze Zeit über mit Billy in Kontakt geblieben. Kurz nach Weihnachten ist er wieder zusammengebrochen, und er wurde erneut in die Psychiatrie des Yale New Haven Hospital eingeliefert, diesmal in die geschlossene Abteilung wegen klinischer Depression und obsessiv-zwanghaften Verhaltens. Nach einem Monat sollte er entlassen werden, und die Ärzte fragten uns, ob er nicht bei uns leben könne, bis er wieder Boden unter den Füßen hätte. Colleen hat ihm im Keller ein Zimmer eingerichtet. In der Nacht, bevor er ankam, sah ich sie Kinderzeichnungen an die Wände hängen. Ich fragte sie, ob sie das mit Billy wirklich für eine gute

Idee halte. »Nun hast du einen Verrückten oben und einen hier unten.«

Das ignorierte sie. Die Mädchen seien alt genug, sie hätten bestimmt eine Menge davon, wenn sie Billy helfen könnten. »Sie können ihm vorlesen«, sagte sie. »Und er kann sie zum Bus bringen. Ich denke eigentlich an Erin. Sie wird immer ichbezogener. Ich will nicht, daß meine Kinder zu solchen Menschen heranwachsen, die über ihren eigenen Angelegenheiten die anderen Menschen um sie herum völlig vergessen.«

»Wie ich, beispielsweise«, erwiderte ich.

»Das habe ich nicht gesagt.«

Als Billy ankam, hatte er in einer braunen Papiertüte seine Kleider, in einer zweiten seine Bücher und Pillen. Er bekam täglich Lithium, Desipramin und Zoloft, außerdem ein Beruhigungsmittel. Während der ersten Wochen, die er bei uns verbrachte, redete er von nichts anderem als von seinen Psychopharmaka und seiner Krankheit. Seinen Kellerraum verließ er nur, um sich neuen Apfelsaft zu holen; er brauchte Unmengen, weil er von den Pillen stets einen trockenen und brennenden Hals hatte. Zweimal die Woche fuhr er nach Portland an das Maine Medical Center, wo er einen Psychiater besuchen mußte. Colleen ließ ihn nicht selbst fahren; sie brachte ihn dort hin.

Langsam ging ihr Plan auf. Immer häufiger schleppten die Kinder ihre Spielzeuge und Bücher nach unten, und eines Nachmittags gelang es ihr dann, Billy mit nach oben zu locken. Er wurde Teil ihres sehr ausgefüllten Lebens und kam allmählich wieder zu sich. Nach ein paar Monaten war Billy wieder der, den ich von Colgate kannte. Er verbrachte längere Zeit in der Bibliothek der Stadt und engagierte sich als freiwilliger Helfer im Obdachlosenzentrum. Kurz vor Ostern schließlich hat ihn eine Privatschule in South Connecticut eingestellt, um Schülern mit Lernschwierigkeiten Englisch-Nachhilfe zu geben. Aber bis dahin hatte er den Bewohnern des Obdachlosenzentrums sämtliche Kurzgeschichten von Raymond Carver vorgelesen, und dafür waren ihm die Menschen dort sehr dankbar. »Ich weiß, daß du das Unterrichten vermißt«, sagte er zu mir. »Und ich weiß, daß es viele Menschen gibt, die gerne etwas lernen würden.«

Als der zweite Sommer nach Colgate zu Ende ging, war ich noch immer in mir versunken, hatte keinen Tag gearbeitet und keinen Cent verdient, seitdem ich mein letztes Seminar in Colgate gehalten hatte. Drohend näherte sich der Herbst: die Zeit der nächsten Bewerbungsrunde. Von Mitte September an würden die Fachzeitschriften wieder Stellenanzeigen bringen. Schon seit Monaten hatte ich es aufgegeben, im Arbeitsamt Schlange zu stehen. Nur unseren Kontostand verfolgte ich regelmäßig und erklärte jedesmal, ich würde auf Arbeitssuche gehen, wenn das letzte Geld weg sei. Am Labor Day hatten wir noch knapp zweitausend Dollar. Während der elf Monate, die ich nur herumgelegen hatte, hat Colleen uns über Wasser gehalten, und nun, als es Herbst wurde, ganz ohne meine Hilfe ein Sommerhaus an ihrem Lieblingsstrand aufgetan, das wir für den Winter mieten konnten, nur einen Kilometer von der Stelle entfernt, wo wir uns vor über zehn Jahren kennengelernt hatten.

Punkt zwölf Uhr am Labor Day trafen wir in unserem Haus am Strand von Prouts Neck ein. Wir bildeten eine regelrechte Nomadenkarawane: Colleen vorneweg, mit unserem rostigen, bis unters Dach vollgepackten Kombi. Ich folgte im gemieteten Lkw, dahinter Colleens Schwester und Schwager mit ihren drei Kindern, dann ihre Eltern, die seit vierzig Jahren nur zehn Kilometer von Prouts Neck entfernt lebten, aber noch nie einen Fuß hinter den elektrischen Schutzzaun um die Ferienkolonie gesetzt hatten. Unser Vermieter hatte die privaten Sicherheitskräfte informiert, also winkten wir dem Polizisten fröhlich zu, der am Ende der Garrison Lane stand. Er winkte zurück, und als ich im Lkw an ihm vorbeifuhr, hatte ich plötzlich ein Bild im Kopf, das mir einen richtigen Schrecken einjagte. Ich sah den Polizisten in voller Uniform, wie er in irgendeiner dunklen Winternacht in unser kleines Haus kommt, sich den Schnee von den Stiefeln klopft und sich im Wohnzimmer umschaut, wo Colleen und die Kinder sitzen und weinen. Damals am Labor Day, würde er dann sagen, habe er uns das erste Mal gesehen, wie Flüchtlinge seien wir an ihm vorbeigefahren. Damals sei er *ganz sicher* gewesen, daß es Schwierigkeiten geben würde.

Mit diesem kleinen Haus am Meer wollte Colleen mir und den Kindern ein Geschenk machen. Am einen Ende unserer Zufahrt, auf der anderen Seite der Hauptstraße, lag ein Golfplatz. Hinter hohen Bäumen versteckt, zog er sich die ganze Küste entlang, außerdem gab es noch Tennisplätze, einen Jachtklub und eine Anlegestelle. Nur einige hundert Meter von unserem Häuschen entfernt begannen Sand und Dünen und Klippen, eine fast unbewohnte Landschaft.

Als wir vorfuhren, merkten wir, daß die Sommermieter noch nicht abgereist waren. Colleen war klug genug, an unserer Einfahrt vorbeizufahren, wo ein Mann in einer roten Hose an seinem beigefarbenen offenen Mercedes SL lehnte und rauchte. Wir parkten um die Ecke, hinter einer hohen Hecke. Doch die Kinder waren aufgeregt und nicht mehr zu halten. Erin öffnete die Tür, und eine Pfanne und zwei Töpfe rutschten scheppernd auf den Weg. Ich sah, wie sich der Mann in der Einfahrt gemächlich umdrehte und uns genervt anstarrte.

Colleen stand mittlerweile neben mir. »Ich komme mir vor wie die Joads«, sagte ich ihr.

Sie nahm meine Hand. »Es ist so schön hier.«

Das orangefarbene Blinklicht des Mercedes war noch nicht am Ende der Zufahrt angelangt, da waren die Kinder und ihre Cousinen schon durch die Eingangstür geschossen. Ich ging um das Grundstück herum und freute mich, als ich feststellte, daß die Nachbarhäuser schon für den Winter dichtgemacht worden waren. Ich spannte im hinteren Garten eine Wäscheleine, und diese Tätigkeit stimmte mich fast heiter.

Wir installierten den Grill auf der Terrasse und veranstalteten gegen Abend ein großes Familienpicknick. Wir blieben im Freien, bis uns die Moskitos ins Haus trieben. Ich machte Feuer im Wohnzimmerkamin und spielte Karten mit Colleens Vater. Die Kinder erkundeten noch immer das Haus, liefen überall herum. Aber auch Colleens Mutter hörte ich fragen: »Und wohin wird diese Tür wohl führen?«

»Ein tolles Haus«, sagte Colleens Vater, »allein der Gedanke, in dieser Küche ein großes Essen vorzubereiten!«

»An Thanksgiving«, sagte ich, »laß uns Thanksgiving hier draußen feiern.« Er stimmte zu. Ich schaute auf seine großen Hände, die die Karten mischten, und einige Sekunden lang glaubte ich, er würde Hundert-Dollar-Scheine zählen, die er uns leihen wollte. Er war ein schöner kantiger Ire. Mit sechzehn Jahren hatte er seinen Vater verloren. Da mußte er den Gedanken, aufs College zu gehen, aufgeben und statt dessen seinen jüngeren Bruder und seine Schwester versorgen. Seit dieser Zeit hat er ununterbrochen gearbeitet: die letzten 39 Jahre im Texaco-Hafen, dort wo die Öltanker anlegten, Nachtschicht. Um möglichst viele Überstunden machen zu können, arbeitete er, solange seine Kinder noch im Haus waren, auch an den Ferientagen. Colleen konnte sich daran erinnern, daß sie und ihre fünf Geschwister zu Weihnachten die Mutter in den Hafen begleitet hatten, um ihm das Essen zu bringen. Was er über das Leben dachte, wußten nicht einmal die Menschen, die direkt um ihn waren. Er sprach nicht über sich. Aber er war die Seele der Nachbarschaft, schaufelte einer Witwe nach einem Schneesturm die Einfahrt frei oder ging für jemand Kranken einkaufen. Um solche Dienste mußte ihn keiner bitten. Und er blieb niemals, bis einer Zeit gefunden hatte, ihm zu danken. John McQuinn war ein aufrechter Mann mit einem einfachen Gemüt und einem guten Herzen. Die Wechselfälle und Gemeinheiten des Lebens prallten an ihm ab. Er besaß nur das Notwendige, belud sich nicht mit Überflüssigem. All die Jahre war er zufrieden, lebte im gleichen Haus, wechselte den Arbeitsplatz nicht, blieb immer mit der einen Frau zusammen.

Das einzige, was er, als wir nach Maine zurückgekehrt waren, zu meiner Situation gesagt hatte, war, daß er in seinem ganzen Arbeitsleben nur selten gehört hätte, daß einer arbeitslos sei; jetzt dagegen könne er ohne Mühe fünfundzwanzig, dreißig Männer aufzählen, denen im letzten Jahr gekündigt worden sei. Sonst hörte ich von ihm kein Wort darüber. Er behielt nicht nur für sich, was er von den Methoden hielt, mit denen ich seine Enkelkinder erzog, sondern auch, was er darüber dachte, wie ich seine Tochter versorgte oder wie ich mit meiner Situation umging.

»Was meinst du, wieviel Heizöl werden wir für den Winter brauchen?« fragte ich.

Er schaute sich um. Decken und Wände seien nicht isoliert. Er verzog das Gesicht. »Dreißig bis fünfunddreißig Liter am Tag«, sagte er. »So um den Dreh. Vielleicht auch mehr, je nachdem, wie alt der Brenner ist. Du solltest ihn nachsehen lassen.«

Der Liter kostete 40 Cents, also kämen wir auf 90 Dollar die Woche.

»Du könntest aber auch all diese Türen dicht machen«, fuhr er fort, »zwei, drei Stapel Brennholz kaufen und nur dies eine Zimmer mit dem Kamin warm halten.« Viel mehr würde er mir nicht sagen. Noch nie hatte er anderen seinen Rat aufgedrängt. Sie würden schon wissen, wie sie ihr Leben einrichteten. Er redete niemandem hinein. Aber als er seinen Blick vom Zählbrett hob und mich ansah, war mir klar, daß er sich wünschte, ich würde seinen Rat annehmen.

Ich sah hinter ihm her, als er durchs Zimmer ging und den Zug des Kamins prüfte. Plötzlich hätte ich gerne gewußt, was er davon hielt, daß ich jeden Tag zu Hause blieb und mir keine Arbeit suchte, die mich beschäftigte. Aber ich habe ihn nie durchschauen können.

»Opa!« rief Jack. »Wir haben sogar Kabelfernsehen!«

»Na großartig!« rief er zurück. Als er sich wieder ans Brett setzte und die Karten in die Hand nahm, lächelte er. »Die Kinder werden glücklich sein hier draußen«, sagte er, »und darauf kommt es an.«

Er mußte früher los, denn er wollte sich noch kurz hinlegen, bevor er zur Arbeit ging. Ich fuhr ihn nach South Portland zurück. Dort würde er im Wohnzimmer in seinem roten Polstersessel ein Nickerchen machen, so wie er es jeden Abend tat, bevor er gegen Mitternacht zur Arbeit ging, mitsamt dem Essen für drei Uhr morgens, das ihm seine Frau vorbereitet hatte.

Er stieg aus dem Auto, dankte mir fürs Bringen und blieb noch kurz in der Einfahrt stehen. Er schaute die Straße mit den winzigen Arbeiterhäusern entlang. Es hätte eine Straße überall in den Vereinigten Staaten sein können; überall gab es diese

Häuser, die alle gleich waren, nach dem Zweiten Weltkrieg gebaut, um die heimkehrenden Soldaten unterzubringen. »Ich weiß nicht, wann es anfing«, hörte ich ihn sagen, »aber früher war es hier viel lebendiger. Es wimmelte von Kindern. Jetzt komme ich morgens von der Arbeit nach Hause, und es ist wie in einer Geisterstadt. Beide Eltern sind bereits zur Arbeit gefahren, die Kinder im Kindergarten oder in der Schule. Alle führen sie ein geschäftiges Leben. Und haben Schulden bei der Bank. Früher hatten die Leute hier sechs oder sieben Kinder, zwei oder drei mußten sich ein Schlafzimmer teilen. Wenn man sich heute umsieht, dann gibt es in den Familien nur ein oder zwei Kinder, und doch steht in der ganzen Straße fast kein Haus mehr, an das nicht ein zusätzliches Zimmer angebaut worden wäre. Oder die Küche vergrößert, das Dach ausgebaut. Und zwei Autos stehen in jeder Einfahrt. Das kostet alles viel Geld. Die Banken freuen sich, sie leihen gerne. Sie verleihen Geld, bis man den Strick am Dachbalken festbindet, um sich zu erhängen. Was ist nur so Schlimmes daran, mit weniger auszukommen? Wenn man lernt, wie man mit weniger auskommt, ist man auf lange Sicht bestimmt besser dran.«

Abends half ich beim Baden der Kinder; eine große altmodische Wanne stand im Badezimmer im zweiten Stock. Alle vier paßten gleichzeitig hinein. Colleen saß auf dem Boden und freute sich an ihren Kindern. Jack mit seinem dichten hellblonden Haar richtete sich auf, ballte die Muckis in seinen Armen und schrie wie Tarzan. »Setz dich«, sagte Colleen. Sie ließ sich nicht aus der Ruhe bringen. »Was wäre das für ein Leben gewesen, ohne sie?« Sie stand auf und holte einen Stapel Badetücher aus dem Regal. »Auf Kinder, Zeit fürs Bett. Der Schulbus kommt pünktlich um Viertel vor acht.«

Neben der Garage war ein Gästezimmer angebaut worden. Vielleicht auch als Zimmer für das Hauspersonal im Sommer. Dort stand ein Sofa, das sich zu einem Doppelbett ausklappen ließ. Ich zog es ins Wohnzimmer vor den Kamin. Während Colleen badete, klappte ich es aus und zündete eine Kerze auf dem Kaminsims an. Dann öffnete ich alle Fenster, um die salzige Luft hereinzulassen. Die weißen Tüllvorhänge wölbten sich wie Segel. Man konnte die Wellen gegen das Ufer schlagen hören, und in den Holzwänden war die salzige Wärme des langen Sommers noch zu riechen. Ich wartete lange darauf, daß Colleen nach unten kommen würde. Schließlich ging ich sie suchen. Sie schlief oben bei Nell. Ihr Gesicht hatte einen besorgten Ausdruck. Ich überlegte, ob ich sie wecken sollte, um ihr zu sagen, wie toll sie das hingekriegt hatte, uns durch das letzte Jahr zu bringen und uns den Weg zurück zu diesem Strand zu ermöglichen. Sie war wie ihr Vater, sie brauchte nicht viel, um zufrieden zu sein.

Nach einer Weile ging ich nach draußen. Die Sterne leuchteten über dem Strand, wo Colleen und ich uns früher so oft gesehen hatten. Vom ersten Augenblick an fühlten wir eine starke körperliche Anziehung, die anhielt bis zum letzten Jahr. Jetzt mußte ich Colleen immer davon überzeugen, daß ich noch derselbe sei, der früher am Strand auf sie gewartet hatte, bis sie in ihrer weißen Zimmermädchenuniform vom Hotel herunter kam.

Ich ging zum Haus zurück und schaltete im Gästezimmer das Licht an. Ein Regisseur-Stuhl stand dort, eine Lampe mit einem Korbschirm und ein Tisch, der als Schreibtisch dienen könnte. Es erschien mir als der perfekte Ort, um ein Büro einzurichten. Ich stellte mir vor, wie ich jeden Tag um die Mittagszeit von hier bis zum Briefkasten gehen würde, um zu sehen, ob mit der Post Antwortbriefe der Colleges gekommen wären. Vielleicht würde ich mir eine Karte der Vereinigten Staaten besorgen und sie an die Wand pinnen und dort, wo ich mich als Lehrer beworben hatte, Fähnchen anbringen. Ich könnte Fähnchen mit verschiedenen Farben kaufen, um zu markieren, wie der Stand der jeweiligen Bewerbungsprozedur war. Ich schaute mich im Zimmer um und überlegte, wo ich die Regale für meine Bücher aufstellen würde. Dann fiel mir ein, daß ich meine Bücher im letzten Jahr alle zur Müllhalde von Yarmouth gebracht hatte. Ich spürte eine verwirrende Leichtigkeit im Kopf. Bewegungslos stand ich in diesem Raum. Ich sah, daß die Tür ein Schloß hatte, und das besänftigte irgendeine namenlose Angst oder Begierde. Ich überlegte, was ich in diesem Zimmer tun würde und wie oft ich hier alleine sein wollte.

Am nächsten Tag durchsuchte ich unsere Kisten, bis ich meine alte lederne Dokumentenmappe fand. Ich legte sie auf den Tisch, daneben meine Brieftasche und eine sorgfältig gefaltete Karte der Vereinigten Staaten. Diese drei Gegenstände signalisierten mir die Rückkehr in die Welt der Arbeit, und mehrmals am Tag blieb ich in dem Zimmer stehen und arrangierte die drei Fetische auf dem Tisch neu, schaute sie an, als stünde ich vor einem Schrein, und dann berührte ich alle drei noch einmal, bevor ich den Raum wieder verließ, die Tür hinter mir schloß und wegging.

Die ersten Herbsttage waren mild, und ich verbrachte sie damit, mit Jack unsere Umgebung zu erforschen. Jeden Morgen um Viertel vor acht brachten wir Erin und Nell zum Bus und winkten ihnen zum Abschied. Vor den großen Häusern am Strand blieben wir stehen und schauten durch die Fenster auf die Möbel, die die Hausverwalter mit weißen Tüchern zugehängt hatten. Um Jack aufzuheitern, erfand ich Geschichten über die Eigentümer dieser Häuser, die zurück in die Großstädte der Ostküste gefahren waren und leere Zimmer hinterlassen hatten, die nun wirkten wie Kulissen einer Sommerrevue. Es gäbe dort Lebensmittel und Gold in den Schränken, erzählte ich Jack, und wenn endlich der Winter käme, würden wir nach Portland fahren und dort alle Obdachlosen einsammeln und sie in diesen leeren Häusern unterbringen.

»Es ist nur sehr schwer reinzukommen. Wie hätte das wohl Batman angestellt?« fragte ich ihn.

Er dachte kurz nach. »Er hätte gezaubert«, sagte er.

»Dann werden wir auch zaubern«, sagte ich.

»Können wir das denn noch?«

Ich versuchte, es ihm zu beweisen, indem ich ihm in den Ästen der Fichte neben der Garage ein Baumhaus baute. Wir verbrachten fast eine Woche damit, Holz am Strand zu sammeln. Als wir dann endlich mit Seil und Rolle seine Piratenfahne hissen wollten, tauchte ein Mann auf dem Grundstück auf. Als ich ihn sah, wußte ich, daß es Ärger geben würde. »Sie haben Ihre Baumhütte in meinem Baum gebaut«, sagte er.

Ich merkte, wie mein Herz zu rasen begann. »Das ist Ihr Baum?« fragte ich.

»Ja, mein Baum«, sagte er.

Ich schaute mich um: »Und auch Ihr Haus?«

»Lassen Sie das meine Sorge sein.«

Ich kletterte hinunter und entschuldigte mich. »Wir sind nur über den Winter hier«, erklärte ich. »Könnte ich die Hütte nicht bis zum Frühling stehenlassen?«

»Nein«, sagte der Mann. Mehr nicht.

Er ging in sein Haus und schaute von der Veranda aus zu, wie ich die Hütte abriß und das ganze Bauholz wegtrug.

»Jetzt haben wir kein Baumhaus mehr.« Jack war wütend.

»Ach komm, Batman«, versuchte ich ihn zu beruhigen.

»Ich bin nicht Batman. Ich bin Robin. *Du* bist Batman!« Er begann zu weinen. Er folgte mir ins Gästezimmer, doch während ich die Hände über Aktentasche, Karte und Geldbörse gleiten ließ, vergaß ich seine Anwesenheit.

»Mami sagt, wir dürfen die Heizung nicht anmachen«, hörte ich ihn plötzlich.

Ich drehte mich um und schaute ihn an: »Und warum nicht?«

Er zuckte mit den Achseln: »Weil wir arm sind.«

Ich kniete mich neben ihn: »Und warum sind wir arm?«

215

»Weil du gefeuert wurdest.«

»Na ja«, sagte ich, »trotzdem werden wir nicht frieren, denn wir werden alle im Wohnzimmer vor dem offenen Kamin schlafen. O.K.?«

Ich sah, wie seine Augen aufleuchteten. »Und was ist mit dem Kabelfernseher?«

Während jener ersten Tage in unserem neuen Heim gewöhnte ich mir wieder an, morgens früh aufzustehen, mich zu rasieren und zu duschen, ein Hemd und Krawatte anzuziehen und dann ins Gästezimmer zu marschieren, so wie andere zur Arbeit gingen. Dreiunddreißig Colleges hatten freie Stellen in ihren Englisch-Fachbereichen angezeigt, ich arbeitete jeden Tag von morgens bis abends, schrieb Briefe und stellte Kopien meiner Unterlagen zusammen. Allein die Routine dieser Tätigkeit genügte, um meine alten Ängste mit neuen Hoffnungen zu überdecken. Nachmittags haben wir jeden Tag etwas unternommen, die ganze Familie. Wir gingen auf Raubzüge durch die von den Sommergästen verlassenen Gärten, veranstalteten Picknicks an Privatstränden, unternahmen lange Radtouren direkt an den »Fahrradfahren verboten«-Schildern im Vogelschutzgebiet vorbei. Wir lebten an einem der schönsten Orte der Erde, und ich wollte, daß wir hier lebten, als gehörte das alles uns.

12. Kapitel

In jenem Herbst waren die Morgenausgaben des Boston Globe voller Horrormeldungen. Da wurde zunächst über den Fall eines zehnjährigen Mädchens berichtet, das aus seinem Haus verschleppt und erwürgt wurde, mitten in der Nacht, während seine Familie nebenan schlief; dann über einen katholischen Kardinal, gegen den wegen sexueller Belästigung ermittelt wurde; über den Prozeß gegen einen sechzehnjährigen Jungen, der einen Klassenkameraden erschlagen hatte, nur weil er scharf auf dessen Blouson mit Kapuze war; oder über einen berühmten Kardiologen, der im Labor einer wohltätigen Einrichtung vier Million Dollar veruntreut haben sollte, mit denen er sich eine Villa und eine Kunstsammlung für diese Villa gekauft hatte. Es war immer wieder dasselbe: Den ganzen Tag versuchten die Menschen den Schlägen der Desillusionierung zu entgehen, des Nachts verbarrikadierten sie sich dann hinter verriegelten Türen und ihren Fernsehern, die sie mit Leihvideos fütterten.

Eines Morgens dann verbrannte ich alle Zeitungen im Kamin, während Jack auf der anderen Seite des Zimmers vor der Glotze saß. Er kroch fast in den Bildschirm, über den »Lassie« flimmerte. Es war ein Augenblick merkwürdiger Bewußtheit: Plötzlich wurde mir klar, daß man uns um etwas betrog, das größer und bedeutsamer war als eine Stelle oder Geld.

»Zieh dir Schuhe und Mantel an«, sagte ich zu Jack, »wir gehen ein bißchen spazieren.«

Er dachte, wir würden wieder zum Strand gehen, wo wir in den letzten Tagen immer mal wieder die Netze aus den mit der Flut angeschwemmten Hummerreusen herausgeschnitten hatten. Wir waren dabei, daraus in der Garage ein Netz für ein Hockeytor zu nähen. Als ich mich aber in die andere Richtung wandte, rief er: »Du gehst falsch, Daddy.« Ich hielt an und schaute Jack an: meinen fünfjährigen Jungen, mit dichtem weißblonden Haar; die Gummistiefel hatte er falsch herum angezogen, und die Marmelade vom Frühstückstoast klebte noch in den Mundwinkeln. Wir gingen bis zum Ende unserer Zufahrt, überquerten die Hauptstraße, krochen unter dem Drahtzaun durch, der den Golfplatz umzog. »Wir müssen sehr leise sein«, sagte ich ein wenig nervös. »Geh du voran.« Wir passierten mindestens vier Schilder mit der Aufschrift »Zutritt strengstens verboten«, krochen unter einem weiteren Zaun hindurch, bis wir endlich die Fairways vor uns sahen.

Es war ein sehr großer Golfplatz, und die Löcher hatten Namen wie: »Altes Heim«, »An den Dünen« oder »Am Sumpf«. Satt grün wie auf einer Postkarte war das Gras. Beiderseits des Fairways standen, soweit das Auge reichte, Tausende von Douglasfichten, die alle gleich hoch in den Himmel ragten. Hinter den Bäumen lag das Meer. Für Jack gab es hier nichts zu sehen, nur die atemberaubende Schönheit der Landschaft. Dann aber tat sich was. In der Ferne erschienen zwei Golf-Buggys, winzigkleine weiße Kästchen unter einem tiefblauen Himmel. »Sieh, da drüben«, flüsterte ich ihm zu. »Und jetzt mucksmäuschenstill!« Wie Boote, die über einen smaragdgrünen See glitten, bewegten sie sich den Fairway entlang und kamen direkt auf uns zu. Jack ließ sie nicht aus den Augen.

Die Golfspieler parkten so nahe an unserem Versteck, daß wir den Rauch von Zigarren riechen und Stimmen hören konnten. Ich hatte den Arm um Jack gelegt. Wir lagen flach am Boden, drückten unsere Gesichter auf den Nadelboden. Ich wartete, bis alle vier Männer angeschlagen hatten, dann hob ich den Kopf gerade so hoch, daß ich das Paar gelber Hosenbeine vorbeigehen sah. Ich legte die Hand auf Jacks Mund, und als er mich erschrocken anschaute, warf ich ihm einen verschwörerischen Blick zu, um ihm zu zeigen, daß alles nur ein Spiel war.

Nachdem sie weg waren, stahlen wir uns vorsichtig aus dem Gebüsch und standen am Abschlagpunkt um das T wie verängstigte Überlebende einer Schlacht. Ich ließ Jack einige Male einen Treibschlag probieren, während ich aufpaßte, daß niemand kam. Als er keine Lust mehr hatte, machten wir uns wieder auf den Heimweg.

Einige Tage später waren wir wieder auf dem Golfplatz. Wir entdeckten einen kleinen Gedenkstein in der Nähe des Abschlags für das neunte Loch. Ich wollte gerade die Inschrift aus Bronzebuchstaben entziffern, da kamen vier Spieler über den Hügel des Fairways auf uns zu. Sofort hechtete ich ins Unterholz, Jack sprang lachend hinterher und landete auf mir drauf. Wir sahen, wie ein Mann mit einer blauen Baskenmütze seinen Ball weit in den Wald verzog und dann, als seine Mitspieler nicht aufpaßten, einen zweiten Ball aus dem Handgelenk herausschüttelte und ihn den Fairway hinunter drosch. Er ließ sich nichts anmerken. »Der Typ mit dem dicken Hintern betrügt die anderen«, flüsterte ich, »mach ihm das nie nach, sonst wirst du als genauso armseliges Würstchen dastehen wie dieser Mr. Fettsack.«

Sie waren noch über zweihundert Meter von uns entfernt und näherten sich langsam dem Loch. Da nahm ich Jack an die Hand, und wir liefen durch den Wald. Ich hoffte, wir würden einige Minuten vor den Spielern am Loch sein. Vielleicht hätten wir Glück und fänden einen Ball. Tatsächlich entdeckten wir drei, und ich hatte genügend Zeit, um einen direkt auf das Green zu werfen, wo er nur etwa einen Meter vom Loch entfernt zum Stillstand kam. Wieder versteckten wir uns und hatten unser diebisches Vergnügen, als wir hörten, wie sich die vier Spieler die Köpfe darüber zerbrachen, wie der Ball dorthin gekommen sein konnte und wer hier eigentlich wen betrogen und einen zusätzlichen Ball geschlagen hatte.

Mit diesem Spaß fing alles an. Wir entdeckten rasch, daß die meisten Golfspieler betrügen, und es machte Spaß, sie bei ihren Tricks zu beobachten. Es ging mir gar nicht um irgendwelche subversiven Aktionen, ich wollte nur einfach mal wieder herzhaft lachen können. Und es war wirklich ein Bild zum Lachen, wenn ein gestandener Mann in voller Montur mit seinen Stollenschuhen Maß nahm, weit ausholte und einen Ball so schlecht traf, daß er nur wenige Meter weiterhüpfte.

Am nächsten Tag gingen Jack und ich noch einmal zu dem Gedenkstein. Diesmal hatte ich Zeit, die Inschrift zu lesen. *Am 24. Juni 1713 wurde an dieser Stelle Josiah Hunniwell, der große Kämpfer gegen die Indianer, mit achtzehn seiner Männer von Indianern überfallen und getötet.* Bevor wir zum Abendessen nach Hause zurückkehrten, schnitzten wir uns zwei Bögen und zehn gute Pfeile zu Ehren der Indianer, die auf dem Golfplatz ihr Leben verloren hatten, weil sie ihr Land von den Weißen zurückerobern wollten. Von ihnen war auf dem Gedenkstein nicht die Rede. Seit ich die Inschrift entdeckt hatte, waren Jack und ich Indianerkrieger, die sich das Land wiedernahmen, das ihnen die Weißen gestohlen hatten. Die Golfspieler auf ihren Buggys waren die Kavallerie, Golfer, die zu Fuß gingen, die Infanteristen, und die Golfwagen mit den Schlägern, die sie auf kleinen Rädern hinter sich herzogen, waren kleine Kanonen. Wir gegen sie: Jack und ich gegen die Menschen, die in diesem Land an den Hebeln der Macht standen. Jeden Morgen, sobald wir Nell und Erin zum Schulbus gebracht hatten, gingen wir auf Kriegspfad. Mit ausgebeulten Taschen kehrten wir zurück, häufig waren dreißig und mehr Bälle unsere Beute. Manche der Bälle trugen die Kürzel oder die schönen Logos bekannter Versicherungsgesellschaften oder Brokerfirmen, andere von Ferienressorts aus weit entfernten Orten in Kalifornien oder Florida. Diese hoben wir auf: Jack wollte sie seinem Opa zu Weihnachten schenken.

Jack hatte auch die Idee, daß die Bälle mit den Kürzeln zu einem Schatz gehörten, der uns vor langer Zeit in einer Schlacht geraubt worden war. Jedesmal, wenn wir einen dieser Bälle fanden, schüttelten wir unsere erhobenen Fäuste und stießen Kriegsgeheul aus. Dies Spiel ermüdete ihn nie, weder Kälte noch Dornen noch der Sumpf hinter dem 7. Loch, in dem sein Stiefel zweimal steckenblieb, machten ihm etwas aus. Erst als ich entdeckte, daß wir auf einem anderen Golfplatz für jeden abgelieferten Ball einen Dollar bekommen würden, begann er zu maulen, da ich ihn zu sehr antrieb, ihn regelrecht zur Arbeit rief, wenn er keine Lust mehr hatte. Aber einhundert Bälle die Woche, das rettete unser Lebensmittelbudget. Und wenn wir jeden Tag tatsächlich vier Stunden suchten, hatten wir bestimmt hundert Bälle zusammen, die noch in so gutem Zustand waren, daß wir sie verkaufen konnten.

»Aber wir wollten die schönen Bälle doch Opa schenken.« Er protestierte verzweifelt.

»Wir brauchen die hundert Dollar«, sagte ich, während ich zählte.

»Das ist unfair«, schrie er.

Einige Tage lang blieb er aus Protest zu Hause bei seiner Mutter, und ich ging allein zum Golfplatz. Doch es stellte sich schnell heraus, daß mir seine Gesellschaft mehr bedeutete als die ökonomischen Prinzipien, denen ich unser Abenteuer unterworfen hatte.

Es war ein langer goldener Herbst, den wir auf dem Golfplatz verbrachten, und es schien mir, daß Jack genauso glücklich darüber war, etwas zu tun zu haben, wie ich. Je sicherer wir uns fühlten, desto komplizierter wurden unsere Spielregeln. Wir traten nie plötzlich aus dem Gehölz, und auch wenn wir einen Ball schon von weitem sahen, holten wir ihn nie sofort. Erst vergewisserten wir uns, ob wirklich keine Spieler in Sichtweite waren. Normalerweise hielt ich Ausschau, während er zum Fairway sauste, den Ball schnappte und zurückkam. Manchmal waren die Bälle noch warm wie legefrische Eier. Jeder Buggy war Anlaß zur besonderen Vorsicht, insbesondere die Buggys, in denen hinten keine Schläger zu sehen waren. Denn die gehörten zum Profiladen, dessen Angestellte den ganzen Platz abfuhren und schauten, ob alles in Ordnung war. Es gehörte einiges Geschick dazu, sich vor der Platzaufsicht und den Spielern versteckt zu halten. Schließlich ging es ja nicht einfach darum, in den Büschen zu verschwinden und nicht mehr gesehen zu werden, sondern wir wollten ja auch etwas vom Geschehen mitkriegen. Wie notwendig das war, zeigte uns eine schmerzliche Lektion. Wir waren einem Ball hinterher, den ein Spieler vom Abschlag des dritten Lochs geschlagen hatte. Wir sahen, daß er den Ball schlecht getroffen hatte, sahen den Ball auch ins Gehölz fliegen, er landete keine 50 Meter von unserem Versteck entfernt. Als wir uns auf die Suche machten, waren auch der Spieler und seine Partner zur Stelle, und zwar viel schneller, als wir erwartet hatten. Uns blieb nichts anderes übrig, als uns unter einen umgestürzten Baum zu flüchten. Von dort aus aber konnten wir die Männer nicht mehr sehen. Und das war der Fehler. Denn plötzlich spürten wir, wie sich einer der Männer auf den Stamm setzte, keinen Meter von unseren Köpfen entfernt. Nun waren wir gefangen und mußten warten, bis er wieder verschwand.

Irgendwann entdeckten wir, daß die Golfer die weniger steilen Sanddünen als Übungsplatz benutzten. Überall am Strand entlang standen Schilder, die der Öffentlichkeit erklärten, daß es zum Schutz der Bepflanzung verboten sei, durch die Dünen zu gehen. Das noch feine Gras sei der einzige Schutz gegen Erosion. Danach änderten wir die Regeln des Umgangs mit dem Feind. Ich gewöhnte mir an, einen Golfschläger mitzunehmen, und spielte auf dem Platz; ich trat einfach aus dem Gehölz und spielte, als habe ich ein Recht dazu. Anstatt uns vor den Platzwärtern zu verstecken, suchten wir sie regelrecht. Wenn der Mann mit dem großen Mäher vor uns den Fairway hinunterfuhr, trat ich an und schlug den Ball von hinten über seinen Kopf hinweg. Dann versteckten wir uns schnell und beobachteten, wie er überall nach Spielern suchte. Eines Morgens, als vier Männer auf den vierten Abschlagpunkt zugingen, haben Jack und ich zehn Pfeile ins Gras geschossen. Zwei davon blieben aufrecht stecken. »Was soll der Quatsch?« hörten wir einen der Männer rufen. Ich glaubte fest, er würde nun in den Wald kommen und nach uns suchen. Aber nichts dergleichen geschah. Danach wurde das Pfeileschießen zu der von uns bevorzugten Taktik des Indianerspielens. Die meisten Golfer ließen sich davon nicht sonderlich irritieren. Manche hoben die Pfeile einfach auf, andere kickten sie von den Greens. So, als gehöre eine Indianerrevolte zum Alltag auf diesem Platz. Einmal kickte ein Mann, der in seinem weißen Golfanzug aussah wie ein Koch, die Pfeile vom Green.

Dabei sagte er: »Ich glaube, das kommt alles nur von der verdammten Rap-Musik.«

Abends im Bett erzählte ich Colleen davon. »Ich nehme an, er meinte, daß niemand mehr etwas ernst nimmt, daß niemand mehr irgend etwas respektiert. Und jetzt hat man für alles nur zynische Kommentare übrig. Darum geht es doch, oder?«

»Ich habe mich immer gefragt, wohin das eigentlich führen sollte«, meinte Colleen. Dann fragte sie mich unvermittelt:

»Hast du eigentlich mal darüber nachgedacht, wie euer Treiben auf dem Golfplatz auf Jack wirken muß?«

Ich antwortete nicht sofort, sah sie nur an. Natürlich wußte sie die Antwort. Sie wollte sie aber von mir hören.

»Ich weiß es nicht«, sagte ich, »es macht einfach Spaß, da draußen mit ihm zusammenzusein. Mehr nicht.«

Sie schüttelte den Kopf, sie wirkte traurig. »Nichts als Zeitvergeudung. Du willst doch nicht, daß er aufwächst und zu einem der Menschen wird, die nie mit sich zufrieden sein können. Du willst doch nicht, daß er sich später als Mann zwingt, das zu *hassen*, was diese Menschen hier haben, nur damit er es sich nicht wünschen muß.«

Danach sprach ich nie wieder über unsere Ausflüge. Ich hatte das Schicksal herausgefordert, im Grunde wußte ich das auch. Eines Tages blieben wir bis zur Abenddämmerung auf dem Golfplatz. Wir nahmen den langen Weg nach Hause und kamen am Verkaufsstand eines Bauern vorbei, wo wir uns jeder einen Apfel gönnten. Merkwürdig, daß ich mich ausgerechnet daran erinnere. An dieses Geräusch, als wir in die Äpfel bissen, an den säuerlichen Geschmack, an das purpurrote Licht über Stratton Isle, an die drei großen blauen Reiher, die sich aus dem Sumpf erhoben. »Schau dich um, Jack«, sagte ich, »hier spürt man, was Leben ist!«

Um dieses Gefühl ging es. Ich streifte mit Jack durch die Wälder, war so glücklich, daß ich die Bälle auch hin und wieder zurück auf den Fairway warf, in Richtung der Golfer, die sie in den Wald hinein geschlagen hatten und verloren gaben. »Mensch Paul, hast du ein Glück«, rief ein Spieler, »hast du gesehen, wie der Ball zurückgesprungen ist?«

Ende September erhielt ich eine Nachricht von meinem Freund Robinson. Er werde sich, schrieb er, wie er bei unserem Treffen in Boston erwartet hatte, von Deborah trennen. Colleen ermunterte mich, ihn zu besuchen, und so fuhr ich mit dem Zug nach Florida.

Die Tage dort vergingen schnell, und bald schon saß ich wieder im Zug. Auf dem Heimweg, ob in Savannah oder Richmond, ob in Washington D.C., Philadelphia, New York oder Boston, ganz gleich, in welchen Bahnhof der Zug einfuhr, überall sah man zuerst die Obdachlosen. Ich stellte mir vor, wie traurig meine Großväter gewesen wären, wenn sie diese Menschen hätten sehen müssen. Sie waren beide ungelernte Arbeiter, hatten die Schule nur bis zur achten Klasse geschafft, aber ihr magerer Stundenlohn hatte immerhin ausgereicht, daß sie ein Haus und alle drei

Jahre einen neuen Ford kaufen konnten. Heute wären sie Bettler.

Kurz nachdem ich aus Florida zurück war, ging ich ins Obdachlosenzentrum von Portland und nahm die Arbeit auf, die Billy getan hatte. Jetzt las ich die Geschichten von Raymond Carver vor.

Bei einer meiner ersten Lesungen erhob sich mitten in einer Geschichte ein kleiner Mann; er hatte ein Pfannkuchengesicht mit einer entstellenden Narbe über der Nasenwurzel und trug eine schwarze Wollmütze bis tief über die Ohren gezogen. Aber er begann Kiplings Gedicht »If« auswendig vorzutragen.

Bei der nächsten Lesung stand ein anderer auf: ein großer Mann mit dicken schwarz umrandeten Brillengläsern und wildem Blick. Er kam auf mich zu und streckte mir wie zur Begrüßung die rechte Hand entgegen. Als ich danach greifen wollte, zog er sie weg, drängte sich dicht an mich und flüsterte mir ins Ohr: »Laß mich der erste sein, der dir die Hand hier *nicht* gibt, der sich auch einen Dreck um das kümmert, was du hier vorliest.«

Kurze Zeit später räumte ich unser Konto leer und steckte die letzten 1700 Dollar, die wir hatten, in einen Umschlag und übergab sie der Leiterin des Obdachlosenzentrums. Nach außen hin mag dieser Schritt vollkommen verrückt erscheinen, aber ich wollte einen klaren Schnitt zu den zurückliegenden sechzehn Monaten machen. Ich wollte, daß das Geld, das ich gezählt und begehrt und vorsichtig eingeteilt hatte, mit einem Schlag weg wäre. Ich hatte von diesem Geld geträumt. Ich hatte ganze Tage damit verbracht, zu überlegen, was wir dafür kaufen könnten und wofür ich es am besten ausgeben würde. Ich hatte mit diesem Geld Zeit gekauft, aber nur, um diese Zeit zu verplempern. Zugegeben, es gab noch ein anderes Motiv. Ich hoffte, daß das Schicksal mir fortan vielleicht gnädiger wäre.

Ich hatte Colleen nichts von meinem Vorhaben erzählt, denn ich hatte Angst, daß ich es beim kleinsten Einwand ihrerseits aufgegeben und noch einmal nachgedacht hätte.

Als ich ihr am nächsten Tag erzählte, was ich getan hatte, stand sie mit dem Rücken zu mir am Spülbekken und wusch die Teller. »Wir sind pleite«, sagte ich. »Das ganze Geld ist weg.« Sie zeigte keine Reaktion, wusch einfach weiter ab. Es war Zeit für mich, eine Arbeit zu suchen.

13. Kapitel

Als erstes versuchte ich es auf dem Golfplatz. Der Platzwart war ein wortkarger Mann um die fünfzig und trug eine beigefarbene Arbeitshose und eine Jakke, auf der »Boston Celtics« stand. In seinem Schuppen lief ständig das Radio, immer diese AM Talkshow, in der über Schwarze, Umweltschützer, Frauen im allgemeinen und Hillary Clinton im besonderen Witze gerissen wurden. Er fragte mich, ob ich mit Maschinen zurechtkäme. Ich dachte an Schreibmaschinen und Kopiermaschinen. »Klar«, sagte ich. Das sei der eine Teil der Arbeit; der andere bestünde darin, Unbefugte vom Platz zu jagen. »Was Sie nicht sagen«, meinte ich unschuldig, »um diese Jahreszeit? Das kann ich mir gar nicht vorstellen.« Einer der Arbeiter sagte: »Das müssen Kids sein, aus der Stadt, die hierherkommen. Irgendwer hat mit einem Bogen sogar Pfeile auf die Spieler geschossen.«
»Echt?«
»Sieben Dollar die Stunde«, sagte der Boß.

Arbeitsbeginn war bei Sonnenaufgang. Ich stand um vier Uhr in der Frühe auf, denn ich wollte auf keinen Fall verschlafen. »Wohin willst du denn?«

fragte Colleen, als ich gegen die Schlafzimmertür stolperte. Ich ging zum Bett zurück, beugte mich über sie und gab ihr einen Kuß. »Arbeiten«, sagte ich. Und ich wurde sofort von einem wohligen Gefühl ergriffen, das auch anhielt, als ich in der Küche saß, Kaffee trank und den Kindern kleine Briefe in ihre Tagebücher schrieb. Ich erfand lustige Dinge für sie und wartete, daß es draußen hell würde. Seit dem Tag meiner Kündigung hatte ich kein Wort mehr in Jacks Buch geschrieben.

Was mein Wohlgefühl ausmachte, hätte ich damals nicht beschreiben können. Es war nicht so sehr auf mich als Person bezogen, sondern ein allumfassendes Gefühl. Plötzlich hatte die Welt wieder Ordnung und Klarheit. Es war, glaube ich, die Zeit, in der die Hutu und Tutsi in Ruanda ihre mörderischen Fehden ausfochten. Ich habe mir nie länger als eine Stunde merken können, welcher Stamm der Aggressor war, wer eigentlich wen ermordete, aber ich versuchte dennoch, diese von Menschen gemachte Tragödie in meinem Kopf mit dem neuen Gefühl der Ausgeglichenheit zu versöhnen, das mich durchflutete und mich manchmal fast in einen Rausch versetzte.

Am ersten Tag fuhr ich mit Cal auf einem Cushman Golf-Buggy durch das Gelände. Auf der breiten Ablage hinter uns hatten wir einen Spaten und einen Eimer mit schnellwachsender Grassaat abgestellt. Überall, wo es auf den Fairways kahlgeschlagene Stellen gab, hielten wir an, verteilten dort die Saat und fuhren weiter. Cal war fünfundsiebzig Jahre alt und Rentner; bis vor fünfzehn Jahren hatte er in einer Werft in South Maine gearbeitet, seither war er auf dem Golfplatz. Immer noch begeisterte ihn die schöne Umgebung. Manchmal hielt er einfach an, um auf vorüberfliegende Gänse zu deuten. Und er fuhr nie an einem Bunker vorbei, ohne den Buggy zu drosseln und nach Tierspuren Ausschau zu halten. Vor Jahren hatte er Spuren von einer Wildkatze entdeckt. Und seine Entdeckung hatte ihn so begeistert, daß er jeden Tag hoffte, auf neue Spuren zu stoßen. In unserer ersten gemeinsamen Woche zeigte er mir alle seine geheimen Orte – dort wo man eine Pause machen und bei einer schönen Aussicht eine Zigarette rauchen konnte, ohne vom Boß erwischt zu werden. »Wenn du mal in mein Alter kommst«, sagte er, »wirst du auch alles entspannter sehen und das Leben vor allem genießen wollen. Ich verjage doch niemanden vom Platz. Es ist zwar ein Privatpark, nur für die reichen Leute, aber ich denke, jeder sollte das genießen. Es gibt hier 'nen Typ mit einem kleinen Jungen – die sind fast jeden Tag hier. Sie haben ihren Spaß, glaub' ich.«

Joe, ein netter Mann Anfang Zwanzig mit einer Frau und einem ganz kleinen Baby, brachte mir bei, den Greensmaster 3000 zu fahren, einen raffinierten Mäher, mit dem ich den Rasen nachschnitt. Früher war das Edgars Job gewesen. Edgar war ein fünfundzwanzigjähriger Veteran aus dem Feldzug gegen den Irak, den er abschätzend als *Golfer*-Krieg bezeichnete. Immer noch erzählte er voller Stolz, daß niemand den Rasen habe besser schneiden können als er. Aber er hatte durch den Krieg keine ruhige Hand mehr. Die verantwortungsvollen Jobs bekamen jetzt andere.

Cal, Joe und Edgar, das waren für mich die Vergangenheit, die Gegenwart und die Zukunft der Vereinigten Staaten. Cal liebte Amerika und sprach feierlich von seiner Schönheit und Größe. Er war auf einem Bauernhof in Maine groß geworden und hatte sich jeden Morgen im Bauernhaus seines Vaters die Zähne geputzt: bis er sich mit achtzehn freiwillig zur Armee meldete. Er wurde für drei Jahre an die Front auf die Philippinen geschickt, wo er an einigen der blutigsten Schlachten des Zweiten Weltkriegs teilnehmen mußte. Doch wenn er uns davon erzählte, tat er dies stets mit einem Lächeln. »Ich erinnere mich gern an diese wunderbare Kameradschaft«, sagte er, »und daran, wie man sich über Kleinigkeiten freute, über trockene Socken oder den Geruch von Kaffee.« Dreißig Jahre hatte er in der Werft gearbeitet, und nachdem er allen seinen Kindern den Collegebesuch bezahlt hatte, kaufte sich Cal ein Motorrad. Mit seiner Frau hintendrauf ist er dann von Osten nach Westen quer durch die Staaten gefahren. Das verschaffte ihm die Gewißheit, daß sein Land das schönste auf der Erde sei.

Im Gegensatz zu Cal, der jeden Tag in adrett gebügelten beigefarbenen Hosen, Hemd und kurzer Jacke erschien, in genau so einer, wie sie Eisenhower während des Krieges trug, kam Joe mit einem Hemd zur Arbeit, das ihm über den Gürtel hing, er kam mit ungekämmtem Haar und einem Kopf, der völlig wirr war von seinem allmorgendlichen Wettlauf mit der Zeit. Wenn er auf dem Golfplatz auftauchte, hatte er schon sein Baby zur Kindertagesstätte und seine Frau zu ihrem Arbeitsplatz gebracht. Sie mußte sechs Tage in der Woche arbeiten, anders hätten sie Miete und die Raten für ihren neuen Minivan nicht zahlen können. Dabei war Joe der Meinung, das Auto würde auseinanderfallen, sobald die Garantiezeit abgelaufen sei. Mit einer Schwermut, die vielleicht einem doppelt so alten Mann angestanden hätte, wartete er auf den Tag, an dem er Zeit haben würde für seine Frau und sein Kind, auf Tage, die mehr waren als eine ewige Hetzerei.

Edgar war verheiratet, und er hatte ein zweijähriges Kind. Er hat sich damit abgefunden, daß er es, ganz gleich wie hart er arbeitete, wohl nie mehr zu etwas bringen würde.

In den ersten Tagen, als ich auf dem Heimweg von der Arbeit an unserem Briefkasten vorbeiging, habe ich gar nicht reingeschaut. Ich hatte kein Interesse an den Antworten auf meine Bewerbungen. Es war einfach ein gutes Gefühl, wieder Teil der Arbeitswelt zu sein. So wollte ich den neuen Rhythmus meines Arbeitstages auf keinen Fall unterbrechen. Da wir morgens so früh anfingen, hatte ich nachmittags genügend Zeit, zusammen mit Jack auf dem Sofa herumzulungern und »Dennis the Menace«, »Flipper« und »Gilligan's Island« zu schauen, ohne mir über irgend etwas ernsthafte Gedanken machen zu müssen. Ich nahm einfach alles, wie es kam, ob es ein paar zärtliche Minuten mit einem Kind auf dem Schoß waren oder ein Teller voller Essen, ein Glas Bier oder der Sonnenaufgang, die Haut meiner Frau zu spüren, vielleicht auch nur ein in Honig getauchter Donut. Ich dachte nicht darüber hinaus. Eine Zeitlang war das auch genug

Ich fuhr mit dem Golf-Buggy herum und brachte die Fairways auf Schuß oder mähte die Greens mit dem Greensmaster 3000. Und was den Zorn in meiner Seele linderte, waren die Lieder von Bruce Springsteen, Lieder über die Enteigneten und Erniedrigten der Welt, die ich mit betäubender Lautstärke über meine Kopfhörer hörte.

Allerdings blieb mir die Monotonie einer solchen Achtstundenschicht nicht verborgen. Interessant waren eigentlich nur wenige Tage, in denen ich den Umgang mit einer neuen Maschine lernen mußte. Ich rauchte viel, einfach um die Zeit zu vertreiben. Und zum ersten Mal in meinem Leben gewöhnte ich mir an, abends mehr als ein Bier zu trinken. Mit der Zeit beschlich mich Furcht vor dieser Langweile und dem stumpfsinnigen Einerlei der Arbeitstage auf dem Golfplatz, und die mußte ich dämpfen.

Was mir den Spaß an der Arbeit endgültig verdarb, war die Tatsache, daß ich bei sieben Dollar die Stunde am Ende jeder Woche gerade mal die Hälfte dessen mit nach Hause brachte, was wir brauchten, um zu verhindern, daß unser Schuldenberg wuchs. Als mir das klar wurde, regte sich wieder mein Zorn.

Eines Abends kochte ich Spaghetti und fand nichts, um die Nudeln abtropfen zu lassen.

»Und wo ist der Durchschlag?« fragte ich Colleen.

»Ich wollte dafür einfach kein Geld ausgeben.«

»Meine Güte, das kann doch nicht die Welt kosten!«

»Aber wir haben kein Geld dafür übrig.«

Verdammt, dachte ich. Wütend riß ich das Fenster

über dem Spülbecken auf, nahm das Fliegengitter heraus und goß die Nudeln darüber ab.

Colleen hatte beim Sozialamt einen Antrag auf Lebensmittelmarken gestellt. Als sie die Marken erhielt, legte sie sie hinten in die Schublade des Arbeitstisches. Sie erwischte mich eines Tages dabei, wie ich sie durchzählte, und sagte: »Ich werde von jetzt an einkaufen. Dann brauchst du nicht mehr zu fahren.«

Es war mir nicht recht, daß sie an der Kasse stehen würde und die Marken auspacken und vorzählen müßte, aber ich ließ sie gehen. Sie nahm Erin mit, und als sie zurückkamen, warf mir meine Tochter einen Blick voller Verachtung zu.

»Was ist los?« fragte ich.

Sie blieb stehen, und über die Schulter sagte sie: »Das haben wir nur dir zu verdanken, daß wir mit den blöden Marken einkaufen müssen.« Dann brach sie in Tränen aus und rannte auf ihr Zimmer.

Später, als Colleen und ich dabei waren, die Lebensmittel wegzuräumen, kam Nell in die Küche. Sie wollte wissen, was mit ihrer Schwester los sei.

»Nichts«, sagte ich, »sie ist nur verwöhnt.« Colleen sagte nichts. Dann merkte ich, daß sie nichts anderes als Grundnahrungsmittel gekauft hatte: Kartoffeln, Eier, Mehl und Brot. Und alles von der billigen Hausmarke des Supermarkts.

»Wir brauchen doch auch etwas Gescheites zum Essen«, sagte ich. »Nur irgend etwas zum Verwöhnen.« Nell und ich gingen noch einmal zum Supermarkt, und wir entschieden uns für Shrimps.

Als ich an der Kasse die Lebensmittelmarken herausholte, um die Shrimps zu bezahlen, hörte ich einen Mann hinter mir aufstöhnen. Ich war sowieso sehr nervös wegen dieser Prozedur und hatte Angst, daß mich die Kassiererin nach irgendeinem Ausweis fragen würde, den ich nicht dabei hatte. Ich weiß nicht, was der Mann zu seiner Begleiterin – beide waren sehr vornehm gekleidet – 'sagte, aber als auch sie aufseufzte, dachte ich, jetzt kannst du ihm nur eine kleben und dann sagen, was du schon lange hast sagen wollen. Aber ich drehte mich nur um und sah den beiden direkt ins Gesicht. »Nell«, sagte ich dann, »weißt du, warum dieser Mann stöhnt? Würden wir mit unseren Marken Makkaroni und Käse kaufen, dann fände er das ganz in Ordnung. Nun haben wir aber Shrimps gekauft, und er stöhnt, weil wir mit unseren Marken genau das kaufen, was er auch gerne ißt.« Der Mann drehte sich um und ging hinüber zu einer anderen Schlange. Seine Freundin bedachte mich mit einem empörten Blick.

Für den Rest des Tages fühlte ich mich wie damals, als wir gerade von Colgate hierher gezogen waren. Der Zorn hatte den gleichen Geschmack in meinem Mund zurückgelassen. Immer wieder kam mir diese Szene im Supermarkt in den Kopf, und ich heckte immer bissigere Bemerkungen aus, irgend etwas, womit ich die beiden hätte fertigmachen können. Noch als ich die Kinder ins Bett brachte, pochte es in meinem Kopf.

»Daddy, wer zieht heute abend ein?« fragte Nell.

»Heute bin ich dran, ich darf auswählen. Ich!« brüllte Jack.

»Ich glaube, Erin ist an der Reihe«, sagte ich.

Erin drehte sich um mit dem Gesicht zur Wand.
»Jack kann an meiner Stelle«, erwiderte sie niedergeschlagen.
»Ja!« rief er.
Als ich mit meiner Geschichte begann, setzte ich mich an Erins Bett. Jeden Abend erzählte ich den Kindern ein Stück aus einer selbsterfundenen Gute-Nacht-Geschichte über die Obdachlosen in Portland, die in diesem Winter als unsere Nachbarn in die leeren Ferienhäuser von Prouts Neck einziehen würden. Jeden Abend war eines der Kinder an der Reihe, ein Haus auszuwählen, den Rest erfand ich. Die Geschichten endeten immer damit, daß ich den Kindern erklärte, warum die Hauptperson dieses Abends irgendwann ohne eigenes Haus dagestanden hat.

An diesem Abend hatte Jack das Haus am Ende unserer Zufahrt genannt, und ich erzählte die Geschichte von Henriette Wapshot, die als junges Mädchen mit ihrem Zwillingsbruder Wilhelm in einem Theater am Broadway getanzt hatte. Mit fünfzehn hatte sie ein Stipendium für die Juillard-Musikschule erhalten, und bis sie dreißig war, tanzte sie bei der Boston Ballet Company und stand jeden Abend auf der Bühne.

»War sie hübsch?« fragte Nell.

»Wahnsinnig hübsch.«

»Wie Mommy?« wollte Jack wissen.

»So ziemlich«, antwortete ich.

Ich sah, wie sich Cara ihre Nase kratzte; das war stets das Zeichen, daß ihr gleich die Augen zufallen würden. Ich streckte mich auf Erins Bett aus und erzählte die Geschichte weiter. »Diese Henrietta Wapshot wird heute abend einziehen. Sie hat langes, silbernes Haar und grüne Augen. In einem braunen Koffer hat sie ihre gesamten Schätze bei sich. Der Koffer hat keinen Griff mehr. Wenn ihr morgen in das Fenster neben dem gemauerten Kamin schaut, werdet ihr ihn dort auf dem Fußboden stehen sehen.«

»Warum ist sie obdachlos geworden?« fragte Erin plötzlich.

»Sie hat eines Tages nicht mehr tanzen können und verdiente deshalb kein Geld mehr«, sagte ich. »Was da steht und aussieht wie ein Koffer, ist in Wahrheit ein kleiner Plattenspieler.«

»Sie spielt Musik, um ihre Ballettschritte zu üben!« erklärte Nell stolz.

»Genau. Sie hat gerade noch eine Schallplatte, und wenn ihr morgen früh genau hinhört, wenn ihr am Haus vorbeigeht, dann werdet ihr die Musik hören.«

»Mußte sie dann auch solche Lebensmittelmarken benutzen?« fragte Erin.

Als Colleen und ich, nachdem die Kinder eingeschlafen waren, vorm Kamin saßen, erzählte ich ihr von Erins Verhalten. »Und was ist mit dir?« fragte Colleen. »Was willst du tun? Dir steht doch alles offen.«

»Glaubst du das wirklich?« fragte ich.

Sie erzählte von ihren beiden Großvätern, die ohne ausreichende Schulbildung und ohne Geld in den Staaten angekommen waren. Einer hat es zum erfolgreichen Farmer gebracht, der andere wurde Geschäftsführer eines Lebensmittelladens.

»Das ist lange her«, sagte ich.

»Na und?«

»Heute schafft man das nicht mehr.«
»Denkst du das wirklich? Was sollte denn heute so viel schwieriger sein als das, womit sie fertig werden mußten?«

14. Kapitel

Eines Morgens fuhr ich im Cushman Golf-Pickup den 18. Fairway entlang, neben mir der Boß. Wir waren unterwegs zu dem Platz, an dem die Golfer ihre Abschläge üben konnten. Dort legten wir gerade eine große Drainage an. Sonst machte sich Cal morgens immer als erster an diese Arbeit, doch an diesem Morgen hatte ich ihn noch gar nicht gesehen. So fragte ich, wo er denn sei. Der Boß spottete: »Hat angerufen. Ist krank. Mann, ich fühle mich jeden Morgen meines Lebens krank, aber ich gehe trotzdem zur Arbeit.«

Was mich so zornig werden ließ, war die Tatsache, daß sich Cal diesem Job und auch dem Boß gegenüber so loyal verhielt. Cal war fünfundsiebzig, und trotzdem war er stets der erste, der sich freiwillig meldete, wenn es auf dem Golfplatz um unangenehme Arbeiten ging. Und dieser Kerl neben mir verspottete ihn auch noch hinter seinem Rücken. Den Rest des Tages kochte es in mir. Sieben Stunden lang habe ich Erde geschaufelt. Aber dann, als ich Feierabend hatte, war ich soweit, daß ich kündigte. Meinen eigentlichen Grund nannte ich nicht. Dem Boß sagte ich, daß wir fortzögen.

Colleens Vater war bei uns, als ich nach Hause kam, auch ihn log ich an. »Mein letzter Tag am Golfplatz«, sagte ich ganz beiläufig. »Gekündigt.« Das war ja nicht unwahrscheinlich, auch Colleen glaubte meine Lüge.

Gleich am nächsten Morgen wollte ich aufstehen und auf Arbeitsuche gehen, doch lag ich die ganze Nacht wach und ging die immer gleiche Litanei im Kopf durch: *Ich war ein toller Lehrer. So kann man doch einfach nicht mit mir umgehen. Das habe ich nicht verdient. Ich habe mein Geld dem Obdachlosenheim gegeben. Ich habe einen kranken Studenten in meinem Haus aufgenommen. Ich habe wirklich etwas Besseres verdient!* Ich spürte, wie alles von vorne losging.

Am nächsten oder übernächsten Tag traf die erste Ablehnung der neuen Bewerbungsrunde ein. Die nächsten drei verursachten einen Rückfall. Wieder verbrachte ich zwei Wochen im Bett. Draußen fegte der Herbstwind die Blätter von den Bäumen.

Der Winter kam früh in diesem Jahr. Eines Morgens wachte ich auf und konnte meinen Atem sehen. In den Zimmern im Erdgeschoß war es eiskalt, also ging ich mit einem Leinensack zum Strand, um Treibholz zu sammeln. Das wurde zur Routine, meine erste Handlung jeden Morgen. Ich baute einen großen Scheiterhaufen im Wohnzimmerkamin. Bis die Kinder aufstanden, war zumindest ein Zimmer warm, in dem sie sich anziehen und ihr Frühstück essen konnten.

Wir hatten gerade noch 50 Dollar. Als ich eines Morgens wieder auf der Suche nach Treibholz war, hatte ich das Gefühl, ich sähe eine Fata Morgana. Hunderte von Leitern, die ungefähr einen Kilometer weiter hinten eine Art Gerüst bildeten. Ich ging näher heran, um genauer zu sehen, was da los war. Es war tatsächlich ein Gerüst, eine Art Fachwerk, das viel zu groß schien, als daß ein Haus hätte daraus werden können. Ich starrte das Gebilde eine Weile an, dann kehrte ich um und ging zurück.

Ich sah gerade die »Hilfe gesucht«-Anzeigen durch, als Colleen in die Küche kam. Sie trug Cara, die jämmerlich weinte, und schrie: »Ihr Finger ist zerquetscht! Die Kuppe hängt herab! Ruf die Unfallstelle an. Schnell!«

Während ich den Notruf wählte und düster dachte, daß so etwas natürlich mir passiert, wenn man nicht krankenversichert ist, verschwand Colleen mit Cara. Sie lief, das Kind unter ihrer Daunenjacke, die Auffahrt entlang zur Hauptstraße immer weiter in Richtung des zehn Kilometer entfernten Krankenhauses, weil sie fürchtete, der Krankenwagen würde vielleicht den Weg zu uns nicht finden.

Gleich am nächsten Morgen bin ich in aller Frühe zu dem Gerüst gelaufen. Ich wollte dem Bauleiter zeigen, daß er mit meiner Pünktlichkeit würde rechnen können. Ein kalter schneidender Wind peitschte Schaum auf die Wellen in der Bucht. Ich lief den halben Kilometer bis zum Ende des Strands und kletterte über die Felsen hinauf zu dem engen Fußpfad, der um das Kap herumführte – dort, wo die schönen Sommervillen über das Meer schauten. Das war der Teil von Prouts Neck, den Colleen am liebsten mochte. Der Pfad war ihr »Weg über die Klippen«, und sie ging oft dorthin, um Nachtschatten und Treibholz zu sammeln. Auf der Fußgängerbrücke, die über einen Spalt in den Klippen führte, blieb ich stehen. Ich war jetzt ganz nahe an der Baustelle und konnte sehen, daß dort tatsächlich nur ein Haus entstand, allerdings war es so groß wie ein Hotel. Drei Stockwerke hoch erhob sich das Fachwerk über die Fundamente, wobei jedes Stockwerk wiederum bestimmt eine Höhe von drei Metern hatte. Die Grundfläche schätzte ich auf etwa dreißig mal dreizehn Meter, der Dachfirst erhob sich gut fünfzehn Meter über die Erde. Die Betonwände des Kellergeschosses wurden gerade mit Granitsteinen verkleidet. Ich sah drei Männer an der Mauer arbeiten. Der erste betrachtete prüfend den Haufen Steine, wählte einen aus und reichte ihn dem zweiten weiter. Der brachte ihn dem dritten, der auf den Knien vor der Mauer hockte und die Steine aufsetzte und einzementierte. Unwillkürlich fragte ich mich, ob sie sich eigentlich Gedanken darüber gemacht hätten, daß der Atlantik alles, was so nahe an die Küste gebaut wurde, irgendwann wegspülen würde.

Vier Zimmerleute füllten die Fächer des Fachwerks mit Sperrholzplatten. Sie arbeiteten sich schnell die Ständer entlang, kletterten hoch und wieder herunter, wirkten trotz der Ledertaschen für das Werkzeug am Gurt fast wie Akrobaten. Sie zogen lange Schläuche hinter sich her, die ihre pneumatischen Tacker mit Druckluft versorgten. Die Schläge hallten wie Trommelfeuer durch die morgendliche Stille. Ich schaute zu, wie einer der Männer eine Platte mit einem Arm in Position brachte, während er sich mit dem anderen am Fachwerk festhielt. Ich beobachtete sie, wie man vor einem Spiel die gegnerische Mannschaft taxiert und die eigenen Chancen kalkuliert.

Bevor ich ins Blickfeld trat, zog ich Wollmütze und Schal aus und schob sie in die Manteltaschen, damit ich wirkte wie einer, der sich einen Dreck um das Wetter kümmerte. Aber bis ich mir meinen Weg durch das sumpfige Gestrüpp gebahnt hatte, war ich durchgefroren bis auf die Knochen, und ich fragte mich, was ich hier eigentlich wollte.

Larry, der Bauunternehmer, beendete erst, was er gerade begonnen hatte. Mit einer langzähnigen Säge, die seine Schulter vibrieren ließ, schnitt er eine Sperrholzplatte zu. Als er fertig war, legte er die Säge nachlässig beiseite und schwang sich durch das Fachwerk nach unten, wobei er die letzten anderthalb Meter sprang. Er hatte das Grinsen eines pfiffigen Schuljungen im Gesicht. Es stellte sich heraus, daß ich genau den richtigen Tag erwischt hatte, um ihn nach Arbeit zu fragen. Der Winter nahte, und die Rechnung war leicht aufgemacht. Auf der einen Seite das riesige Haus, das fertig werden sollte, auf der anderen die Tage, die immer kälter würden.

Man würde im Freien arbeiten müssen. Zuerst war die restliche Verkleidung aus Sperrholzplatten anzubringen, dann mußte der gesamte Bau isoliert werden, es waren Fenster und Türen einzusetzen und das Dach zu decken. Schließlich noch Veranden und Eingangsbereich sowie Geländer und andere Verkleidungen anzubringen. Er ging die Liste nüchtern durch. »Vielleicht anderthalb Monate, nur für die

Holzverkleidung«, schätzte er. »Hast du schon mit Zedernbrettern und Schindeln gearbeitet?«

Da log ich das erste Mal. »Aber das ist ein ganz schön großes Haus«, sagte ich und schaute hinauf zum Dach.

»Es ist ein Traum«, erwiderte er. Das Ganze habe fast 1.300 Quadratmeter Wohnfläche, und die weiteren Arbeiten würden vielleicht noch anderthalb Millionen Dollar kosten. Er habe schon die eine oder andere Ranch gebaut: Puppenhäuser seien das gewesen im Vergleich zu diesem. »Aber im Prinzip ist es doch immer das gleiche. Wenn man ein Haus gebaut hat, haben alle anderen nichts Geheimnisvolles mehr.«

Er gefiel mir auf Anhieb. Und im Grunde war es mir nicht recht, daß ich meine kaputte Bandscheibe verheimlichen mußte und erst recht meine mangelnden Fertigkeiten als Zimmermann. Was wäre denn, wenn mir etwas Teures, zum Beispiel ein großes Fenster, zu Bruch ginge oder wenn ich einen ganzen Stapel Bretter zu kurz schneiden würde? Ich schaute wieder hoch und fragte mich, ob es denn überhaupt möglich wäre, jetzt im Winter bei Eis und Schnee auf diesen schrägen Dachbalken zu arbeiten, ohne abzurutschen und herunterzufallen.

Ich könne sofort anfangen. »Wir arbeiten zehn Stunden täglich, und ich zahle fünfzehn Dollar die Stunde«, sagte er.

»Dann fange ich morgen früh an«, erwiderte ich schnell.

»Bring einfach deinen Werkzeuggurt mit.« Er war schon wieder ins Fachwerk gesprungen und kletterte nach oben. Er stand schon weit über mir, als er hinunterrief: »Du hast doch einen, oder?«

Noch einmal mußte ich lügen.

Ich ging die Winslow Homer Street entlang, und die Zahlen wirbelten durch meinen Kopf. *Fünfzehn Dollar die Stunde, zehn Stunden am Tag, mal fünf in der Woche. Das reicht. Es reicht sogar gut.* Bis ich das elektrische Tor erreicht und mich darunter durchgezwängt hatte, war ich schon wieder so übermütig, daß ich Colleen zum Abendessen ausführen und ihr vielleicht ein neues Kleid kaufen wollte.

Später am Tag nahm ich alle vier Kinder mit zum Einkaufszentrum, um den Gurt zu kaufen. Ich probierte ihn an, zeigte den Kindern die Ledertaschen für Meßband, Messer und Nägel sowie die Schlaufe für den Hammer. Wir ließen Cara auf dem mechanischen Pferd reiten. Ich sah, wie überrascht Erin war, als ich ihr einige Quarters für den Kaugummiautomaten gab. Monatelang hatte ich sie immer wieder überzeugen wollen, daß wir nicht arm seien, aber doch pleite, und jetzt hatte ich nichts dagegen, wenn sie mir beim Geldausgeben zusah.

Sobald wir zu Hause waren, ging ich in die Küche und nahm die Glasdose aus dem Schrank, worin wir die Lebensmittelmarken aufbewahrten. Ich habe die Marken später ins Feuer geworfen, Erin hat mir dabei zugesehen. Sie fragte: »Wer hat die Marken überhaupt für uns bezahlt?« Ich erklärte ihr, daß sie von den Menschen, die Arbeit hatten, bezahlt würden. Sie wollte wissen, warum. »Weil sie Geld verdienen«, sagte ich »und es nur fair ist, wenn sie Menschen helfen, die keines verdienen.« Ich sah, wie sie versuchte, das zu verstehen. Ich konnte mir bildhaft vorstellen, wie sie diese Szene fünfzehn Jahre später ihrem Mann, vielleicht einem Investmentbanker, erzählt, der dann in ihr Lachen einstimmt und sagt: *Kein Wunder, daß ihr nie Geld hattet. Dein Vater war eben ein hoffnungsloser Romantiker.* Eine Zeitlang redete ich weiter und versuchte meine Tochter davon zu überzeugen, daß die Vorstellung, eine glückliche Person solle einer unglücklichen helfen, das einzige sei, was eine Gesellschaft auf zivilisierte Weise zusammenhalte.

»Dann«, sagte sie sanft, »sollten wir nie wieder welche annehmen und in den Laden tragen.«

»Gut«, sagte ich, »aber man kann das auch anders betrachten. Nimm an, deine Schwester Nell ist hungrig und sie kann sich kein Essen kaufen, weil sie kein Geld hat. Würdest du ihr dann etwas kaufen?«

Sie verdrehte die Augen und sagte: »Dann mußt du eben deine Arbeit behalten, oder?«

Um sechs Uhr morgens bereitete ich mir eine Thermoskanne voll Tee, schmierte zwei Marmeladenbrote und zog alle meine warmen Sachen an. Ich brauchte fast solange, wie ich früher gebraucht hatte, um meine Ausrüstung als Torwart beim Eishockey anzulegen. Und darüber zog ich zuletzt noch den schweren gesteppten Mantel, den mein Schwiegervater bei der Arbeit im Hafen von South Portland getragen hatte. Ich fand noch ein Paar Handschuhe, die halbwegs warm aussahen und doch dünn genug waren, um damit noch einen Hammer oder Nagel greifen zu können.

Um halb sieben legte ich meinen leeren Zimmermannsgurt um und ging aus dem Haus. Draußen war es kälter als am Tag zuvor. Der Sand entlang der Küste war gefroren und so hart wie Asphalt. Ich trug die einzigen Stiefel, die ich besaß, nämlich Gummistiefel, und als ich am Strand entlang zur Hauptstraße vorlief, konnte ich bereits fühlen, wie meine Fußzehen taub wurden.

Oben auf dem Kap angekommen, schaute ich über das Meer hinüber nach Ram Island, die in pflaumenfarbiges Licht getaucht lag. Hinter der Hauptfahrrinne arbeitete sich eine Reihe kleiner Fischerboote allmählich aufs offene Meer hinaus.

Ich kletterte durch eine Öffnung zwischen den Balken ins Innere des Fachwerks. Hier wurde gerade ein Schornstein hochgezogen. Es war, als stünde ich in den Ruinen einer großen Kathedrale mit hohen Wänden und langen breiten Gängen. Die ans Ufer schlagenden Wellen und die scharfkantigen Felsen, die wuchtig gegen die noch nicht ausgefachten Wände drückten, sowie der Himmel, dessen eiskaltes Licht durch den offenen Dachstuhl fiel, erzählten die Geschichte eines noch nicht entschiedenen Kampfes. Das Haus war noch längst nicht so weit gediehen, daß man es nicht auch hätte wieder einreißen oder im Stich lassen können.

Larry kam auf die Baustelle, als ich dabei war, meinen Gurt durch das Sägemehl zu ziehen und zu reiben, damit er nicht ganz so neu erschiene. Er stieg aus seinem roten Ford Truck, in einer Hand eine Kanne Kaffee, in der anderen eine Dokumententasche aus Leinen. Unter dem Arm trug er eine Rolle Blaupausen. Er rief: »Guten Morgen« und fragte mich, ob ich keine besseren Stiefel hätte, und bedeutete mir dann mit der Kanne, ihm zu folgen.

»Ich will diesen Balken hier anbringen«, sagte er und zeigte auf das bestimmt 150 Kilo schwere Holz. Nachdem ich schon mal einen Bandscheibenvorfall gehabt hatte, wußte ich von Colleens Mutter aus ihrer Erfahrung als Krankenschwester, ich müsse meine Muskeln dehnen. Aber ich war einer aus der alten Athletenschule und darum der Meinung, Stretching sei etwas für selbstverliebte Jogger, die in Schuhen für hundert Dollar die Straßen entlang schlichen, oder für die Radler, die sich immer wie Hofnarren ausstaffieren müssen.

Ich schaute den Balken genauer an. Larry erklärte mir, an welche Stelle er sollte. Wir müßten ihn gemeinsam über den Kopf heben, zuerst das eine Ende, dann das andere, zu zweit ginge das ganz leicht. Er nahm sich Zeit, ging seinen Plan noch einmal durch. Als wir jeder an unseren Platz gingen, erzählte er mir von einem Kinderbuch, aus dem er seinen Töchtern jeden Abend vorlese. »Es handelt von Holzfällern hier in Maine.« Wir standen nebeneinander, bückten uns gleichzeitig, zählten bis drei und hoben den Balken, zuerst auf Hüfthöhe und dann auf die Schulter. »*Drücken!* Wie sie früher die Baumstämme zu den Flüssen schleppten, wie sie die Rinde abgehauen haben. Ein tolles Buch.« Langsam stiegen wir die Leiter hoch. »*Langsam, nur langsam.* Jeden Abend sage ich: Und aus welchem Buch wollt ihr heute etwas hören, Mädels? Aber bevor sie antworten können, hole ich das Holzfällerbuch hervor:

Wie wär's damit? – So, ich zähle wieder bis drei. Bist du soweit? *Eins, zwei, drei!*« Wir hatten das Ende gerade auf der Höhe der Wand, wo wir den Balken festmachen wollten: Er sollte den darüberliegenden Fußboden tragen. »Hau mal ein paar Nägel rein, bevor das Ding uns kaputtdrückt«, stöhnte Larry. Er stand auf der Leiter eine Stufe über mir, und sein Kopf war gegen den Balken gedrückt. Ich konnte ihm nicht helfen. Schließlich drehte er sich um. »*Hast du keine Nägel?*« brüllte er.

»Ich hab' kein Werkzeug mitgebracht«, sagte ich. Er schaute mich befremdet an, dann sah er meinen leeren Gurt. »Ich dachte, ich sollte bloß den Gurt mitbringen.«

Wie Schuppen fiel es mir von den Augen. Als er mir sagte, ich müsse keine Werkzeuge mitbringen, hat er Elektrowerkzeuge gemeint. Und als ich ihm vorlog, ich hätte einen Gurt, hat er natürlich nicht an ein leeres Schmuckstück aus dem Theaterfundus gedacht, sondern an einen richtigen Gurt. Mit Hammer. Es war einer der Augenblicke, von denen man hofft, daß man irgendwann einmal über sie lachen kann.

Ich ließ mir Maßband, Hammer, zwei Stechbeitel, ein Messer und einen Bleistift geben. Ich füllte die Ledertaschen mit Nägeln und schnallte den Gurt wieder um. Ich trug ihn tiefhängend wie ein Pistolero, so wie es die anderen in der Mannschaft auch taten. Als der Arbeitstag vorüber war, ließ ich ihn nicht auf der Baustelle hängen, sondern behielt ihn an, unter dem Mantel, und ging damit nach Hause.

Die Kinder saßen alle um den Tisch, als ich in die

Küche trat. Sie rissen die Augen auf, als ich meinen Mantel über einen Stuhl warf und den Gurt so selbstverständlich abnahm, als hätte ich Zeit meines Arbeitslebens ein solches Ding getragen.

Die Geschichte des Hauses lernte ich kennen, als ich zum ersten Mal zur Mülldeponie fuhr. Den Männern, die dort rauchend warteten, daß sie an die Reihe kämen, erzählte ich, daß ich in Prouts Neck arbeitete. Einer von ihnen, ein Dachdecker mit einem Gesicht so hart wie ein Hammer, sagte, er habe dort im Sommer nach Arbeit fragen wollen, aber niemand sei da gewesen. Irgendwann in der Imbißbude an der Bundesstraße 1 hätten ihm dann ein paar Zimmerleute erzählt, um das Haus habe es von Anfang an Krach gegeben. Die anderen Villenbesitzer seien dagegen. Ein junger Rechtsanwalt habe das Grundstück gekauft, von dem alle in Prouts Neck gedacht hätten, es sei sumpfig und überhaupt nicht zu bebauen. Das Haus wäre längst so gut wie fertig, wenn nicht die Leute von Prouts Neck eine Bürgerinitiative gegründet hätten, um die Einstellung der Bauarbeiten zu erreichen. Den ganzen Sommer hindurch habe der Besitzer einen Drahtseilakt vollbringen müssen: Weiterbauen, ohne die Menschen allzusehr zu verärgern, die in den folgenden Sommern seine Nachbarn sein würden. Die Typen an der Müllhalde lachten über diese Geschichte.

Drei Tage arbeitete ich mit Billy zusammen. Wir mußten den hinteren Teil des Hauses mit einer Isolierschicht aus irgendeinem Polyestermaterial versehen. Früher hat man dafür Teerpappe genommen. Das neue Zeug fühlte sich an wie der Stoff von den

Schlaghosen, die ich mal getragen hatte. In Abständen von etwa einem Meter war der Produktname auf die Folie gedruckt. TyPAR. Bevor ein Haus mit Schindeln verkleidet wurde, wirkte es auf diese Art wie eine riesige Werbetafel für den Hersteller. Eine Rolle des Zeugs wog 25 Kilo. Wenn wir die Folie auf die Sperrholzplatten tackerten, mit riesigen Tackern, die ein dumpfes Geräusch von sich gaben, arbeiteten Billy und ich auf zwei Leitern. Wir schoben die Rollen hin und her, achteten darauf, daß sich die Bahnen überlappten. Billy redete bei der Arbeit kein Wort, er ahmte nur das Geräusch des Tackers nach. Er war Larrys Partner, und ich fürchtete, sein Schweigen könnte etwas damit zu tun haben, daß er nicht sicher war, ob ich die fünfzehn Dollar in der Stunde auch wert war, die Larry mit mir ausgemacht hatte. Ein Typ an der Müllhalde hatte mir erzählt, Billy habe als Jugendlicher seine Sommerferien an der Küste in der Nähe von Kennebunk verbracht, dort habe er dann die Tochter von Präsident Bush kennengelernt und geheiratet.

Billy war Trainer einer Highschool-Eishockeymannschaft und mußte Freitag nachmittags immer früher gehen, um rechtzeitig beim Training zu sein. Bevor er von seiner Leiter stieg, sagte er mir, ich solle, bevor ich Schluß mache, noch die letzte Sperrholzplatte an der Ostwand in Position bringen und festnageln. *Alleine?* dachte ich, als er ging. Dreimal versuchte ich mit der zweieinhalb mal eineinhalb Meter großen Platte die Leiter hochzukommen. Meine Arme waren bereits taub, bevor ich richtig oben war, und ich mußte die Platte loslassen und nochmals von vorne anfangen. Ich quälte mich so lange damit herum, daß schon alle gegangen waren, als ich das Ding endlich oben hatte. Es wurde langsam dunkel. Fünfzehn Meter unter mir schlugen die Wellen gegen die Granitfelsen und sprühten salzige Gischt gegen das Haus, die auf dem Brett unter meinen Füßen zu Eis gefroren war. In dem Augenblick, in dem ich die Sperrholzplatte vom Brett hob, um sie in Position zu bringen, wurde sie von einem Windstoß erfaßt, und es wirbelte mich herum. Mit der linken Hand erwischte ich eine Eisenstange und klammerte mich fest. *Wie, um Gottes Willen, hätten Billy oder einer der anderen gelernten Zimmermänner das gemacht?* Es war ein eigenartiger Augenblick. Der Blut lief mir aus den Armen, und mein Rücken schmerzte, als würde ihn ein kalter Stromschlag durchziehen. Ich hörte die Wellen gegen die Felsen tosen, und der Wind kam von allen Seiten. Beim Atmen hatte ich ein merkwürdiges Gefühl von Leichtigkeit. Mehr als ein Jahr lang hatte ich das Gefühl gehabt, nach hinten wegzukippen, und jetzt fühlte ich, daß ich dort angekommen war, wo ich hingehörte. *Jetzt mußt du dein Gewicht nur noch leicht auf die Fersen verlagern, mußt dich vom Wind erfassen lassen und du wirst dich mitsamt der Sperrholzplatte von allem befreit in den Winterhimmel erheben.* Das ging mir durch den Kopf. Ganz am Ende der Küste ahnte ich die von Fliegengittern umgebene Veranda hinten am Haus, in dem meine Familie jetzt wohnte. Ich dachte daran, wie schön es wäre, in milden Sommernächten mit Colleen und den Kindern auf einer solchen Veranda zu schlafen. Ich habe diese Veranda im Kopf gebaut und immer wieder gebaut, bis ich die Platte schließlich richtig festgenagelt hatte und herunterkletterte.

Wir arbeiteten zu sechst in der Mannschaft, aber so groß wie das Haus war, konnte es sein, daß wir einander den ganzen Tag lang kaum sahen. Also bestand Larry darauf, daß wir unsere fünfzehnminütige Frühstückspause und unsere halbstündige Mittagspause möglichst zusammen verbrachten. Normalerweise machte er den Kaffee und schrie dann wie ein Südstaatensoldat: »Kaffeeeee!«, ein Ruf, der trotz des Lärms der Elektrowerkzeuge und Preßlufttacker zu hören war. Wir waren seine Mannschaft, und er wollte, das wir einander schätzen lernten.

Wir verbrachten die Pausen im Keller, in einem geschlossenen Raum, den die Zimmerleute improvisiert hatten. Aus Platten und gelben, in durchsichtige Plastikfolie eingehüllte Glasfaserisolierungsmatten waren Wände und Decken entstanden. Zwei Meter lange elektrische Wandleistenheizkörper standen auf dem Zementboden, und von der Mitte der Decke hing eine Glühbirne. Das Zimmer war vielleicht so groß wie eine normale Küche und bot uns sechsen und einem großen, schnell zusammengebauten Tisch für das Werkzeug Platz. In einer Ecke stand noch ein kleinerer Arbeitstisch mit Telefon, Anrufbeantworter und einem Stapel von Plänen. Ein mit durchsichtiger Plastikfolie bespannter Rahmen diente als Tür. Sobald wir in diesen Raum kamen, streiften wir unsere Kleidung ab, damit wir nicht schwitzten und nachher im Freien frieren würden. Manchmal saßen wir stumm wie die Schweigemönche da; von der Kälte so abgestumpft, daß wir kaum reden konnten. Zu Anfang, als sich mein Körper noch an die Kälte gewöhnen mußte, saß ich einfach da und zwang mich wachzubleiben, indem ich die Namen der siebenundvierzig Colleges still vor mich hersagte, von denen ich noch keine Antwort erhalten hatte und von denen ich hoffte, an diesem Abend etwas zu hören.

Der Raum hatte etwas von einer Umkleidekabine. Es war ein reiner Männerraum, und es hätte uns wahrscheinlich weniger überrascht, hier plötzlich Schüsse als eine Frauenstimme zu hören. In diesem Raum lernte ich die anderen kennen, hörte aufmerksam zu, wenn sie über ihre Probleme bei der Arbeit sprachen, gemeinsam Lösungen suchten, wenn sie, um sich verständlich zu machen, mit dem dicken Zimmermannsstift Skizzen auf ein Stück Holz oder einfach auf die Wand zeichneten. Oder wenn sie gemeinsam in die Pläne schauten. Diese wenigen Minuten in unserer Bauhütte waren die einzige Pause im Zehn-Stunden-Tag. Aber jeder von uns wußte ja, was noch zu tun war und wieviel das war. Wir hatten keine Zeit zu verlieren, wenn wir rechtzeitig fertig werden wollten.

Rob war fünfundzwanzig Jahre alt, ein kräftiger, begabter Zimmermann, mit den markanten Gesichtszügen eines Skiprofis. Er aß nur vom Feinsten: seine Schwiegermutter bereitete ihm ein richtiges Mahl, das er in Plastikdosen mit zur Arbeit brachte. Er legte Holzstücke auf die Heizung, und darauf stellte er seine Dosen. Und wenn er mittags kam, war das Essen noch warm. Wenn er nicht arbeitete, spielte er in Irland Golf. Und von nichts erzählte er lieber als von den Jagd- und Angelausflügen, die er früher mit seinem Vater unternommen hatte. Er war fest davon überzeugt, daß die Amerikaner langsam lernen müßten, die Verantwortung für ihr Leben selbst in die Hände zu nehmen. Wenn er an den Zahltagen seinen Umschlag aufmachte und sah, wieviel ihm abgezogen wurde, fing er jedesmal an zu schimpfen.

Mark war ein großer Mann mit Schultern wie ein Bär, auch er war Mitte Zwanzig. Er war überall im Land herumgereist, hatte sogar ein College besucht, bevor er dann heiratete und sich selbst beibrachte, wie man etwas konstruiert und baut. Er war geduldig, wurde nie laut, hatte die freundliche Art eines Mannes, der sich gern als Nikolaus für eine Weihnachtsfeier zur Verfügung stellt. Seine Spezialität war Schleiflack. Er baute Küchenschränke und Möbel, und sein Auge nahm so perfekt Maß, daß wir uns alle mehr auf ihn verließen als auf unsere Maßbänder und Wasserwaagen.

Auch Luke hatte studiert. Als er dreißig wurde, eignete er sich alles an, was er über den Umgang mit Stahl, Holz, Beton, Strom, Pumpen, Motoren, Sprengstoff und schweren Baumaschinen in Erfahrung bringen konnte. Seine Kenntnisse hatten ihm den einzigen Titel in unserer Mannschaft verschafft, nämlich den eines Bauleiters. Der Schreibtisch in der Bauhütte gehörte ihm, dort verbrachte er seine Arbeitszeit, genoß die Wärme, von der wir anderen nur träumen konnten, informierte sich über neue Baumaterialien und Konstruktionsmethoden, bestellte Baustoffe, verfaßte Ausschreibungen und prüfte die Angebote von Subunternehmern. Er sah so gut aus wie ein Filmstar. Seine Garderobe war piekfein und machte deutlich, daß es einen Unterschied gab zwischen der Bauleitung und den einfachen Handwerkern.

Der Älteste in der Truppe war mit Anfang Fünfzig Guy, ein schüchterner Frankokanadier. Er kam mit einem uralten zerbeulten hellblauen Lieferwagen auf die Baustelle, in den er alles hineingepackt hatte, was ein Mann zum Arbeiten und Leben braucht, einschließlich der Sardinenbüchsen, die er zum Mittagessen öffnete. Er zog als Zimmermann von Baustelle zu Baustelle, mit seinen hellen wachen Augen hatte er unendlich viel Erfahrungen gesammelt. Er wußte vor allem, was man tun konnte, wenn etwas schiefgegangen war, so daß man ihn fast wie einen Landarzt um Rat fragte.

Billy war Ende Dreißig, er schaute stets etwas traurig. Er war wortkarg, dafür aber stark wie ein Ochse. Er hatte in der Hockeymannschaft der Boston University gespielt, in der Glanzzeit der Uni während der späten siebziger Jahre; hatte sogar in Colorado ein Probetraining bei der Olympiamannschaft absolviert, die dann im Finale gegen die Russen die Goldmedaille gewann.

Larry hatte die Gutmütigkeit eines Schlittenhundes, und wir bewunderten ihn alle. Er war vierunddreißig Jahre alt und nur dann glücklich, wenn er verschwitzt und völlig verdreckt war. Wenn man ihn sah, konnte man sich ebensogut vorstellen, daß er nach der Frühstückspause als Chirurg weitermachen könnte: Man mußte ihm nur die richtigen Instrumente in die Hand drücken. Er hatte einen Abschluß in Wake Forest gemacht, aber wenn er mit Papierkram zurechtkommen mußte, wurde er nur ungeduldig und verlor die Lust am Projekt. Und vermutlich hätte es ihm sogar gefallen, wenn er in der Zeit gelebt hätte, als es noch keinen Strom gab und man wirklich alles mit der Hand machen mußte.

Ich war der Stift in unserer Bauhütte und oft Zielscheibe des Spottes; ich war eben »der Professor«.

Am meisten lachten sie über meine Stiefel. Reitstiefel seien das. »Wo hast du denn dein Pferd heute abgestellt, Professor? Bestimmt braucht man so hohe Stiefel, um unterrichten zu können.«

Meine Stiefel waren auch das erste, was Cal auffiel, als er einmal vorbeischaute, um mir einen guten Tag zu wünschen. »Für den Golfplatz waren die ganz o.k., aber mit solchen Stiefeln wirst du nicht durch den Winter kommen«, meinte er. Ich trug gerade Bauholz und zog das Schleppen etwas hinaus, so daß wir uns unterhalten konnten. Er sagte mir, er sei auf dem Weg zum Arzt, weil er Schwierigkeiten mit dem Wasserlassen habe. »Man wird eben älter, und es funktioniert nicht mehr alles so, wie es sollte«, sagte er lächelnd. Er kannte Larry. Das sei einer von denen, die Amerika retten könnten. »Er glaubt an den Arbeiter. Er könnte euch die Hälfte zahlen und den Rest in die eigene Tasche stecken, wenn er hier im nächsten Sommer fertig ist. Aber diese Gier ist ihm fremd. Wir brauchen viel mehr Menschen wie ihn, die das Richtige tun, einfach weil es richtig ist, auch wenn man dabei etwas weniger Gewinn macht.«

Wir saßen mal wieder in unserer Bauhütte, als Luke zu mir sagte: »Wenn du erst aufs Dach mußt zum Dachdecken, werden wir das Eis von dir abkratzen müssen, bevor du hier deinen Kaffee trinken kannst.«

Billy hatte das gehört, und er ahmte das Geräusch der Nägel beim Verschindeln nach: »Tink-tink. Tink-tink.« Einer der anderen sagte: »Hoffentlich kannst du vorher bessere Stiefel auftreiben.« Ich stimmte in ihr Lachen ein und wagte es gar nicht, laut zu sagen, daß ich mich auf diese Arbeit freute: nach drei Wochen, in denen ich vor allem meine Unfähigkeiten bewiesen oder, wie in den letzten Tagen, die Bauholzabfälle zusammengetragen und in die Container geworfen hatte und damit zur Müllhalde gefahren war. Ganz gleich, wie oft Larry zu mir sagte, ich mache meine Sache gut, und egal, wie wichtig es war, die Baustelle sauber zu halten, weil sie ja ein Aushängeschild für die Firma war, wußte ich doch, daß ich im Grunde ein Müllschlepper war, ein Mann, der gelegentlich Bauholzabfall abtransportierte oder Nägel aus den Brettern zog und der fünfzehn Dollar die Stunde kostete. Obwohl ich genauso fror wie die anderen und meine Kleider genauso verdreckt waren, wenn ich zur Kaffeepause in die Bauhütte kam, hatte ich nicht das Gefühl, meine fünfzehn Dollar wert zu sein. Immer wenn ich Billy sah, dachte ich, er würde nur darum nicht mit mir reden, weil *er* ein Haus baute, aber noch immer nicht herausgefunden hatte, was ich denn eigentlich tat.

Es kam mir vor, als würde ich irgendwo draußen in der Kälte ein Buch lesen, würde im eisigen Wind stehen, auf einer belebten Straße mitten im Verkehrslärm, würde Seite für Seite umblättern und allen Widrigkeiten zum Trotz versuchen, den Sinn dessen, was ich gerade gelesen hatte, zu erfassen. Aber es war, als hängte ich nur Absatz an Absatz, ohne daß sich irgendein Sinn, irgendeine Geschichte abzeichnete.

So suchte ich nach dem roten Faden in meiner Arbeit, suchte nach etwas, was sich entwickelte und sich schließlich zu einem Haus zusammenfügen würde. Ich rackerte mich stundenlang damit ab, Bretter zurechtzusägen, aber ich war es nicht, der sie dann dort anbrachte, wo sie hingehörten. Ich stapelte Bauholz, und wenn ich abends wieder vorbeikam, war es einfach verschwunden. Irgendwo verbaut. Ich hatte so wenig Ahnung vom Zusammenhang des Ganzen, daß ich zunächst gar nicht mitbekommen habe, daß wir eigentlich zwei Häuser errichteten. Eines Tages fragte ich Guy nach dem Haus, das da vorn an der Einfahrt entstand. Ich dachte, das gehörte schon zum Nachbargrundstück. Es war fast fertig verkleidet, die Türen und Fenster fehlten noch. »Das da?« fragte Guy und versuchte, seinen Unglauben zu unterdrücken. »Das ist das Torhaus, verstehst du?«

Das Problem war, daß ich jedesmal, wenn man mir eine richtige Tätigkeit übertrug, irgend etwas falsch machte. Vier Tage lang arbeitete ich im Keller und schnitt die Bodenträger, Balken, die in Abständen von vierzig Zentimetern quer durch das Haus verlegt werden sollten. Mit Holzblöcken wurden sie an ihrem Platz gehalten. Aber entweder schnitt ich sie zu lang. Oder zu kurz. Schließlich gab ich es auf, sie mit der Kreissäge zu schneiden, und sägte sie mit der Hand. Jedesmal, wenn die Tür aufging und Licht in den Keller fiel, ließ ich die Handsäge fallen und tat so, als würde ich die Kreissäge benutzen. Die Aufgabe hätte ich in zwei Tagen erledigen müssen, aber ich brauchte fünf. Und jeden Tag war ich nach der ersten Stunde taub vor Kälte, und die Feuchtigkeit stieg mir durch die Schuhsohlen in die Knochen.

Das Haus wuchs allmählich, daran konnte kein Zweifel sein, und ich arbeitete jeden Tag zehn Stunden lang. Doch ein Gefühl der Befriedigung verspürte ich nie. Dabei stellte ich mir vor, wie zufrieden die italienischen Maurer jeden Abend heimgehen müßten. Sie waren zu dritt, ich nannte sie im stillen Vater, Sohn und heiliger Großvater, und ich sah ihnen gern zu, wie sie die Blendmauer aus Granit vor das Betonfundament stellten. Sie kamen jeden Morgen in einem Lkw an, der jüngste hinter dem Steuer. Als erster stieg der älteste aus dem Laster. Er ging direkt zu dem großen Steinhaufen. Dort stand er eine Weile wie versunken, bis auch die beiden anderen kamen. Dann, als habe er sich die Formen der Steine alle eingeprägt, schaute er in den Haufen und deutete langsam auf die, von denen er wußte, daß sie sich zum nächsten Stück Mauer, das sie diesen Tag vollenden wollten, zusammenfügen würden. Die beiden jüngeren, Sohn und Enkel, trugen diese Steine aus dem Haufen zusammen und schafften sie langsam zum Gerüst. Dort arbeiteten sie dann zu dritt, bis es dämmerte. Wenn sie an den Kaminen bauten, mußten sie die Eimer mit Zement das Gerüst hochziehen. Das erschien mir als eine sehr grobe Arbeit. Und jedesmal wenn ich sie sah, dachte ich mir, wie warm und bequem mein Leben bislang gewesen war. In den ersten Sonnenstrahlen sah ich ihre Halsketten mit dem Bildnis vom Heiligen Christophorus leuchten, wenn sie sich über ihre Kellen bückten. Ich fragte mich, woran sie dachten, wenn sie Stein um Stein setzten. Während der Arbeit hatten sie stets den Kassettenrecorder laufen und hörten Musik. Auf dem Nummernschild des Lkws stand »Mike & Missey«, und jeden Mittag fuhr Mike für eine Stunde weg.

Erst später fiel mir ein, daß ich Mike so genau beobachtet hatte, weil er den Vätern ähnlich war, die ich in meiner Jugend kennengelernt hatte. Männer, deren Leben mir damals solche Angst machte. Aber wovor habe ich mich eigentlich gefürchtet? Vor der tödlichen Monotonie ihrer Arbeit? Davor, daß ich meine Frau an einen Mann mit Seidenschlips verlieren könnte? Oder eher davor, daß die Frau, mit der ich verheiratet sein würde, gar nicht so hoch hinaus wollte und mit einem Mann, der Zement mischte, zufrieden war? Als ich der kleine Junge meines Vaters war, wohnten wir in einer typischen Vorstadt der fünfziger Jahre: endlose Reihen von Häusern, eines wie das andere, und Mütter, die mit ihren Lockenwicklern im Haar vor die Tür traten. Unsere Väter trugen das Haar wie Pat Boone und summten Big Band Melodien vor sich hin, während sie erledigten, was es je nach

Jahreszeit zu tun gab: die Blätter zusammenrechen, das Haus anstreichen, Schnee schippen. Sie waren gerade aus dem Krieg zurückgekehrt und gingen nun als Tagelöhner in die Stahlwerke, arbeiteten als Verkäufer entlang der Highways, machten vielleicht auch ein Geschäft auf. Sie erfuhren ihren Wert vor allem über ihre Arbeit, über den Sommerurlaub, das neue Auto, die Kinder, den ausgebauten Dachboden oder Keller. Wenn sie eine Stelle annahmen, dann war das lebenslänglich. Keiner von ihnen redete über Streß, über Gewalt in der Familie oder über Alkohol. Klar hat es Trinker gegeben und Männer, die ihre Frauen geschlagen haben, direkt nebenan, eine Tür weiter. Aber zu jener Zeit hielt man das eigene Elend versteckt, man ging damit nicht in die Talkshows. Wenn ich an die Väter meiner Jugend dachte, dachte ich vor allem an ihre Müdigkeit. Ich sah sie nach der Arbeit in ihren weißen T-Shirts herumsitzen, sah den Schweiß auf ihren Muskeln glänzen, und ich sah sie Bier trinken.

Als ich eines Tages Mike hinterherschaute, der in seinen Lkw gestiegen war und über Mittag nach Hause fuhr, fiel mir der Vater meines besten Freundes wieder ein, der am Ende der Clearyspring Road wohnte. Jeden Sommer fuhr Mr. Burke in seinen zwei Wochen Sommerurlaub zu einem der Finger Lakes im Norden des Bundesstaats New York. Es waren stets dieselben zwei Wochen im August, es war immer derselbe See, immer die gleiche Holzhütte. Wie der Kapitän eines Schiffes führte er ein Logbuch über jede Reise: Jeden Sommer fuhr er zu genau der gleichen Zeit los, machte genau zwei

Stunden Pause an der Baseball Hall of Fame in Cooperstown, hielt unterwegs stets an den gleichen Tankstellen, an den immer gleichen Imbißbuden und blieb auch immer nur solange dort stehen wie im Sommer zuvor. Aber er setzte seinen Ehrgeiz darein, jedes Jahr ein bißchen schneller, ein bißchen perfekter zu sein als im vorangegangenen. Jedes Jahr wollte er mit der gleichen Menge Benzin ein bißchen weiter kommen. Das alles hat mir sein Sohn erzählt, ich weiß noch genau, es war nach der Schule, auf dem Heimweg, und wir waren stehengeblieben, um Steine gegen einen Wasserturm aus Stahl zu werfen. Diese Geschichte muß mich in der Vorstellung, die ich mir von diesen Männern gemacht hatte, bestätigt haben.

Ein anderer von ihnen war Mr. Moyers. Er hatte im Garten hinter seinem Haus ein Schwimmbecken, kein richtiges, das in die Erde versenkt worden wäre, sondern eines aus Metall, das wie eine Tonne traurig auf dem Rasen herumstand. Nachdem irgend jemand seine Schwimmbadgarnitur gestohlen hatte, fing er an, sein Gesicht abends mit Schuhwichse schwarz zu beschmieren und sich im Gebüsch auf die Lauer zu legen. Mr. Adelman hatte einen Sandsack im Keller und erwischte uns einmal dabei, als wir ihm zuschauten, wie er wie ein Verrückter die Fäuste gegen den Sack schlug und dabei heulte. »Verschwindet hier!« brüllte er.

Arthur Crosbys Vater hatte ein Schwarzweißfoto von einem Japaner, den GIs wie einen Rollbraten verschnürt und einer Pythonschlange vorgeworfen hatten, irgendwo auf der anderen Seite des Globus.

Der Mann hatte nur noch die Unterhose an und man sah das Entsetzen in seinem Gesicht. Paula Edmunds Vater zerschlug einen Badmintonschläger auf seiner Tochter, nur weil sie aus Versehen die Scheibe eines Garagenfensters zerbrochen hatte. Ich haßte alle diese Männer. Und glaubte bestimmt, daß ich ein besserer Mensch sei als sie. Auf jeden Fall klüger. Ich sah sie als Gefangene ihrer Häuser im Western-Stil, ihrer kleinen Vorgärten und kurzgehaltenen Rasenstücke. *Ranchhäuser* – was konnte einer Ranch unähnlicher sein als diese elenden, billig zusammengeschusterten und austauschbaren Kisten? Den Namen hatten die Produzenten der Massenkultur ersonnen, um diesen Männern das Gefühl zu geben, richtige Cowboys zu sein, echte Kerle und unverwechselbar. Dabei wurden sie einander auch äußerlich immer ähnlicher. Am Elterntag kamen sie zu unserer Grundschule, einem Backsteinbau, um den Atombunker zu überprüfen und uns bei unseren Übungen für den Ernstfall zuzusehen. Diese Männer waren so unvorstellbar dumm, daß sie tatsächlich glaubten, ihre Kinder würden einen Atomschlag überleben, wenn sie sich nur unter ihren Schultischen verkriechen würden. Narren, dachte ich, samt und sonders Narren.

Ich hatte keine Ahnung, warum die Baggertruppe rund um das Haus entlang der Fundamente einen riesigen Graben aushob, zwei Meter tief und zweieinhalb Meter breit. Jede Nacht lief der Graben voll Sumpfwasser, und ich durfte, sobald ich morgens kam, in die Grube hinabsteigen und die Pumpe anwerfen. Eines Morgens rutschte ich aus, durchbrach das Eis und stand im Wasser. Ich schaltete die Pumpe ein und lief schnell nach Hause, um trockene Kleider anzuziehen. Damit mich die anderen nicht sahen, nahm ich die Abkürzung über den Golfplatz.

Trotz des Eisdauerregens verbrachte ich den Rest des Tages damit, Steinbrocken zu bewegen. Auf dem über tausend Quadratmeter großen Grundstück lagen bestimmt hundert dieser Brocken, die aus dem Weg geräumt werden mußten, damit wir die Abwasserleitung verlegen konnten. Die Brocken waren so schwer, daß man sie nicht heben konnte. Ich ging in die Knie, stemmte mich mit meinem ganzen Körpergewicht dagegen und drückte sie Zentimeter um Zentimeter zur Seite. Im Laufe des Tages ging der eisige Regen in Schnee über, der erste in diesem Jahr. Als ich aufsah, sah ich Mike, der mir vom Gerüst aus zuschaute.

Das war ein Augenblick der Wahrheit. Mein ganzes Leben lang hatte ich Männer wie Mike beobachtet und mir ihr langweiliges Leben ausgemalt. Doch nun stellte ich mir vor, was er wohl über mich und mein Leben denken mochte, wenn er abends neben seiner Frau im Bett lag und vielleicht an einer Zigarette zog. Dann würde er ihr von dem Kerl auf der Baustelle erzählen, der doch tatsächlich den ganzen Nachmittag lang nichts anderes getan hatte, als Steinbrocken aus dem Weg zu schieben. »Was für eine Niete. In dem Alter. Der Mann hat wohl nichts gelernt.«

Am nächsten Tag schneite es. Ein richtiges Sturmtief zog die Küste Maines entlang. Die Maurer arbeiteten dennoch weiter. Ich sah, wie Mike am Ende des Tages zu seinem Lkw ging. Er wußte, wer er war, und wie alle Menschen, die das wissen, umgab ihn und seine Arbeit eine gewisse Anmut. Das Schneetreiben am Nachmittag hüllte das Haus in Stille, und ich hatte das Gefühl, mich verändert zu haben.

15. Kapitel

Drei Tage lang hatte ich eine Arbeit, mit der ich gut zurechtkam; ich mußte provisorische Türen und Fenster zusammenbauen. Sie sollten solange eingesetzt werden, bis die eigens für das Haus angefertigten Türen und Fenster aus Minnesota kamen. Ich ging mit Freude ans Werk, vom Morgengrauen bis zur Dämmerung. Bei dieser Arbeit fiel mir ein, daß ich als Junge zusammen mit meinem Vater dasselbe getan hatte, jedes Jahr zu Beginn des Winters. Wir mußten unsere Etagenwohnung gegen den Wind abdichten. Als ich das letzte Fenster festnagelte, war das Haus dicht, und wir konnten die Propangasheizöfen aufstellen. In dieser Nacht ging ich mit dem Gedanken zu Bett, am nächsten Tag an einem warmen Arbeitsplatz arbeiten zu können.

Als ich morgens ankam, war Larry schon da. Er stand in der Baugrube vor dem Haus. Am Rand der Grube waren Pläne ausgebreitet oder an der Grubenwand festgesteckt, damit er sie bequem studieren konnte. Er wollte mir etwas sagen, aber die Motorengeräusche der Wasserpumpen waren so laut, daß ich ihn kaum verstehen konnte. Er kletterte aus dem Loch, und wir knieten uns auf den Boden. Ich versuchte dem zu folgen, was er mir erklärte. In diese Grube müßten Betonfundamente gelegt werden, darauf würde dann eine umlaufende Stützmauer gebaut. Er fuhr mit seinem Finger über den Plan. »Hier siehst du's«, sagte er, »sie läuft sechskommasieben Meter hier entlang, springt dann einskommaacht Meter nach vorne, um an die Verandafront anzuschließen, springt dann wieder zurück. Hast du kapiert?«

Ich sagte, ich hätte kapiert.

»Auf geht's«, sagte er und rollte die Pläne zusammen. »Fünf Tage, und wir haben es geschafft.«

Eigentlich sollten diese Arbeiten im Frühling von den Tiefbauleuten gemacht werden, die er als Subunternehmer an der Hand hatte. Aber er hatte Bedenken, daß es im Frühjahr zu lange zu naß dafür sein würde. So hatte er sich in der Nacht entschlossen, das Fundament selbst zu gießen. Und zwar sofort.

Wir legten gleich los. Luke bestellte den Betonlaster auf zwei Uhr am Nachmittag, dann zog er seine Stiefel an und stieg mit Larry und mir in die Grube. Wir nahmen Maß für die Verschalungen, schnitten das Holz zurecht und bauten die Verschalungen in der Grube zusammen. Maßen noch einmal durch und prüften auch, ob alles waagrecht war. Die ganze Zeit saugten die Pumpen das Wasser ab, das vom Sumpfland einsickerte. Das meiste war Arbeit mit Pickel und Schaufel. Unsere Kleider saugten sich voll Wasser, und der Stoff gefror. Wir arbeiteten gegen die Zeit, schnitten und bogen den Eisendraht der Armierungen, flochten die Gitter zusammen und legten sie in den Matsch auf dem Boden der Verschalungen. Am ersten Tag lief alles wie am

Schnürchen. Als ich die letzten Drahtmatten befestigte, fuhr der Betonlaster oben in die Einfahrt. Wir standen im Graben, der Beton lief eine Rutsche herab, und wir drückten und verteilten ihn in den Verschalungen. Zuletzt strichen wir die Oberflächen glatt. Es wurde gerade dunkel, als wir aus der Grube kletterten.

Am nächsten Morgen ging's weiter, nur war ich diesmal allein, denn Larry und Luke waren zu einem Geschäftsfrühstück mit dem Architekten gefahren. Das war meine erste richtige Chance, und ich studierte den Plan mehrmals, bevor ich damit anfing, die Verschalungen zu bauen. Doch von Anfang an schien alles daneben zu gehen. Nichts paßte, nichts stand im rechten Winkel zueinander. Ich baute eine Form, riß sie wieder auseinander und fing von neuem an. Dann ein drittes Mal. Die Pläne fielen ins Wasser, wurden unleserlich. Damit, dachte ich, könnte ich mich ja entschuldigen. Als Larry und Luke um die Mittagszeit zurückkamen, war kaum noch Zeit, bis der Betonlaster kam. »Ich rufe an und seh' zu, daß ich den Laster abbestellen kann«, sagte Luke enttäuscht.

Larry sprang in den Graben. »Laß ihn kommen«, übertönte er die Pumpen.

Eine Weile versuchte ich, mit ihm mitzuhalten und zu helfen. Aber dann stand ich nur herum. Das erinnerte mich an ein Erlebnis in der Universität. Damals war in einer Wand des Konferenzraumes des Fachbereichs Englisch ein Wasserrohr geplatzt. Es war eine uralte Steinwand, und den ganzen Nachmittag über rissen Arbeiter mit Hämmern und Meißeln alles auf.

Das Wasser lief in den Flur und durch die Decke, und aus Sicherheitsgründen mußte im ganzen Gebäude der Strom abgestellt werden. Der Raum war dunkel, und die Männer verständigten sich durch Rufe und Gesten. Das Geschehen erinnerte an eine Szene in einem Katastrophenfilm. Auch damals stand ich nur herum und schaute zu. Da kam ein Professor von den Altphilologen mit einem Bündel von Semesterarbeiten unter dem Arm herein und sagte ganz laut: »Entschuldigen Sie, aber es ist furchtbar kalt in meinem Büro, und ich würde gerne wissen, ob die Heizung heute mittag vielleicht wieder geht?« Ich betrachtete meinen Kollegen in seinem zugeknöpften Trenchcoat. Plötzlich richteten sich alle Arbeiter auf, drehten sich um und schauten ihn mit diesem überall gleichen und zeitlosen Ausdruck an, den Männer, die hart arbeiten, für Menschen wie diese Englischprofessoren übrig haben, die nicht körperlich arbeiten. Ein Blick, der sagt: *Auf welchem Planeten lebt dieser Kerl eigentlich?*

Am dritten oder vierten Tag ließ mich Larry die Armiereisen alleine zurechtschneiden. »Schau dir die Pläne genau an«, sagte er. Das tat ich, trotzdem habe ich zwanzig Stück um zweieinhalb Zentimeter zu kurz gemacht, und ich mußte sie noch einmal schneiden. Mitten in dieser Arbeit sank die Temperatur auf unter minus fünfundzwanzig Grad, und jedes Mal, wenn ich mich bückte, taten meine Gelenke in den Pfannen weh.

»Würden Sie mich ein bißchen herumführen?« hörte ich plötzlich eine freundliche Stimme. Oben an der

Grube stand eine Frau und lächelte mich an. Sie konnte nur aus Prouts Neck sein, denn sie hatte einen dieser kurzbeinigen, hochgezüchteten Collies bei sich. »Ich kenne Larry, seit wir Kinder waren«, sagte sie. »Er hat sicher nichts dagegen, wenn sie mit mir eine Besichtigung machen.«

So willigte ich ein. Als ich ihr die Innenräume gezeigt hatte, verlor sich ihre Freundlichkeit. »Solche Häuser konnte man vielleicht um die Jahrhundertwende bauen«, knurrte sie. »Aber heute? Die reine Protzerei! Schauen Sie doch nur, ein Treppenhaus wie in einer Londoner Bank«, rief sie.

»Ja«, stimmte ich ihr zu.

»Wie viele Bäder? *Zehn*, habe ich gehört!«

»Es sind nur acht«, korrigierte ich. »Es sei denn, sie zählen das Garagenhaus mit.«

Mir war, als hätte ich ihren Hund beim Rausgehen knurren hören. Sie ließ mich an der Tür stehen, drehte sich um und schaute mich noch einmal an. »Ein Londoner Treppenhaus«, wiederholte sie verächtlich.

Es war so kalt in jenen Tagen, so bitterkalt in der Grube, daß ich einmal, als ich in der Kaffeepause eine Zigarette rauchen wollte, meine Hand ansengte, ohne es zu spüren.

Eines Morgens kamen die Subunternehmer und fingen an, die Verschalungen abzuladen, die wir für die Stützmauer brauchten. Der Vorarbeiter war ein dümmlich aussehender Kerl, der nur herumstand und Donuts aß und seinen Arbeitern ständig Anweisungen hinterherrief. Das wird der Sohn sein, der kann das Geschäft nur geerbt haben, dachte ich. Es war etwa minus zwanzig Grad, es blies ein schneidender Wind, und er schickte sie immer irgendwohin, wo sie die Sachen ablegen sollten, um sie dann fünf Minuten später aufzufordern, sie sollten das Zeug gefälligst doch woanders hinbringen.

Am nächsten Morgen war er wieder da und schrie noch mehr herum. Aus irgendeinem Grund war die elektrische Pumpe ausgefallen, und ich kniete im Wasser, um nachzuprüfen, ob sie verstopft war. Ich hatte den Stecker gezogen und wollte ihn gerade wieder reinstecken, als er mich anbrüllte: »Letzte Woche hat einer einen tödlichen Schlag gekriegt, als er das versuchte, was du gerade machen willst! Denk doch mal nach!«

Ich drehte mich um und schaute ihn an. Seine vier Arbeiter hatten aufgehört zu arbeiten, und auch sie schauten ihn an. Dann richteten sie ihre Blicke auf mich. Es war nur ein Augenblick, aber der bedeutete mir einiges. Natürlich konnten seine Arbeiter ihm nicht sagen, er solle den Mund halten. Aber ich spürte, daß sie was von mir erwarteten. Ich hielt das Kabel so, daß er es sehen konnte. Dann hielt ich den Stecker so hoch, daß er ihn ebenfalls sehen konnte. Dann steckte ich ihn in die Kupplung und hielt beides fest in der Hand, bis er sich umgedreht hatte und verschwunden war. Die Szene hat mir gut getan.

Als ich früh zur Arbeit kam, stand Cal mit einer großen Papiertüte da. »Wie läuft's?« fragte er.

»Fundamente schaufeln«, antwortete ich.

»Dann wirst du im Frühjahr richtige Muskeln haben.« Er gab mir die Tüte. Es war ein Paar Arbeitsstie-

fel drin, aus Leder und mit Filz gefüttert. Ich war verwirrt. »Das kann ich nicht annehmen.«
»Du mußt«, sagte er.

Als ich am nächsten Tag die Leiter hochstieg, um die Abschlußleiste des Dachs zu grundieren, es war sehr hoch, fünfzehn oder zwanzig Meter, dachte ich an Cals Satz, daß heutzutage so viele Leute unglücklich seien, weil sie die Kontrolle über ihr Leben verloren hätten. »Neulich habe ich mich in meinem Haus umgesehen«, hatte er mir mit Bestürzung erzählt, »und dabei festgestellt, daß es bei uns kaum noch Dinge gibt, die ich selbst reparieren kann.«

Am Ende der Leiter kletterte ich auf ein Gerüstbrett, das knapp unter dem Dach mit Halterungen an der Wand befestigt war. Ich begann, die Dachbretter zu streichen und rückte Stück für Stück auf dem Brett vorwärts. Irgendwie bin ich einmal einen halben Schritt zurückgetreten und habe das Brett verfehlt. Ich spürte meine Ferse in der Luft, und eine kalte Leere durchzuckte mich. Für eine ganze Weile war ich wie gelähmt. Ich stand da, ohne an etwas Bestimmtes zu denken. Dann kam mir die Idee, wie schön es wäre, wenn ich jetzt einfach langsam und vorsichtig auf die Knie gehen, mich auf der Bohle ausstrecken und die Nacht dort verbringen könnte. Nur nicht wieder hinunterklettern müssen.

Es war Rob, der schließlich aus dem Haus kam, um nach mir zu sehen. Es war Freitagnachmittag und Zeit, Feierabend zu machen. »He!« rief er zu mir hoch, »was machst du da oben?« Ich rief hinunter, daß ich keinen Schritt mehr tun würde, und er blieb solange am Fuß der Leiter und sprach beruhigend auf mich ein, bis ich unten war. In unserer Bauhütte erzählten alle davon, daß sie das auch schon erlebt hätten. »Ich nenne es den Zehnminuten-Herzinfarkt«, sagte Rob und hielt mir ein Bier hin. Als er sah, daß meine Hände immer noch zitterten, machte er es mit der Klinge seines Hammers für mich auf.

Kurz vor Weihnachten erzählte ich einem Freund von meinem letzten Tag in der Grube. Irgendwie war mir die Aufgabe zugefallen, das Hauptabflußrohr, das aus der Kellerwand kam und durch die Grube lief, so zu befestigen, daß man die Grube mit Kies und Erde verfüllen konnte. Jeder war woanders und mit anderen Dingen beschäftigt, ich schnitt und nagelte kleine dreieckige Holzstützen zurecht, um das Rohr so daraufzulegen, daß es vom Haus leicht abfiel. Dann packte ich es in Stroh. Ich arbeitete etwa zwanzig Minuten, als mir plötzlich die Idee kam, daß ich es in der Hand hätte, das Haus eines Reichen zu sabotieren. Ich müßte doch nur die kleinen Stützen so anordnen, daß das Rohr vom Haus aus eher anstieg. Mein kleines Geheimnis würde unter Kies und Erde vergraben werden, und niemand würde etwas davon merken, bevor nicht die Toiletten etwa vierzig Mal gespült worden wären und die Soße allmählich die Abflußrohre des Hauses hochstieg. »Vor einem Jahr hätte ich es wohl noch gemacht«, sagte ich zu meinem Freund. »Ich weiß nicht warum, aber nachdem ich gekündigt worden war, wollte ich eine lange Zeit lang einfach etwas anstellen.«

Er hörte mir geduldig zu, ein gutherziger, arbeitsamer Mann, der bereits die Hypothek auf sein Haus abbezahlt und genug Geld beiseite gelegt hatte, um seine drei Kinder aufs College schicken zu können. Später schrieb er mir noch einen sehr schönen Brief, der mit den Worten schloß: »Mit deiner Arbeit in diesem Winter wirst du dir deinen Anteil von dem reichen Mann geholt haben. Rechtlich gesehen gehört ihm das Haus, aber als Bauwerk gehört es dir mehr als ihm.«

An dem Morgen, an dem ich die Grube verfüllte, hörte ich jemanden sagen: »Hallo, Professor Snyder, was tun Sie denn hier?« Ich schaute hoch und sah einen ehemaligen Studenten vor mir stehen. Das letzte Mal hatte ich ihn in einer Vorlesung über Edgar Allen Poe gesehen. Wir gingen zusammen nach Hause. Er erzählte mir, daß er gerade nach einer Stelle bei einer Nonprofit-Umweltorganisation suche. Ich erzählte ihm von dem Abflußrohr, das ich gerade gelegt hatte. »Ich hätte den Traum des Hausbesitzers ruinieren können«, sagte ich. Wir gingen weiter. »Ein reicher Kerl, der einen protzigen Palast in einem Sumpfgebiet baut«, meinte er, »Sie hätten es ihm zeigen sollen.«

Silvester feierten wir auf der Baustelle. Mittags um zwölf Uhr legte Larry eine Sperrholzplatte über zwei Böcke, stellte Pizza und Bier darauf, schenkte jedem ein Sweatshirt mit Kapuze und den Rest des Tages bezahlten Urlaub.

Als es im neuen Jahr hieß, in zwei Tagen würde der Bauherr auf die Baustelle kommen, wollten wir sie auf Vordermann bringen, nicht eine leere Bierdose sollte im Abfalleimer unserer Bauhütte zurückbleiben. Es war meine Aufgabe, alles noch einmal aufzuräumen und zu reinigen, nicht nur die Baustelle, sondern das ganze Grundstück. Ich kletterte sogar in einen Baum, um eine Plastiktüte herunterzuholen, die der Wind in das Astwerk geblasen hatte, kroch sogar durch das Gebüsch des Sumpfs.

Gesehen habe ich den Bauherrn und zukünftigen Hausbesitzer nicht. Als er kam, war ich im Keller und strich für Luke Abschlußleisten. Ich hatte Schuhe und Strümpfe ausgezogen und stand barfuß auf einer Rolle Dämmstoff neben einem Heizofen, um mich zu wärmen. Zwei Damen in Nerzmänteln tauchten in einer Wolke von Parfum auf. »Haben Sie vielleicht etwas Warmes zu trinken für uns?« fragte die eine. Die Dame neben ihr trug eine Gucci-Tasche, aus der Musterstoffe quollen. Leider hätte ich nichts da, verneinte ich. »Wenn die Fiberglasduschen in die Bäder machen, ruinieren sie das ganze Haus«, hörte ich sie sagen.

Mark schaute mit Larry in die Pläne für die Küche, und Larry versicherte, es gäbe genügend Platz für seine Küchengeräte.

»Wie kann man nur so ein Haus bauen«, meinte Mark, »so viel Material, eine ungeheure Verschwendung. Es ist einfach zu groß. Wir sollten keine solchen Häuser mehr bauen. Wer braucht eigentlich ein solches Riesenhaus?«

»Immerhin hatten wir den ganzen Winter über Arbeit«, wandte Rob ein.

»Ich weiß, was das heißt«, sagte Mark.

Am späten Nachmittag entdeckte ich eine Stelle im dritten Stock, an der es durchs Dach geregnet hatte. Das Wasser stand noch keinen Zentimeter hoch auf dem Boden, aber ich machte mich unverdrossen daran, es mit einer Schaufel in einen Eimer zu schöpfen. Ich arbeitete, als schöpfte ich Wasser aus einem sinkenden Boot, und kümmerte mich nicht darum, daß bereits Feierabend war. Aber ich mußte lachen über mich. Schließlich konnte ich mir selbst sagen, daß das Wasser auch so verdunstet wäre. Aber ich wollte das Risiko nicht eingehen, daß der Holzboden Schaden nahm. Auf dem Heimweg dachte ich über das nach, was ich gerade getan hatte, und wieder mußte ich laut lachen. Dann aber sagte ich mir, ich hätte es ja nicht für den Besitzer oder des Geldes wegen getan, sondern allein aus Respekt vor all der harten Arbeit, die in diesem Fußboden steckte.

Gegen Ende der zweiten Januarwoche kamen die Schindeln, Hunderte von Kisten mit grauen Zedernschindeln. Ich stapelte sie in der Garage und sah all die Arbeit und die vielen Lohnzettel, die sie repräsentierten. Einer von den Landschaftsgärtnern kam in die Garage, ein junger Mann, der für eine Weile Schutz vor dem Wind suchte. Er fragte mich, wie es sei, für Larry und Billy zu arbeiten. Er habe gehört, daß sie mit einem Malerunternehmen nicht zusammenarbeiten wollten, weil der Chef seinen Leuten keinen anständigen Lohn zahle.

Ich wußte, worauf er hinauswollte. »Ich kriege fünfzehn die Stunde«, sagte ich.

»Nicht zu glauben«, staunte er, »ich bin neun Jahre dabei und kriege nicht mal die Hälfte.«

Larry ließ mich an der Rückseite des Garagenhauses anfangen, an der Seite, die man zuletzt sah, wenn man zum Haus kam. Er zeigte mir, wie er es gemacht haben wollte. Ich sollte eine Linie ziehen, ein Führungsbrett darauf nageln und dann eine Schindel neben der anderen annageln, und zwar so, daß sie alle an der Führungsleiste anschlugen. Schon mit der ersten Schindel gefiel mir die Überschaubarkeit und das ruhige Gleichmaß dieser Arbeit; hier konnte ich zusehen, wie meine Arbeit zu etwas wurde, was fertig aussah. Ich genoß die Schwere des Hammers in meiner Hand und seinen vollen Klang in der kalten Luft.

»Das geht mir nicht schnell genug vorwärts«, sagte Larry am Ende des ersten Tages. Wir standen nebeneinander und schauten uns die fünf Reihen an, die ich fertig hatte. »Du mußt dich etwas mehr beeilen.«

Ich war sicher, daß mir das gelingen würde. Aber jeden Tag war es das gleiche. Ein Teil des Problems war, daß es unglaublich kalt geworden war. Morgens, wenn ich anfing, waren es um die fünfundzwanzig Grad minus, und es wurde den ganzen Tag nicht viel wärmer. Für jeden Nagel, den ich richtig setzen konnte, fielen mir fünf aus der Hand, und an manchen Tagen, wenn ich auf die Uhr schaute und dachte, ich könnte die Kälte keine fünfzehn Minuten mehr aushalten, waren es immer noch drei Stunden bis zum Feierabend.

An der Giebelseite des Garagenhauses ging es noch langsamer, weil ich die Schindeln am Ende jeder Reihe an die Dachschräge und die schon angenagelte Abschlußleiste anpassen mußte. Ich schnitt sie mit einem Messer zurecht und glättete sie mit einem Schmirgelblock. Um elf Uhr am nächsten Morgen waren alle Subunternehmer schon nach Hause gegangen, denn der erste schwere Nordoststurm für diesen Winter war vorausgesagt. Über dem Meer lag dichter Nebel, und die Temperatur lag plus Windfaktor bei unter minus vierzig Grad. Ich stand oben auf der Leiter und nagelte gerade die letzten paar Schindeln in die Giebelspitze, als Larry um die Ecke kam. Ich sah, wie er die Giebelwand prüfend betrachtete. Gerade hatte es angefangen zu schneien. Er nahm den Hammer aus seinem Gürtel, und ich schaute zu, wie er mit dem Nagelgreifer die Leiste am Ende meiner Reihen abmachte.

»Ich habe sie auf Winkel geschnitten«, erklärte ich hoffnungsvoll.

»Ja«, sagte er, »aber ich wollte, daß sie *unter* die Leiste gehen. So, siehst du? Sonst wird das nicht wasserdicht.«

Er hebelte die Schindeln mit dem Hammer wieder los. Das Geräusch der ächzenden Nägel und der sich lösenden Schindeln, die zerbrachen und in den Schnee fielen, gellte mir in den Ohren. Ich rechnete im Kopf nach – fünfzehn Dollar die Stunde mal zehn, und das fünf Tage lang, die ich nun vertan hatte. »Von hier an mußt du alles noch mal machen«, sagte er, »aber mach dir nichts draus.«

Das war Freitagnachmittag. Ich arbeitete allein, in meiner Freizeit, den ganzen Samstag, bis ich meinen Fehler behoben hatte. Montags, als ich zum Mittagessen in die Bauhütte kam, hörte ich, wie Billy zu Larry etwas über Arbeitskosten sagte. Als ich in der Tür stand, hörten sie auf zu reden, doch den Rest des Tages spürte ich, daß etwas in der Luft lag. Und als Larry mir sagte, daß er mich vorübergehend entlassen müsse, weil die Türen und Fenster noch nicht geliefert seien und sie erst eingesetzt werden müßten, bevor wir auch das Haupthaus schindeln könnten, da wollte ich meinen Ohren nicht trauen.

Den nächsten Tag war ich also ohne Arbeit. Unruhig lief ich in der Wohnung umher, bis ich schließlich doch wieder zur Baustelle ging und mich freiwillig um den Abfall kümmerte. »Ich brauche einfach etwas zu tun«, sagte ich.

Für die nächsten zwei Wochen wartete ich immer nur auf einen Anruf von Larry. Immer wieder ging ich zum Strand hinunter, um zur Baustelle hinüberzusehen, ob die Türen und Fenster noch nicht eingesetzt waren, ob sie nicht vielleicht doch ohne mich mit dem Verschindeln angefangen hätten.

Als Colleen und ich Kassensturz machten, stellte sich heraus, daß ich noch einen Arbeitstag brauchte, damit das Geld für die Februarmiete reichte. Also rief ich Larry an und fragte, ob er mich nicht für irgendeine andere Arbeit brauchen könnte. Er sagte, ich solle am nächsten Morgen zur Baustelle kommen.

Ich verbrachte zehn Stunden lang damit, die Baustelle sauberzumachen, rutschte teilweise auf Händen und Knien in jede Ecke, las im Haus, draußen und im Garagenhaus jeden Papierfetzen und jedes Holzstückchen auf, kehrte Holzspäne zusammen. Und sagte mir die ganze Zeit, daß jede Arbeit ihre Würde hat, wenn sie nur genug für die Miete bringt. Der Bulldozerfahrer sprang von seiner Maschine herunter und kam zu mir. »Wie heißt der Mann, der dir die Stiefel gegeben hat?« fragte er. »Cal?«

»Ja?«

»Er ist gestorben«, sagte er. »Ich glaube, er war voller Krebsgeschwüre.«

Ich war wie vom Donner gerührt. Warum gerade Cal?!

Am Abend ging ich den ganzen langen Weg zu Fuß nach Hause, in der Hoffnung, die Kinder würden schon schlafen, wenn ich heimkäme. Doch als ich ins Zimmer kam, standen die drei ältesten da und erzählten mir, sie seien mit Mami vorbeigefahren und hätten mich bei der Arbeit gesehen. »Warum bist du denn im Gestrüpp rumgekrochen?« fragte Erin.

Bevor ich etwas hätte sagen können, kam Cara weinend ins Zimmer. Sie hatte ihre Babypuppe draußen verloren und wollte, daß ich nach ihr suche. Ich suchte den Weg ab und fand die Puppe schließlich. Als ich sie ihr gab, zeigte sie auf den einen Fuß, da fehlte ein Schuh. »Willst du, daß ich auch den Schuh finde?« fragte ich.

Sie nickte, und ich ging noch einmal raus in die Kälte.

Spät am Abend rief mein Vater aus Pennsylvania an. Wir hatten vielleicht zweimal miteinander gesprochen, seit ich ihm im Jahr zuvor mein »Liebe es oder laß es« an den Kopf geworfen hatte. Das letzte Mal, als er uns besuchte, ein Jahr davor, mußte ich mich vor den Fernseher setzen und mir einen Dokumentarfilm ansehen, den er aufgenommen hatte. Er hieß »Dinge, die es nicht mehr gibt« oder so ähnlich, ein nostalgischer Blick auf das Philadelphia der guten alten Zeit, auf die Stadt der »brüderlichen Liebe«, als die Familien noch ohne Furcht nachts auf die Straße konnten. Auch damals hatten wir gestritten; mein Vater gab der Freizügigkeit der sechziger Jahre – daran liege es doch: Rock 'n Roll, Marihuana, gemischte Studentenwohnheime, Kriegsdienstverweigerer, lange Haare – die Schuld am Niedergang des Landes, das er als junger Mann gekannt hatte. Es war die alte Geschichte; die Helden seiner jungen Jahre – Soldaten und Präsidenten – wurden in der nachfolgenden, also meiner Generation, zu Schurken.

»Kann ich dir helfen?« fragte er mich am Telefon. »Wenn einer seine Arbeit verliert, müssen die Leute ihm helfen, bis er wieder auf die Beine kommt.«

»Ist schon in Ordnung«, sagte ich, »ich habe Arbeit. Als Zimmermann.«

Er war erleichtert. Er erzählte mir, wie er in den Monaten vor meiner Geburt bis zu dem Tag, an dem meine Mutter starb, ihrem Vater geholfen hätte, das kleine Haus in der School Street zu bauen. Er wisse noch, wie heiß es gewesen sei, als sie das Dach deckten, und daß mein Großvater und er am späten Nachmittag auf dem First gesessen und kühles Bier getrunken hätten. Sogar an den Geschmack des Bieres erinnerte er sich noch. Und alles, was er je über den Gebrauch von Werkzeugen gewußt habe, hätte er gelernt, als er half, dieses Haus zu bauen.

Davon hatte er mir bisher noch nie erzählt. Und plötzlich wünschte ich mir nichts sehnlicher, als daß mein Vater mit mir in diesem Zimmer säße und wir beide die ganze Nacht aufbleiben und vor dem Feuer miteinander sprechen und erzählen könnten. Ich wollte alle Geschichten hören, die ich noch nie gehört hatte, und ich wollte ihm sagen, daß man ihn nie so hätte behandeln dürfen. Das habe er nicht verdient.

»Du warst ein guter Collegeprofessor«, sagte er. »Eines Tages wirst du wieder unterrichten.« Dann erzählte er mir noch, daß er von sich aus Briefe geschrieben hätte, um etwas für mich zu tun, Briefe ans Colby College und an die University of Maine, an denen ich doch mal gelehrt hätte.

»Was für Briefe, versteh ich nicht«, fragte ich.

»Na ja, ich wollte dir doch nur helfen. Ich habe auch ein paar Telefonate geführt. Überall hat man sich an dich erinnert.«

Es verging eine Zeit, bis ich Worte fand. »Jetzt vergessen sie mich ganz bestimmt nicht«, sagte ich. »Hör mal, Vater – das kannst du nicht machen, ja? Ich weiß, du willst mir helfen. Aber das ist nicht die Art von Hilfe, die ich brauche. Mach das bitte nie wieder, ja?«

Ich sah ihn vor mir, dort, am anderen Ende der Leitung, in der winzigen Wohnung in Pennsylvania, wo er und meine Stiefmutter lebten. Ich hatte sie dort noch nie besucht. Aber mein Bruder war da gewesen, und er hat mir von dem Vermieter erzählt, der mit den alten Leuten herumgeschrien habe, weil sie die Heizung zu weit aufgedreht hätten. Die beiden Alten hätten nur dagestanden, und der Vermieter habe sie ausgeschimpft wie kleine Kinder. Das letzte Mal, als ich meinen Vater gesehen habe, war er mit dem Bus zu uns zu Besuch gekommen. Die meiste Zeit hatten wir Krach miteinander. Als er abreisen mußte, fuhr ich ihn zum Busbahnhof und ließ ihn vor dem Eingang aussteigen. Die Tür war, wie die ganze Front des Terminals, aus Glas. Im Rückspiegel beobachtete ich, wie er immer wieder versuchte durch die Glaswand in die Halle zu kommen, bis ihm irgendein Fremder die Tür öffnete.

»Ja«, hörte ich seine traurige Stimme am Telefon, »ich wollte doch nur ...«

»Ich weiß, ich weiß«, sagte ich.

Er war ein alter Mann geworden, und kaum war seine Stimme aus der Leitung, vermißte ich ihn.

Irgendwann in der Nacht beschloß ich, daß ich ihm etwas sagen oder schenken wollte, um die Distanz zwischen uns zu überbrücken. Mir fiel wieder ein, was mir einmal eine seiner Schwestern erzählt hatte. Als Junge habe er unbedingt so sein wollen wie alle anderen. Er stammte aus einer armen Familie, die in einem heruntergekommenen Haus ohne fließendes Wasser zur Miete lebte. Jeden Abend vor dem Schlafengehen habe er seine kleine Schwester zu dem Klohäuschen nach draußen getragen, und sie ließ ihn immer mit dem Besenstiel auf der hölzernen Bank mit dem Loch herumklappern, um die Spinnen zu verscheuchen, bevor sie sich daraufsetzte. Seine Zähne waren schlecht, das sei ihm peinlich gewesen. Während der Großen Depression habe der Sohn miterlebt, wie sein Vater auf der Straße Äpfel verkaufte und wie seine Mutter jeden Abend versuchte, aus ein paar gebackenen Kartoffeln ein Abendessen zu machen. Und obwohl sich andere Familien nach diesen furchtbaren Jahren wieder erholt zu haben schienen, ist seine Familie nie wieder richtig hochgekommen.

Dabei wollte er wirklich nichts lieber als einfach wie alle anderen sein. Dieser Wunsch sei in Erfüllung gegangen, als der Krieg ausbrach. Am Tag nach Pearl

Harbor rannte mein Vater, ein dünner Junge mit kleinen Füßen, in seiner Turnhose aus dem Sportunterricht fort und ging zur Armee. Während der Grundausbildung zogen sie ihm alle Zähne, die oberen an einem Nachmittag, die unteren am nächsten Morgen, und verpaßten ihm künstliche. Dann steckten sie ihn in eine Uniform, und endlich fühlte er sich so wie alle anderen. Er gehörte dazu.

Ein paar Tage vergingen, und da mich Larry nicht wegen der Arbeit anrief, fuhr ich nach Pennsylvania, meinen Vater besuchen. Er holte mich ab. Als wir losfahren wollten, saß er mit einem verwirrten Gesichtsausdruck in seinem Auto. Die Schaltanzeige an der Lenksäule funktionierte nicht. Man sah die Zahlen und Buchstaben, aber der kleine rote Pfeil, der die gewählte Stellung anzeigen sollte, fehlte.

»Das sind Pfuscher in Detroit«, murmelte ich.

»Nein, es ist ein gutes Auto«, widersprach er.

In handwerklichen Dingen war mein Vater nie sehr geschickt gewesen. Und so dachte ich, wenn ich sein Auto für ihn reparieren könnte, würde vielleicht die Bitterkeit zwischen uns verschwinden. Ich kroch unter das Armaturenbrett und sah die vier Schrauben, an denen es befestigt war. Ich fand auch die Stelle, an der das Gehäuse der Schaltanzeige an der Lenksäule festgemacht war. »Es sieht ziemlich einfach aus«, sagte ich. Er hatte eine Werkbank im Keller gehabt, als ich ein kleiner Junge war, und wie alle Väter in seiner Generation hatte er Nägel und Schrauben in den Gläschen von Gerber's Säuglingsnahrung aufgehoben. Sie hingen an ihren Deckeln in einem Regal. Besonders viel Werkzeug hatte er jedoch nie gehabt. Ich fing mit einem kleinen Schraubenzieher an, und Stunden später lag sein ganzer Vorrat an Werkzeugen im Auto, und die Taschenlampe, mit der mein Vater vom Beifahrersitz aus leuchtete, wurde allmählich immer schwächer.

»Wieviel Uhr ist es?« fragte ich.

»Gleich elf«, sagte er.

»Wann gehst du ins Bett?« fragte ich.

»Ach, das ist egal.«

Er weiß nicht, was er am nächsten Morgen machen soll, dachte ich. Das Gefühl kannte ich.

»Ich habe einige gute Wagen von Ford gehabt«, begann mein Vater aufgeräumt zu erzählen. »Das sind bestimmt gute Autos.«

»Klar, aber das hier ist ein Chevrolet«, erinnerte ich ihn, doch er hörte mir nicht zu.

»Großvaters erstes Auto war ein Ford. A-Modell. Deine Großmutter sparte, was sie zurücklegen konnte, vor allem von dem Geld, das sie dafür bekam, daß sie anderen Leuten die Wäsche wusch. Nur damit sie ihm bei der Anschaffung helfen konnte. Sie war ganz versessen darauf, ein Auto zu haben. Sie hatte einen starken Willen und setzte durch, was sie sich vorgenommen hatte. Heute weiß ich, daß sie es war, die in der schlechten Zeit während der Depression dafür sorgte, daß wir durchkamen.«

»So habe ich sie nie erlebt«, wandte ich ein. »Großvater hat sie doch den ganzen Tag herumkommandiert.«

Er setzte zu einer Antwort an, ließ es aber dann bleiben. An seinem Schweigen merkte ich, daß ihn meine Bemerkung über Großmutter verletzt hatte.

Am nächsten Morgen standen wir mit verschlafenen Augen vor dem Fernseher und holten uns unsere erste Nachrichtendosis, um uns in den Tag zu katapultieren. Auf dem Bildschirm erschienen Bilder eines riesigen Gebäudes, das der Reporter »Weißes Haus« nannte, und das von Panzern umzingelt war. Noch halb im Schlaf standen wir da in unseren Boxershorts und versuchten herauszufinden, was um alles in der Welt da los war. Es dauerte eine Weile, bis der Nachrichtensprecher erklärte, es handele sich um Archivbilder des sowjetischen Parlamentsgebäudes aus dem Jahr 1991, als eine Gruppe orthodoxer Kommunisten einen Staatsstreich versucht hatte. Das war das Ende des Kommunismus. Und wie ich den Bildern folgte, wurde ich das Gefühl nicht los, daß Amerika als nächstes dran sei, hielt diesmal aber wohlweislich meinen Mund. Nur wenn wir schwiegen, konnte ich unsere gemeinsame Basis spüren: Da waren wir, zwei Männer, beide nicht mehr jung, beide ohne Vermögen oder Hausbesitz, und beide waren wir zutiefst verwirrt über die Vorgänge in der Welt.

Seit wir in Prouts Neck wohnten, hatte ich, ganz gleich, wann mich Colleen fragte, ob wir zusammen einen Spaziergang am Strand entlang zu den Klippen machen wollten, stets eine Ausrede parat. So lange, bis sie es schließlich aufgab.

Als ich vom Besuch bei meinem Vater zurückkehrte, war ich es, der sie fragte, ob wir zusammen Spazierengehen könnten. Es war am frühen Morgen, und im Gehen erzählte ich ihr alles, was ich von meinem Vater gehört hatte. Als wir an den großen Häusern vorbeikamen, zeigte ich ihr die Kehlbleche aus Kupfer, zeigte, wie die Fensterflügel angeschlagen werden und wie die Dachlinie die Kanten der Schindeln umfaßt. Lauter Details, die ich bei der Arbeit gelernt hatte. »Irgendwann einmal möchte ich dir ein Haus bauen«, sagte ich.

»Das wäre schön«, antwortete sie.

Die Morgensonne stand genau über dem Dach des großen Sommerhotels.

»Es ist so kalt«, sagte Colleen. »Ich weiß gar nicht, wie du es bei dieser Kälte ertragen kannst, im Freien zu arbeiten.«

Ich nahm ihre Hand. Ich wollte ihr sagen, daß ich die Arbeit in der Kälte vermißte. Daß es mir sehr guttue, daß ich wieder für unseren Unterhalt sorgte. Daß ich mir Sorgen machte, ob Larry mich überhaupt wieder anrufen würde. Daß ich, wenn das Haus fertig sein würde, vielleicht wieder ohne Arbeit dastehen würde. All das hätte ich ihr gerne gesagt. Aber ich war es leid, immer nur über mich zu reden, und so schwieg ich.

Plötzlich blieb Colleen stehen und umarmte mich. »Mir ist kalt«, wiederholte sie.

»Wollen wir tanzen?« fragte ich.

»Ohne Musik? Du haßt tanzen doch.«

Sie schaute mich an.

»Es tut mir so wahnsinnig leid, wie das alles gelaufen ist«, sagte ich. »Im letzten Jahr in Colgate habe ich dreiundzwanzig Bewerbungen losgeschickt. Dann während des ersten Sommers in Maine weitere sechs. Letztes Jahr waren es vierunddreißig, bevor ich zusammengebrochen bin. In diesem Herbst waren es wieder dreiunddreißig. Ich hab's versucht, Colleen, aber ich denke, daß ich keine Professur mehr bekommen werde. Daran besteht ja nun kein Zweifel mehr.«

Nach einer Pause sagte sie: »Vielleicht nicht.«

»Trotzdem, tanz mit mir.«

Larry hielt Wort. Am Tag, als die Fenster geliefert wurden, rief er mich an. Wir haben die neunundsiebzig Fenster einmontiert, bevor der erste Schneesturm die Küste hochfegte. Als ich den Strand entlanglief, wurde der Himmel schwarz. Draußen auf dem Wasser fuhren die Schiffe in Richtung Bucht, und ihre Positionslampen blinkten wie Sterne überm Meer. Wir arbeiteten ohne Pause. Ich war an der Südfassade des Hauses beschäftigt, und die Italiener hatten gerade die Arbeit am Schornstein fertig, als die erste Bö über den Sumpf auf uns zu raste. Es war ein sehr schöner, aus Bruchstein gemauerter Schornstein, und sie standen einen Augenblick still und betrachteten ihr Werk, wobei sie ihre Augen schon mit den Händen vor dem Schnee schützten. Das sei wirklich ein gutes Stück Arbeit, sagte ich zu dem Alten und wartete darauf, daß er diesen Augenblick irgendwie würdigte. Doch er schaute nur kurz drauf und meinte: »Da steht er also.« Dann drehte er sich um, nahm den Behälter für sein Mittagessen und ging zum Lkw.

Nach elf Stunden waren wir mit dem letzten Fenster fertig. Larry hatte Schorf auf der Wange, da er sich an einem Nagel verletzt hatte. Aber er war glücklich. »Nun kann es so viel schneien, wie es will«, sagte er. »Noch einen Monat und wir werden fast fertig sein. Fast.«

Meine letzte Arbeit an jenem Tag bestand darin, auf das Gerüst zu klettern und alle Bretter hochkant zu stellen, damit sie nicht unter dem Schnee begraben und zusammenbrechen würden. Danach mußte ich die Leitern noch in Sicherheit bringen. Ich habe alle bis auf ein Brett geschafft. Das habe ich übersehen; jetzt lag es fünfzehn Meter über mir.

Die Wellen brachen über die Schutzmauer, als ich nach Hause ging. Ich war mir sicher, daß der Wind mittlerweile mit fünfzig Knoten raste. Ich brauchte fast eine Stunde für den Heimweg. Colleen war mit den Kindern zu ihrer Mutter gefahren, so entzündete ich ein Feuer im Kamin und nickte in einem Sessel ein. Ich träumte von den Schneewehen auf jenem letzten Brett, das ich nicht hatte sichern können. Das Schnee würde sich dick auf das Brett legen, irgendwann würde das Gewicht des Schnees das Brett in der Mitte durchbrechen lassen, und beide Teile würden vom Wind durch die Luft gewirbelt und eines der wunderschönen Dreifachfenster zerschmettern.

Ich zog alle meine Kleider wieder an und ging am Strand entlang zur Baustelle zurück. Ich kletterte das Gerüst hoch, band ein Seil um das eine Ende des Bretts und ließ es langsam herab.

Über Nacht hatte der Sturm sich ausgetobt, und am Morgen war ich der erste bei der Arbeit. Das Wohnzimmer des Hauses war von Sonnenlicht durchflutet: eine große Halle von gut fünfundzwanzig Metern Länge, mit drei Kaminen, zwanzig Fenstern und neun Doppeltüren, jede davon zweieinhalb Meter hoch mit acht Kassetten von jeweils dreißig mal dreißig Zentimetern. Es war mehr als nur das Licht. Die Fenster und Türen wirkten so, als sei das Haus von Musik durchflutet, und ich lief von einem Zimmer ins nächste, schaute mich um, stellte mir vor, wie Menschen in diesen Räumen wohnen, wie sie am frühen Morgen einen Stuhl an das Fenster ziehen würden, um draußen die Schiffe zu sehen.

Ich hörte Larrys Stimme unten auf der Treppe, dann Billys: »Und der, wie heißt er gleich, soll mit mir zusammenarbeiten, oder was?«

Billy und ich arbeiteten einen ganzen Tag lang schweigend nebeneinander. Im eisigen Wind nagelten wir Schindeln, er begann an einem Ende der Reihe, ich am anderen. Wir trafen uns fast in der Mitte, nahmen das Richtbrett, hoben es fünfzehn Zentimeter höher, brachten es mit einer meterlangen Wasserwaage in Position, nagelten es an der Wand fest, und begannen die nächste Reihe Schindeln anzunageln. Ich hätte sowieso nicht viel reden können, denn ich wollte auf keinen Fall einen Fehler begehen und trotzdem mithalten. Also arbeitete ich hochkonzentriert.

Billy machte nur eine Bemerkung: »Du bist doch bestimmt ein Anhänger von Bill Clinton, oder?«

Als ich ihn fragte, wie er darauf käme, sagte er: »Jedes Mal, wenn du mit meinem Truck zur Deponie gefahren bist, war das Radio hinterher auf NPR eingestellt. Ich höre lieber dem Rush zu, das ist mein Mann«, sagte er, »aber der kommt nicht bei den öffentlichen Sendern.«

Ich glaubte nicht, daß er eine Antwort von mir erwartete, also schwieg ich und arbeitete weiter. Es wurde im Laufe des Tages immer kälter. Wir fluchten beide vor uns hin, schimpften auf den Wind.

Am letzten Tag am Garagenhaus überließ Billy es mir, die letzten Ziegel anzubringen. Ich stand am höchsten Punkt der Baustelle ganz oben auf der Leiter, konnte über das Dach des Hauptgebäudes hinweg die Schiffe sehen, die langsam nach Norden fuhren. Ich sah den letzten Schimmer des Sonnenlichts in einer Glasscheibe in der Higgins Bucht, die vielleicht acht oder neun Kilometer entfernt liegt. Dann stieg ich die Leiter hinab, trat zurück, schaute hoch und betrachtete unsere Arbeit. Ich fühlte mich glücklich.

Dieses Hochgefühl hielt noch den ganzen Monat an, bis wir mit dem Haus ganz fertig waren. Das Arbeiten im Freien wurde schier unerträglich. Dennoch wurde mir immer klarer, wie sehr ich die Arbeit vermissen würde.

Eines Morgens, als wir im hellen Sonnenlicht arbeiteten, sagte Billy: »Es gibt nichts, was ich lieber tun würde, und nichts, was ich lieber sein würde – als das hier, und das auch genau hier.«

Ich konnte ihn gut verstehen.

In jenen letzten Tagen wimmelte es nur so von Subunternehmern. Klempner, Elektriker, eine Sicherheitsgruppe, die Sensoren an den Wänden anbrachten. Heizungsmonteure, die Lüftungsschächte und Gipsplatten installierten.

Zum Schluß der Arbeiten ließ mich Larry an der Fassade des Hauptgebäudes arbeiten, an der Fassade, die der Bauherr als erstes sehen würde, wenn er dann käme, um das Haus abzunehmen. Ich arbeitete an dieser Fassade, bis es wärmer wurde. Ich wollte dem

Bauherrn perfekte Arbeit abliefern. Und meine Gründe dafür waren nun ganz andere als in meinem vorigen Leben. Als ich das letzte Mal vom Gerüst herunterkletterte und, an der Fassade hochschauend, mein Werk betrachtete, stand das Haus im Mondlicht. Ich sah, wie schön es war.

Larry trat zu mir. »Wahnsinn, nicht?« sagte er. »Jemand macht eine Skizze, zeichnet den Plan eines Hauses, und dann, plötzlich, steht es genauso da wie auf der Skizze.«

Er hatte ein Jahr seines Lebens mit dieser Baustelle verbracht, ein Jahr voller Bruchstücke, die nie sofort ein Ganzes bildeten. Er hatte am Tag Hunderte von Entscheidungen gefällt, für alle möglichen Details. Und nachts hatte er wachgelegen und sich gefragt, ob er die richtigen Entscheidungen getroffen hätte, ob er nicht etwas übersehen hätte. Doch jetzt, als wir dastanden und das Haus ansahen, war der Traum zu etwas Ganzem geworden, aus Bruchstücken und Details hatte sich ein Ganzes geformt.

Hätte ich Larry besser gekannt, hätte ich ihm gebeichtet, daß ich den ganzen Winter hindurch den Mann gehaßt hatte, dem dieses Haus gehörte. Dabei wußte ich nichts über ihn, stellte mir jedoch vor, er müsse ein glücklicherer Mann sein als ich; ein Mann, der erlebt hatte, wie sich sein Leben zu etwas zusammenfügte. Ich hätte Larry erzählt, daß ich bis zu jenem Winter immer gedacht hatte, daß es auch für mich einen Platz ganz oben geben würde, daß ich in meinem Leben den Punkt erreichen würde, an dem es nicht mehr ums blanke Überleben ginge.

Wir verabschiedeten uns. Larry wollte rasch nach

Hause, um einen Spielofen zu Ende zu bauen, den er seinen Töchtern zum Geburtstag schenken wollte. Ich bedankte mich bei ihm dafür, daß er mir Arbeit gegeben hatte. »Nichts gibt's«, sagte er, »ich habe zu danken.«

16. Kapitel

Ich blieb nicht lange ohne Arbeit. Colleen hörte bald von einer Frau, die jemanden für einen Hausanstrich suchte. Also ging ich bei ihr vorbei, schaute mir die Sache an und machte ihr ein Angebot – auf der Basis des Stundenlohns, den Larry mir bezahlt hatte. Ich wußte nicht, daß die meisten Maler hier zwanzig Dollar für die Stunde verlangten, und so war mein Angebot mit Abstand das billigste. Ich erhielt den Auftrag.

Ich gab mir viel Mühe mit diesem Projekt, kratzte nicht nur die lose Farbe weg, sondern brannte und schmirgelte die alte Farbe bis auf den Holzgrund ab. Und bevor ich meine Arbeit übergab, putzte ich noch die Fenster, innen und außen und auch die Sturmfenster. Mir war rasch klar geworden, daß es nicht besondere Fähigkeiten sind, die einen in die Lage versetzen, ein Haus wirklich anständig zu streichen. Man brauchte vor allem einfach Zeit, und die hatte ich reichlich.

Meine Sorgfalt sprach sich herum, und bald konnte ich mir aussuchen, welches Haus ich als nächstes streichen wollte. Die Arbeit mit ihrem stetigen Rhythmus hatte offensichtlich eine beruhigende Wirkung auf mich, die sich zum Glück dann auch auf mein übriges Leben übertrug. Ich konnte wieder ohne Schlaftabletten schlafen und ohne Magenschmerzen essen. Vor allem konnte ich meine Kinder wieder in den Arm nehmen, ohne das Gefühl zu haben, sie in einen Abgrund gestoßen zu haben.

Mir fehlte nur das Zusammengehörigkeitsgefühl in Larrys Mannschaft. Ich habe mir angewöhnt, auch weiterhin um neun Uhr Frühstückspause zu machen. Und wenn ich dann alleine frühstückte, stellte ich mir vor, wie Larrys Truppe jetzt wohl ihre Pause einlegte. Und Freitag nachmittags, wenn es Zeit wurde, Feierabend zu machen, trank ich ein Bier aus der Flasche, deren Kronkorken ich mit der Hammergabel aufgehebelt hatte.

Ich werde nie vergessen, wie ich einmal auf dem Weg nach Hause in einen Spielzeugladen hineinlief. Ich hatte meine mit Farbe bekleckerte Arbeitskleidung noch an, und der Mann an der Kasse sagte, als ich ihm einen Scheck überreichte: »Sie sind wohl Anstreicher.« Zunächst glaubte ich, er meine gar nicht mich, denn eine solche Bemerkung hatte noch nie jemand an mich gerichtet. Dann schaute ich auf die Farbe an meinen Händen und antwortete mit einem Gefühl der Befriedigung: »Ja. Das bin ich.«

Später, als ich über diesen Augenblick nachdachte und mir überlegte, was mich eigentlich so befriedigt hatte, erkannte ich, daß meine Zufriedenheit nur daher stammen konnte, daß ich mit meinem »Ja« noch etwas anderes gesagt hatte. Ja, hatte ich gesagt, ich bin ein Mann, der seinen Lebensunterhalt damit verdient, daß er Häuser anstreicht, und der seinen Weg durch die Welt bezahlen und seine Familie versorgen kann. All das schwang in meinem Ja mit, ich spürte das, und es gab mir eine tiefe innere Ruhe.

Am Memorial Day, am 30. Mai also, mußten wir das Ferienhaus räumen. So zogen wir weit die Küste hoch, um in der Nähe unserer Freunde in Bangor zu leben. Die Miete für das Haus zahlten wir nicht bar, da ich mich mit der Besitzerin darauf geeinigt hatte, daß ich statt dessen ihr Haus neu streichen sollte. Ihr Mann war gerade an Krebs gestorben, und so war sie mir dankbar, als ich mich auch erbot, Kleinigkeiten zu reparieren: eine Fliegengittertür oder die Dielen auf der vorderen Veranda zum Beispiel. Inzwischen besaß ich auch genügend Werkzeug; den Umgang damit hatte ich während meiner Zeit bei Larry gelernt. So konnte ich weitere Renovierungsarbeiten übernehmen. Drei Wochen verbrachte ich damit, die Schalbretter an der Hinterfront eines Hauses abzureißen, das Isolierungsmaterial zu entfernen, die morschen Teile des Unterbaus herauszuschneiden und zu ersetzen, das Haus wieder zu isolieren und schließlich noch eine neue Verschalung anzubringen, bevor ich dem Haus einen neuen Anstrich verpaßte. Ausgebildete Zimmerleute konnten in Maine dafür 25 Dollar pro Stunde verlangen und hätten sie auch bekommen. Außerdem rechneten sie für solche Projekte immer eine recht hohe Stundenzahl ab. Ich kam mit 15 Dollar pro Stunde zuzüglich Materialkosten zurecht und nahm darum nicht mehr. Damit meine Kunden zufrieden waren, mußte ich nur zur ausgemachten Zeit erscheinen. Ich habe erledigt, was zu tun und verabredet war, danach selbst aufgeräumt und bin dann weitergezogen. Unter solchen Bedingungen war es nicht schwer, an Aufträge und Arbeit zu kommen.

Wir verlebten einen wunderbaren Sommer. Hinter dem Haus hatten wir einen Obstgarten mit Apfelbäumen, nach vorne gab es eine große Veranda. Wenn wir dort saßen, konnten wir von fern die Glocken vom Hafen hören, und in den hohen Zedern tschilpten die Spatzen. Die beiden großen Mädchen gingen jeden Morgen zum Dorfplatz; dort holten sie die Post ab, liehen sich Bücher aus der Bibliothek und organisierten ihr gesellschaftliches Leben zusammen mit etwa zwanzig gleichaltrigen Mädchen, die alle am Point wohnten. Ich konnte mich nicht entsinnen, je glücklicher gewesen zu sein. Colleen verbrachte ganze Tage damit, mit den Kindern wilde Beeren zu pflücken oder am Strand nach vom Meer glattpolierten Glasstücken zu suchen, die wie Juwelen aus alten Wracks an die Küste geschwemmt worden waren. Am Abend saßen wir auf der Veranda, lasen einander vor und aßen dabei Popcorn. Wir konnten die Lichter der Autos sehen, die Cadillac Mountain hinauf – und herunterfuhren – wie Sterne, die sich am Himmel bewegten.

In Hancock Point sind wir zu leidenschaftlichen Seglern geworden. Ich habe ein altes Boot, das ich mehr oder weniger umsonst bekommen hatte, wieder seetüchtig gemacht, und am ersten Tag, als ich damit in die Bucht hinaussegelte, hat mich einer, der etwas von alten Booten verstand, angesprochen und mir erzählt, dieses Boot sei für Charles Lindbergh gebaut worden und darum richtig wertvoll. Tatsächlich konnte ich es an ein Museum in Massachusetts verkaufen. Mit dem Erlös erwarb ich uns ein Boot, das groß und schwer genug war, daß wir alle darin weit in die Bucht hinaus segeln konnten. Eines Morgens sahen wir nur fünfzig Meter vor unserem Bug einen Wal aus dem Wasser tauchen.

Häufig segelten wir morgens hinaus, noch bevor ich zur Arbeit fuhr. Außerdem hatten wir den ganzen Sommer über Besuch, Freunde kamen vorbei und ehemalige Studenten. Mit ihnen hockten wir abends lange auf Decken unter unseren Apfelbäumen, aßen im Freien und schwatzten. Oft lehnte ich mich einfach zurück und schaute in alle diese glücklichen Gesichter. Noch nie hatte ich so einen Sommer erlebt.

Im Herbst zogen wir wieder zurück in das Ferienhaus in Prouts Neck, und die Kinder fuhren mit demselben Schulbus an dieselbe Schule wie im Jahr zuvor. Damit hatte ich das Versprechen eingelöst, das ich Nell gegeben hatte: Nie wieder müsse sie ihre Freunde für immer verlassen. Larry hatte mich dem Besitzer des Herrenhauses, das ich mitgebaut hatte, als Hausverwalter empfohlen, und ich bekam die Stelle. Nun konnte ich Freunden, die zu Besuch kamen, auch schon mal das Haus zeigen. Nie bin ich in das Haus eingetreten, ohne daß mich ein Staunen und ein Gefühl des Stolzes durchfloß.

Ich hatte gleich einen großen Auftrag bekommen. Ein Haus war zu renovieren, womit ich bis zum Winter alle Hände voll zu tun hatte. Für unseren Lebensunterhalt war gesorgt.

Nach all den Schwierigkeiten der vorangegangenen Jahre wollte ich mit Colleen etwas Besonderes unternehmen, etwas Romantisches, und vor allem – allein.

Und so bestiegen wir eines Tages in Bostons Südbahnhof den Lake Shore Limited Zug nach Kalifornien. Ein alter Schaffner brachte uns zu unserem Abteil. Der Zug fuhr die Nacht durch bis Chicago, der ersten Etappe unserer Erste-Klasse-Fahrt. Seit zehn Jahren waren wir erstmals ohne die Kinder unterwegs.

»Tatsächlich?« wunderte sich der Schaffner, als ich ihm erzählte, daß wir das letzte Mal in einem Zug übernachtet hatten, als wir vor unserer Hochzeit nach England durchgebrannt und weiter von Frankreich mit einem Zug bis nach Osterreich gefahren waren. Er knipste die kleine Lampe im Schrank an und zeigte uns die Schublade für unsere Schuhe.

»Ist das schön«, rief Colleen aus, als sie das Abteil inspiziert hatte.

»Das ist es in der Tat, Madam«, antwortete er, »wenn man genug Zeit und viel Geld hat, ist es eine tolle Art zu reisen.«

»Das wird uns unsere letzten Dollars kosten«, sagte sie, »aber wir dachten, das ist eine solche Reise auch wert.«

Der Schaffner lächelte: »Manchmal ist es genau das, was ein Mensch machen muß: einfach weg und losfahren, ganz gleich, was dann kommt.«

Sally Friedman

Erfahrungen

HERZSEE

Marathon-Schwimmen war für Sally schon immer etwas ganz Besonderes. Aber dann kommt ihr Mann, der sie immer in einem Kanu begleitet hat, durch einen Unfall ums Leben. Sally erstarrt vor Schmerz und Einsamkeit – und es scheint, als könne sie sich nie wieder davon lösen ...

Seit Sally Friedman schwimmen gelernt hat, ist das Wasser ihr Element. Sie liebt die Empfindung von Schwerelosigkeit und die Überwindung von Widerständen, wenn sie stundenlang in ruhigen Seen schwimmt. Auch möchte sie sich einmal der furchterregenden Stärke des Meeres stellen.
Als sie Paul, ihre große Liebe trifft, wird er zu ihrem Schutzengel und ihrem Begleiter, der sie ermutigt und tröstet und stets im Kanu an ihrer Seite ist, wenn sie das Wasser durchstreift. Sie beschließt, mit ihm zusammen das »Unmögliche« zu wagen: die Durchquerung des Ärmelkanals.
Doch am Tag der geplanten Abreise wird Paul Opfer eines Verkehrsunfalls. Nach seinem Tod glaubt Sally zunächst, auch ihr eigenes Leben sei vorbei. Nur allmählich überwindet sie ihre Trauer und kehrt zurück ins Land der Lebenden ...

ISBN 3-404-61443-7

Julia ist heroinabhängig und dennoch eine liebevolle Mutter, für die ihre Kinder das Wichtigste in ihrem Leben sind. Doch dann verliebt sich Julia in einen Dealer und heiratet überstürzt. Kurt wird straffällig, und während er im Gefängnis sitzt, greift das Jugendamt ein. Julia wird das Sorgerecht für ihre Kinder entzogen und damit der einzige Lebensinhalt genommen. In ihrer Verzweiflung greift die junge Frau zu immer mehr Drogen. Bald kann sie ihre Wohnung nicht mehr bezahlen und wird obdachlos.
Julia hat nur eine Chance, ihre Kinder je wiederzusehen: Sie muß die Bedingungen des Jugendamtes erfüllen, d.h. Heroinentzug und festen Wohnsitz nachweisen. Mit fast unmenschlicher Willenskraft entschließt sich die junge Mutter, zu kämpfen und einen Weg aus der Sackgasse zu finden.

ISBN 3-404-61395-3

Eine epische Geschichte von Flucht und Überleben

Der 24-jährige Slawomir Rawicz, Leutnant der polnischen Armee, wird 1939 in einem Schauprozeß der Sowjets zu 25-Jahren Arbeitslager verurteilt. Nach zwei Jahren im Gulag gelingt ihm mit sechs anderen Häftlingen die Flucht. Auf ihrem langen Weg in die Freiheit legen sie 5.000 Kilometer zurück und durchqueren die äußere Mongolei, die Wüste Gobi, Tibet, den Himalaya und erreichen schließlich das rettende Indien.

»Eine der beeindruckensten und kühnsten Geschichten unserer Zeit.«
CHICAGO TRIBUNE

Slawomir Rawicz
Der lange Weg
Deutsche Erstausgabe
328 Seiten
Ullstein TB 33244